Peter Cubasch / Markus Böckle

Idiopraxie: Die Kraft der Selbstberührung

Ein Handbuch für Selbsthilfe und
helfende Berufe

VANDENHOECK & RUPRECHT

Bibliografische Information der Deutschen Nationalbibliothek:
Die Deutsche Nationalbibliothek verzeichnet diese Publikation in der
Deutschen Nationalbibliografie; detaillierte bibliografische Daten sind
im Internet über https://dnb.de abrufbar.

© 2025 Vandenhoeck & Ruprecht, Robert-Bosch-Breite 10, D-37079 Göttingen,
ein Imprint der Brill-Gruppe
(Koninklijke Brill BV, Leiden, Niederlande; Brill USA Inc., Boston MA, USA;
Brill Asia Pte Ltd, Singapore; Brill Deutschland GmbH, Paderborn, Deutschland;
Brill Österreich GmbH, Wien, Österreich)

Koninklijke Brill BV umfasst die Imprints Brill, Brill Nijhoff, Brill Schöningh,
Brill Fink, Brill mentis, Brill Wageningen Academic, Vandenhoeck & Ruprecht,
Böhlau und V&R unipress.

Alle Rechte vorbehalten. Das Werk und seine Teile sind urheberrechtlich
geschützt. Jede Verwertung in anderen als den gesetzlich zugelassenen Fällen
bedarf der vorherigen schriftlichen Einwilligung des Verlages.

Umschlagabbildung: VeloonaP/KI-generiert/AdobeStock

Satz: SchwabScantechnik, Göttingen
Druck und Bindung: Beltz Grafische Betriebe, Bad Langensalza
Printed in the EU

Vandenhoeck & Ruprecht Verlage | www.vandenhoeck-ruprecht-verlage.com
E-Mail: info@v-r.de

ISBN 978-3-525-40876-6
ISBN 978-3-647-40876-7 (digital) | 978-3-666-40876-2 (eLibrary)

Inhalt

Vorwort von Helmut Milz 9

Einführung 12

Theoretische Grundlegung der Idiopraxie®

1 Selbstberührung: grundlegende Klärungen 16
  1.1 Neurobiologische Grundlagen der Selbstberührung 17
    1.1.1 Physiologische Aspekte: taktile und haptische Wahrnehmung ... 17
    1.1.2 Psychologische Aspekte: Körperschema und Körperbild 20
    1.1.3 Neurologische Unterschiede zwischen Selbst- und Fremdberührung 21
    1.1.4 Selbstberührung und Gesundheit 23
  1.2 Selbstberührung im Alltag 26
    1.2.1 Selbstbezogene Dimensionen 26
    Biologisch-funktionelle Selbstberührungen 26
    Reflexartige Selbstberührungen 26
    Ritualisierte Selbstberührungen 27
    Instrumentelle Selbstberührungen 27
    1.2.2 Sozial relevante Dimensionen 28
    Kommunikative Selbstberührungen 28
    Sozial irritierende selbstregulative Selbstberührungen 29
    Selbstschädigende Selbstberührungen 29
  1.3 Erotische Selbstberührung 31
    1.3.1 Begriffsklärungen 31
    1.3.2 Geschichte der Solosexualität 33
    1.3.3 Solosexualität im 21. Jahrhundert 35

	Solosexualität in verschiedenen Lebensaltern und Lebenslagen	35
	Solosexualität und Geschlecht	37
	Funktionen von Solosexualität	39
	1.3.4 Achtsame sinnliche Selbstberührung als ganzheitliche Selbstliebe	40
1.4	Selbstberührung in der Lebensspanne	43
	1.4.1 Vor und direkt nach der Geburt	43
	1.4.2 In der Pubertät	45
	1.4.3 Im Erwachsenenleben	45
	1.4.4 Im Alter	46
1.5	Philosophische und phänomenologische Perspektiven der Selbstberührung	47
	1.5.1 Die Phänomenologie des Leibs	47
	Phänomenologische Perspektive in der Psychotherapie	48
	Doppelseitigkeit der Selbstberührung	50
	Ganzheitlichkeit des Leibs	51
	Körperschema und Körperbild	54
	Das Selbst als Leibselbst	55
	1.5.2 Methodenpluralismus und Partikularität in der Psychotherapie	58
	1.5.3 Eigenleibliches Spüren	61
	Eigenleiblichkeit – physische und psychische Gesundheitsförderung	61
	Zwischenleiblichkeit – interpersonale Bezüge und Selbstverständnis	63
	Der Leib als totales Sinnesorgan	65
	Tango(r) ergo sum – ich bin berührt und berühre mich, also bin ich	67
	1.5.4 Entfremdung und Verlust an Leiblichkeit	70
	Moderne digitalisierte Welt und Entleiblichung	70
	Phänomenologisch-therapeutische Sicht auf Selbstberührung	71
	Selbstberührung in der ganzheitlichen Behandlung des Leibs	73
	1.5.5 Fazit: Selbstberührung auf integrativtherapeutischer Basis	74

2 Intentionale Selbstberührung – Idiopraxie ... 78
  2.1 Intentionale Selbstberührung: wozu? ... 79
    2.1.1 Funktionen intentionaler Selbstberührung ... 80
    2.1.2 Intentionale Selbstberührung als bewusste Leiberfahrung ... 84
    Von Muskel zu Geist und von Geist zu Muskel ... 84
    Bewusstes Erleben der Sinne ... 86
    Beeinflussen des Körperinneren ... 88
    Ausnutzen der »Doppelgesichtigkeit« von Selbstberührung ... 89
  2.2 Idiopraxie: Definition, Prinzipien und Ziele ... 90
    2.2.1 Dimensionen und Arbeitsweisen der Idiopraxie ... 90

2.2.2	Handlungsleitende Grundlagen zur Methode der Idiopraxie	92
2.2.3	Nutzen der Idiopraxie für die einzelne Person	96
	Heilsame Selbstfürsorge	96
	Verbesserung der Selbstregulierung	96
	Verbesserung von Haptik und Taktilität	97
	Individuelle Anpassbarkeit	98
2.2.4	Nutzen der Idiopraxie in der Therapie	98
	Voraussetzung: Empathie	98
	Verbesserung therapeutischer Beziehungen	99
	Potenzielle Risiken	102
	Vorbehalte von Psychotherapeut:innen	102
	Notwendigkeit weiterer Forschung	103
2.3 Anwendungsbereiche für Idiopraxie		103
2.3.1	Erziehung, Pädagogik und Berufsausbildung	104
2.3.2	Pflege von Menschen mit Beeinträchtigungen	107
2.3.3	Pflege von älteren Menschen	109
2.3.4	Trauerarbeit	111
	Der trauernde Körper	111
	Trauer körperlich verarbeiten	112
2.3.5	Depression	112
2.3.6	Posttraumatische Belastungsstörung	113
2.3.7	Aufmerksamkeitsdefizit-/Hyperaktivitätsstörung (ADHS)	114
2.3.8	Autismus-Spektrum-Störungen (ASS)	115
2.3.8	Schizophrenie-Spektrum-Störungen (SSS)	116

Praktische Anwendung der Idiopraxie

3 Übungen zur Idiopraxie		120
3.1 Übungen für verschiedene Körperregionen		120
3.1.1	Hände	122
3.1.2	Beine, Knie und Füße	125
3.1.3	Haut	128
3.1.4	Kopf und Orientierung	130
3.1.5	Mund	133
3.1.6	Augen	135
3.1.7	Nase	138
3.1.8	Ohren	140
3.1.9	Hals	141

	3.1.10 Rumpf	142
	3.1.11 Rücken und Schultern	145
	3.1.12 Becken und Beckenboden	149
	3.2.13 Erotische Selbstberührung	152
	3.1.14 Gewebe und Organe	156
	3.1.15 Idiopraktische Reise zum Gehirn	161
3.2	Übungen für besondere Selbstberührung	167
	3.2.1 Wahrnehmungslenkung	167
	3.2.2 Mitschwingen	168
	3.2.3 In der Seele berührt – Ergriffensein	169
	3.2.4 Selbst-, Fremd- und Objektberührungen	169
	3.2.5 Selbstregulation	170
	3.2.6 Mental berührt – berühren, ohne zu berühren	171
	3.2.7 Selbstberührung im Liegen	174
	3.2.8 Atembewegung	175
	3.2.9 Anspannen und Entspannen – sinnliche Tonusregulation	176
	3.2.10 Gähnen	178
	3.2.11 Die Trias von Empfindung, Achtsamkeit und Atem	180
	3.2.12 Körperdialoge	181
	3.2.13 Problematische und schmerzende Region	182
	3.2.14 Berührungen und Gefühlen nachspüren	184
	3.2.15 Erfassung der eigenen Selbstberührungserfahrungen	184
	3.2.16 Epilog	185
3.3	Zwölf Grundübungen	186
	3.3.1 Hände, Arme und Schultern berühren	186
	3.3.2 Die Augen berühren	189
	3.3.3 Die Beine und die Füße berühren – Berührungsparameter	191
	3.3.4 Den ganzen Körper berühren – bewegen wie berühren	193
	3.3.5 Die Kiefergelenke und die Kaumuskeln berühren (Gähnen)	196
	3.3.6 Den Hals, die Kehle und den Nacken berühren	198
	3.3.7 Den Rumpf berühren 1: Becken und Beckenboden	200
	3.3.8 Den Rumpf berühren 2: Leibesmitte, Solarplexus und Zwerchfell	203
	3.3.9 Den Rumpf berühren 3: Brustkorb, Herz, Lunge und Rücken	205
	3.3.10 Den Kopf berühren	208
	3.3.11 Das Gesicht berühren	212
	3.3.12 Selbstberührung als Selbstbehandlung – der idiopraktische Prozess	214

Literatur 218

Vorwort

Nachdem ich über ein Jahrzehnt als praktizierender Arzt in verschiedenen Bereichen der Medizin gearbeitet hatte, begann ich Ende der 1980er Jahre, intensiv unterschiedliche leib- und körpertherapeutischen Therapie- und Selbsthilfemöglichkeiten zu erkunden. In diesem Zusammenhang absolvierte ich auch mit Gewinn und Genuss eine mehrmonatige Massageweiterbildung.

Da es oft nicht leicht ist, einen Massagetermin zu bekommen, und sich viele Menschen keinen leisten können, arbeitete einer meiner Lehrer und Freunde, Dean Marson, eine umfangreiche Anleitung zur Selbstmassage aus. Auch Charlotte Selver, eine meiner wichtigsten Lehrerinnen im Bereich der sensiblen Sinneserforschung, unterrichtete immer wieder Techniken der einfühlsamen Selbstberührung.

Das systematische »Wachmachen« des ganzen Körpers mithilfe von »klopfenden« Selbstberührungen gehört seit jeher zum Aufwärmritual asiatischer Kampfkünste. Reibende, zupfende, massierende Berührungen der Ohren, Hände oder Füße sind weitverbreitete Selbsthilfetechniken. All diese Selbstberührungen haben ganz unmittelbar spürbare, wohltuende körperliche und mentale Auswirkungen.

Neuere Untersuchungen des Leipziger Berührungsforschers Martin Grunwald ergaben, dass sich Menschen – in unterschiedlichen Kulturen, spontan und weitgehend unbemerkt – täglich etwa 400- bis 800-mal für ein paar Sekunden im eigenen Gesicht berühren. Solche Selbstberührungen, von denen die meisten jedoch kaum Notiz nehmen, sind eine Möglichkeit, die eigene Gefühlswelt rasch besser auszubalancieren (Grunwald, 2020). Die Berührungen finden bei positiven wie bei negativen Belastungen statt. Grunwald konnte mit seinen Forschungen zeigen, dass sich vor und nach spontanen Selbstberührungen des Gesichts verschiedene Hirnaktivitäten messbar verändern.

Alltägliche Formen von Selbstberührung sind weitverbreitet, aber sie finden bisher noch wenig Beachtung. Dies gilt auch in medizinischen oder therapeutischen Aus- und Weiterbildungen. Leider bleibt dieses große Potenzial bisher weitgehend ungenutzt. In dieser unbefriedigenden Situation leisten Peter Cubasch und Markus Böckle mit ihrem Buch zur Idiopraxie® wichtige Pionierarbeit. Ihre innovative Methode zielt darauf ab, »die Verbindung zwischen Körper und Geist durch intentionale Selbstberührung zu stärken« (Cubasch u. Böckle, 2023) und hat als angewandte intentionale Selbstberührung »ihre Ursprünge in der Atemtherapie, (Integrativen) Leib- und Bewegungstherapie, Sinnes- und Sensibilitätsförderung, im Mentaltraining, in asiatischen Bewegungs- und Behandlungsformen, in der Emotionsregulation sowie Entspannungstechniken« (Cubasch u. Böckle, o. J.).

Dieses breite Spektrum von Einflüssen wird von den Autoren sehr kenntnisreich und gut überschaubar dargestellt. Ihre beruflichen Kenntnisse und Erfahrungen erstrecken sich, sowohl theoretisch als auch praktisch, über viele Bereiche: Ausbildungen in Philosophie, Kognitionsbiologie, Psycho- und Leibtherapien, Musiktherapie, Atemtherapie sowie langjährige Forschungs- und Dozententätigkeiten an verschiedenen Hochschulen. Auf diesem ungewöhnlich reichhaltigen Hintergrund haben Cubasch und Böckle ihr bemerkenswertes Kompendium zur Thematik der Selbstberührung zusammengestellt. Sie erläutern gut verständlich die biologischen Zusammenhänge wie auch die Gemeinsamkeiten und Unterschiede zwischen Selbst- und Fremdberührungen. Darüber hinaus analysieren sie die vielfältigen, psychologischen Bedeutungsebenen, beginnend bei der frühkindlichen Berührungsentwicklung über pubertäre Ambivalenzen sowie Selbst- und Fremdberührung von Erwachsenen bis hin zur Lebenssituation von Menschen mit Behinderungen oder fortgeschrittenen Alters.

In ihrem Buch wird auch deutlich, mit wie vielen gesellschaftlich-moralischen Vorurteilen der Bereich der Selbstberührungen überfrachtet und belastet ist. An dieser Stelle kann Erich Fromms »Kunst des Liebens« (1977) weiterhelfen, die klar zwischen Selbstliebe und Selbstsucht, Narzissmus oder Egozentrik differenziert. Er schreibt: »Die Liebe zu anderen und die Liebe zu uns selbst stellen keine Alternative dar. Ganz im Gegenteil: Die Liebe zu uns selbst findet sich bei allen, die fähig sind, andere zu lieben. *Die Liebe ist* im Prinzip *unteilbar, soweit es sich dabei um die Beziehung zu ›Objekten‹ und zu uns selbst handelt*« (S. 85; Hervorh. i. Orig.).

Eine große Stärke von Cubaschs und Böckles Werk ist, dass es viele, sensibel und respektvoll gestaltete, praktische Übungsanleitungen anbietet, die es den Leser:innen erlauben, sich selbst von Hand, Kopf und Körper, achtsam und ganzheitlich, zu berühren und zu erkunden. Auch Menschen in den verschiedenen Berufsgruppen in Pflege oder Therapie können diese Übungen für ihre Patient:innen gezielt nutzen und sie zur weiteren Klärung von Körperschema und Körperbild kompetent anleiten. Diesem ungewöhnlichen und wertvollen Buch ist eine weite Verbreitung als praktische Selbsthilfe und kompetentes Kompendium für unterschiedliche Berufsgruppen im Gesundheitssektor zu wünschen.

Helmut Milz

Einführung

Berührung ist »Nahrung«, die Körper, Seele und Geist – und damit den Menschen auf all seinen Ebenen – nährt. Auch Selbstberührung hat dieses nährende Potenzial. Ihr einzigartiger Wert besteht darin, dass die berührende Person zugleich die berührte Person ist. Diese »doppelgesichtige« Zuwendung ist eine besonders intensive Einladung zum Spüren, Fühlen und Handeln, die einen achtsamen und freundlichen Umgang mit sich selbst begünstigt. Ausgestattet mit feinen Sinnen und differenzierten Berührungskompetenzen kann jeder Mensch durch Selbstberührung das eigene Wohlbefinden und die eigene Gesundheit nachhaltig und selbstwirksam fördern.

Obwohl wir uns am Tag und in der Nacht oft berühren, werden uns diese Selbstberührungen nur selten bewusst. Dies gilt z. B. für den Lidschlag, die Selbstberührungen beim Sprechen und Essen, die funktionellen Eigenberührungen beim Händewaschen oder Eincremen, die spontanen Berührungen beim Nachdenken oder bei Verlegenheit, die lindernden oder beruhigenden Selbstberührungen bei Unruhe, Schmerzen und starken Gefühlen oder die kommunikationsbegleitenden Körpergesten. Werden sie erst einmal ins Bewusstsein gebracht, führen sie zu überraschenden Erkenntnissen und beeindruckenden Erlebnissen.

Viele denken bei Selbstberührung spontan an Selbstbefriedigung – ein wichtiges und oftmals zu Unrecht mit Scham und Unsicherheit besetztes Thema, dem wir uns ebenfalls widmen werden. »Befriedigung« ist jedoch, wie sich zeigen wird, nur *ein* Aspekt der Thematik, und es lohnt sich, sich mit allen Facetten des Phänomens zu beschäftigen. Denn lustvolle, sinnliche Selbstberührung hat wie andere Selbstberührungen einen hohen psychologischen und therapeutischen Wert.

Die Fähigkeiten, sich selbst freundlich zu berühren, sich gern berühren zu lassen und andere kompetent zu berühren, wird durch die Praxis liebevoller Selbstberührung gefördert. Selbstberührungskompetenz ist eine wertvolle Grundlage für nährende und stimmige Berührungen in Familie, Partnerschaft und der beruflichen Berührungspraxis. Nicht zuletzt verdeutlicht eine zunehmende Bewusstheit für Selbstberührung, wie wichtig sie für unsere Daseinsgewissheit und unser Selbstgefühl ist. Wer seinen Körper nicht gut spürt, kann durch achtsame Selbstberührung wieder einen Zugang zu ihm finden.

Selbstberührung berührt uns körperlich, seelisch, geistig und zwischenmenschlich. Obwohl das Phänomen viele Wissensbereiche betrifft, wurde es in Forschung und Praxis bisher weitgehend übersehen. Dieses Desideratum wollen wir füllen und einen Anstoß dazu geben, Selbstberührung in ihrer einzigartigen Bedeutung zur Kenntnis zu nehmen und anzuwenden. Wir nähern uns dem Thema mit philosophischen Betrachtungen, stellen es aus unterschiedlichen Blickwinkeln dar und geben einen weit gefassten Überblick zu seinen Erscheinungsformen, Funktionen und zu seiner Bedeutung.

Daneben werden vielfältige praktische Zugänge zur Selbstberührung angeboten: Persönliche Erfahrungen mit Selbstberührung und wissenschaftliche Erkenntnisse zur Thematik werden miteinander verknüpft; Selbst-, Fremd- und Objektberührungen werden differenziert; der eigene Körper wird in seinen physikalischen Strukturen und Gewebsschichten berührt und ertastet; unterschiedliche Leibesregionen werden vor dem Hintergrund der persönlichen Berührungsgeschichte begriffen und verstanden; basale Berührungsformen und Berührungsqualitäten werden vermittelt; und es wird erlebbar, dass taktile und haptische Berührungserfahrungen zu einem prägnanten Selbstbild führen, das Selbstwertgefühl steigern und heilsame Wirkung haben können.

Das Buch ist in zwei Teile gegliedert. Im ersten Teil legen wir die theoretischen Grundlagen zur Selbstberührung dar (Kap. 1) und beschreiben die Besonderheiten der intentionalen Selbstberührungen mit einem Überblick zu den konkreten Anwendungsbereichen der Idiopraxie® (Kap. 2). Der zweite Teil mit konkreten Praxisanleitungen zur Idiopraxie® (Kap. 3) bietet Übungen für verschiedene Körperregionen (3.1), für besondere Selbstberührung (3.2) sowie zwölf Grundübungen (3.3).

Das Buch kann von Anfang bis zum Ende gelesen werden, wir laden jedoch dazu ein, die vorgeschlagenen Übungen begleitend durchzuführen, damit eine Verbindung zwischen Theorie und Praxis erlebbar wird. Dafür verweisen wir im Theorieteil ggf. auf passende Übungen, um Interessierten die Verschränkung mit der Praxis anzubieten, wie wir sie in unseren Seminaren und Ausbildungen vermitteln. Aber auch ein thematisches oder persönliches Interesse kann dazu genutzt werden, nach Lust und Laune zwischen den Kapiteln zu wechseln. Ergänzend zur schriftlichen Anleitung der Übungen werden auch Audiodateien auf unserer Website (www.idiopraxie.com) zur Verfügung gestellt, um sich ganz dem Erleben der heilsamen Wirkung der Selbstberührung zu widmen.

Obwohl im Alltag allgegenwärtig und aus dem Leben nicht wegzudenken, wurde Selbstberührung in vielen relevanten Bereichen – u. a. in pädagogischer Praxis und Gesundheitsförderung, in Pflege und Therapie – bislang weitgehend außer Acht gelassen. Dies sollte sich rasch ändern, und dazu möchten wir mit diesem Band einen fundierten und hoffentlich anregenden Betrag leisten.

Die Idiopraxie® wurde im Jahr 2006 als Marke registriert. Name, Anwendung sowie Aus- und Weiterbildung in der Idiopraxie sind geschützt. Im Interesse der Lesbarkeit wird im Folgenden auf den Trademark-Hinweis verzichtet. Bei Interesse für Aus- und Weiterbildungen in Idiopraxie bitten wir um direkte Kontaktaufnahme (siehe www.idiopraxie.com).

Theoretische Grundlegung der Idiopraxie®

1 Selbstberührung: grundlegende Klärungen

Im Gegensatz zur Selbstberührung wurden Fremdberührungen bereits intensiv beforscht. Martin Grunwald, Psychologe und Gründer des Haptik-Forschungslabors an der Universität Leipzig, trug sehr dazu bei, dieses Thema in der Bevölkerung wie auch bei Wissenschaftler:innen in den Fokus zu rücken (Überblick bei Müller, Winkelmann u. Grundwald, 2022). Zusammen mit seinen Kolleg:innen bietet er Beweise für die positiven physiologischen und psychologischen gesundheitsunterstützenden Effekte von Fremdberührung (Müller et al., 2022). Auch die Stimmungsregulierung und das psychische Wohlbefinden werden positiv beeinflusst (Müller u. Grunwald, 2022a, S. 80f.). Zugewandte Berührungen können zudem das Gefühl von sozialer Ausgeschlossenheit verringern (Mohr, Kirsch u. Fotopoulou, 2017). Die umfassende Heilwirkung, die Fremdberührung insbesondere in Phasen der Destabilisierung und Angst haben kann, wurde in einer Studie zum Angebot von Massagen in Notaufnahmen (Airosa, Falkenberg, Öhlén u. Armana, 2013) beschrieben als ein »existenzielles Zusammengehörigkeitsgefühl« (»feeling of existential togetherness«, S. 376), das »geprägt war von nonverbaler Friedlichkeit, Vertrauen, Trost, Sicherheit und der Wiederherstellung von dem, was es bedeutet, ein Mensch zu sein« (S. 374; Übers. v. Verf.). Berührungen sind darüber hinaus auch ein Kommunikationsmittel (Riedel, 2008).

Viele Wirkungen von Fremdberührungen werden auch mit Selbstberührungen erzielt (Müller u. Grunwald, 2022a, S. 79f.). Dies gilt z. B. für die Freisetzung des »Kuschelhormons« Oxytocin, das für Wohlbehagen sorgt (Überblick zur Umarmungsforschung bei Ocklenburg, 2022; zur Oxytocin-Forschung bei Uvnäs Moberg, 2016; s. auch 1.1.3).

Nachfolgend werden die Wirkungen von Selbstberührungen genauer beschrieben, zunächst mit einem Überblick der neurologischen Hintergründe (1.1), auf die in allen weiteren Ausführungen zurückgegriffen wird. Anschließend unterscheiden wir individuelle und soziale Dimensionen von ganz alltäglichen Selbstberührungen (1.2) und umreißen in diesem Zusammenhang erstmals das Wesen der »intentionalen Selbstberührungen«. Zur Selbstberührung im

Alltag gehören auch erotische Selbstberührungen, doch widmen wir ihnen ein gesondertes Kapitel (1.3). Nach einer Betrachtung von Selbstberührung im Verlauf der Lebensspanne (1.4) folgt abschließend eine philosophische und phänomenologische Sicht auf Selbstberührung (1.5).

1.1 Neurobiologische Grundlagen der Selbstberührung

1.1.1 Physiologische Aspekte: taktile und haptische Wahrnehmung

Der Selbstberührung liegt der Tastsinn zugrunde. Dieser wird auch als haptisches System bezeichnet und ist ein komplexes Netzwerk von Sinneszellen und Nervenbahnen, das uns ermöglicht, unsere Umwelt und uns selbst durch Berührung wahrzunehmen. Zu unterscheiden ist dabei zwischen zwei zentralen Formen der Wahrnehmung: der taktilen und der haptischen. Bei der *taktilen Wahrnehmung* – wenn wir berührt werden – bleibt der Körper in einer ruhenden Position, während er von äußeren Einflüssen berührt wird. Es ist eine eher passive Erfahrung, bei der das Bewusstsein nur minimal gefordert wird. Die Konzentration liegt dabei hauptsächlich auf den Empfindungen an der Körperoberfläche, z. B. das Wahrnehmen eines Windhauchs auf der Haut bei sonstiger Bewegungslosigkeit. Die *haptische Wahrnehmung* hingegen – wenn wir selbst berühren – ist dynamischer und aktiver. Hier bewegen wir uns, um unsere Umgebung zu erkunden und zu ertasten. Es ist ein intensiveres Erlebnis, das alle Körpergewebe involviert und uns fordert, Berührungs- wie auch Bewegungsinformationen zu verarbeiten, z. B. beim Erforschen von Form, Textur und Temperatur eines unbekannten Gegenstands mit der Hand.

Diese beiden Formen der Wahrnehmung sind nicht nur unterschiedlich in ihrer Art, sondern auch in ihrer Sensibilität. Der haptische Sinn ist wesentlich feiner und präziser als der taktile und gilt beim Menschen als einer der präzisesten. Während unsere Augen bei gutem Licht ein sehr feines Haar wahrnehmen (Stärke: etwa 40 µm), kann der haptische Tastsinn einen Spinnwebfaden erkennen, der nicht einmal ein Zehntel dieser Stärke hat (unter 4 µm; Müller u. Grunwald, 2022b, S. 8). So ist z. B. der Anfang des Klebebands auf einer Rolle mit den Augen oft nicht zu erkennen, beim Darüberstreichen mit der Fingerspitze schon. Die taktile und die haptische Berührung sind essenziell für unsere Interaktion mit der Welt und beeinflussen, wie wir uns selbst und unsere Umgebung wahrnehmen und verstehen.

Der Tastsinn ist nicht nur auf die Haut beschränkt, sondern erstreckt sich tief in den Körper hinein (Überblick bei Müller u. Grunwald, 2022b, S. 18–25) und ermöglicht, eine Vielzahl von äußeren und inneren Empfindungen zu spüren, von der sanften Berührung eines Blatts bis zum stechenden Schmerz eines Schnitts, vom leichten Pulsieren des Bluts durch die Adern bis zum dumpfen rollenden Schmerz von Magenkrämpfen. Auf der physiologischen Ebene dieser Wahrnehmung des Körperinneren (Interozeption) werden sensorische Informationen, die durch Prozesse im Körperinneren entstehen, an das Gehirn weitergeleitet. Einige dieser Informationen sind essenziell für die Aufrechterhaltung der körpereigenen Homöostase durch Mess- und Regelprozesse des autonomen Nervensystems. Andere wiederum erzeugen bewusst wahrnehmbare Anhaltspunkte für eine Organtätigkeit, z. B. das Spüren des eigenen Herzschlags oder der Darmperistaltik.

Die Fähigkeit zur Interozeption ermöglicht es uns, Zustandsinformationen direkt aus dem Körperinneren zu empfangen. Dies unterscheidet das haptische System von anderen Sinnessystemen, die primär auf äußere Reize reagieren. Die Interozeption umfasst alle mechanischen Reize sowie Temperatur- und Schmerzreize aus dem Inneren des Körpers. Dies beinhaltet sowohl Reize, die durch Organfunktionen entstehen, als auch Dehnungs- und Bewegungsreize von Muskulatur, Sehnen und Gelenken. Zusätzlich unterscheiden wir die Enterozeption, das sogenannte »Bauchgefühl«, sowie die Immunozeption, die Wahrnehmung des Krankheits- und Gesundheitsgefühls, die ebenso Teil der Interozeption sind (▶ Übungen 3.1.14; 3.2.9; 3.3.7. bis 3.3.9).

Petzold und Orth (2018) beschreiben die Entwicklung und Anwendung der Interozeption im Rahmen des Konzepts des »informierten Leibs« in der Integrativen Therapie. Damit ist gemeint, dass der Mensch durch innere Prozesse und kontinuierliche Interaktionen mit seiner Umgebung »informiert« wird. Diese Informationsprozesse tragen zur Entwicklung von Handlungsmustern und therapeutischen Praktiken bei, wie z. B. bei der Idiopraxie. Die Fähigkeit des Leibs, Informationen aus dem eigenen Leib sowie der Umwelt aufzunehmen und zu verarbeiten, spielt eine zentrale Rolle in der Selbstwahrnehmung und Selbststeuerung (Petzold u. Orth, 2018, S. 32, 51).

Wahrscheinlich besitzt jede einzelne Körperzelle mechanosensorische Fähigkeiten, mit denen sie ihre Umgebungsbedingungen registrieren kann (Müller u. Grunwald, 2022b, S. 19; unter Bezug auf Discher, Janmey u. Wang, 2005). Dies unterstreicht die tiefgreifende Bedeutung der Interozeption für das Verständnis unseres Körpers und unserer Gesundheit, denn sie bildet damit ein Fenster zu den tiefsten Ebenen unseres Seins. Sie stellt einen Kontakt der subtilen Rhythmen und Prozesse, die im Körperinneren ablaufen, zum Bewusstsein her und ermöglicht eine engere Verbindung zum eigenen Körper. Durch das bewusste Wahrnehmen dieser inneren Signale können wir lernen, besser auf die Bedürfnisse des Körpers zu hören und damit einen Schritt in Richtung eines gesünderen und harmonischeren Lebens zu machen (Müller u. Grunwald, 2022b, S. 32). Die Wahrnehmungsdimensionen des haptischen Systems können in die vier Kategorien Mechano- und Thermorezeption, Nozi- und Propriozeption unterteilt werden (S. 38; s. Tab. 1).

Tabelle 1: Wahrnehmungsdimensionen des haptischen Systems

Rezeptions-kategorie	Funktion	Beschreibung
Mechano-rezeption	Wahrnehmung von Druck, Vibration und Dehnung der Haut und tiefer liegender Gewebe	Die Zellen reagieren auf mechanische Reize; sie sind über die gesamte Haut verteilt und ermöglichen, beim Berühren die Form, Größe und Textur von Objekten zu erkennen.
Thermo-rezeption	Wahrnehmung von Temperaturunterschieden	Die Zellen reagieren auf Temperaturveränderungen und ermöglichen, Wärme und Kälte zu spüren.
Nozizeption	Wahrnehmung von Schmerz	Die Zellen reagieren auf schädliche Reize; sie warnen vor potenziellen Verletzungen und spielen eine entscheidende Rolle bei der Vermeidung von Schäden.
Propriozep-tion	Wahrnehmung von Position und Bewegung unseres Körpers im Raum	Die Zellen reagieren auf Körperhaltung (Propriozeption) und Bewegung (Kinästhetik); sie befinden sich in Muskeln, Sehnen und Gelenken.

Das haptische System spielt also eine entscheidende und zentrale Rolle im täglichen Leben: Es ermöglicht nicht nur, die Umwelt zu erkennen und mit ihr zu interagieren, sondern auch, sich darin sicher und effizient zu bewegen, sich selbst sowie das physiologische und psychische Befinden wahrzunehmen. Darüber hinaus ist die Berührung ein mächtiges Kommunikationsmittel, das den Austausch von Emotionen und Informationen mit anderen fördert (Böhme u. Olausson, 2022).

Komplexität und Vielseitigkeit des haptischen Systems spiegeln sich in seiner evolutionären Entwicklung (Phylogenese) wider, die wie das individuelle Gewordensein (Ontogenese) dem Erwerb von komplexen und hochdifferenzierten Fähigkeiten dient. Diese ermöglichen, feinste Unterschiede in der Berührung wahrzunehmen und den Organismus an unterschiedliche Umweltbedingungen und Bedürfnisse anzupassen. Die Wahrnehmungsdimensionen des haptischen

Systems zeigen, wie tief und breit unsere Fähigkeit zur Berührung ist und wie sie unsere Interaktion mit uns und der Welt um uns herum beeinflussen. Sie sind wesentlicher Bestandteil unserer sensorischen Erfahrung und spielen eine entscheidende Rolle in unserem täglichen Leben.

1.1.2 Psychologische Aspekte: Körperschema und Körperbild

Der Tastsinn hat jedoch nicht nur eine physiologische, sondern auch eine psychologische Ebene: Er ermöglicht eine Beziehung zwischen Psyche und Körper, die sich in den zwei Hauptkonzepten Körperschema und Körperbild manifestiert. Beide sind eng miteinander verknüpft, haben jedoch unterschiedliche Funktionen.

Das *Körperschema* (Überblick bei Müller u. Grunwald, 2022b, S. 27–34) bezieht sich auf die neuronale Repräsentation des menschlichen Körpers in seiner dreidimensionalen Gestalt. Es ist ein Produkt neuronaler Aktivität, die dem Bewusstsein nicht zugänglich ist. Dieses Schema passt sich an körperliche Wachstumsprozesse oder den Werkzeuggebrauch an und ist genetisch vorbestimmt. Es verwertet hauptsächlich Tastsinninformationen und kann auch durch visuelle Informationen zeitweise verändert werden. Neben den genetisch vorbestimmten neuronalen Prozessen wird das Körperschema durch sensorische Integrationsprozesse beeinflusst (S. 34). Während der Schwangerschaft muss sich das Körperschema an die wachsende Größe des Bauchs anpassen. Geschieht dies nicht im Tempo der äußeren Veränderungen, kann die schwangere Frau z. B. unerwartet mit dem Bauch an Objekte stoßen. Daher ist es grundsätzlich für alle Menschen notwendig, dass sich ihr Körperschema ständig aktualisiert und aufgrund von Wachstum, Alterung, Training oder Verletzungen an Veränderungsprozesse anpasst. Hierfür ist der Tastsinn verantwortlich, der auch aktiv durch Selbst- und Fremdberührungen – z. B. durch Selbst- oder Sportmassagen oder eben Idiopraxie – unterstützt werden kann.

Das *Körperbild* (Überblick bei Müller u. Grunwald, 2022b, S. 34–36) ist anders als das Körperschema »ein dem Bewusstsein zugänglicher Urteils- und Wahrnehmungsprozess über die subjektiv wahrgenommene Beschaffenheit und subjektive Bewertung (u. a. emotional) der äußeren Erscheinung des eigenen Körpers« (S. 39). Das Körperbild ist somit uns selbst und anderen durch direkte Beobachtung zugänglich.

Zwischen beiden Konzepten gibt es einen – einseitigen – Austausch: Das Körperschema, obwohl unbewusst, stellt Informationen bereit, die das Körperbild beeinflussen. Dies wird besonders deutlich bei klinischen Beobachtungen von Patient:innen mit schwerwiegenden Körperbildstörungen (z. B. Anorexia nervosa), bei körperdysmorphen Störungen und anderen Erkrankungen (S. 36; s. auch Wiedersich, 2010). Dies legt nahe, dass Körperschema und Körperbild auf neurobiologischer Ebene miteinander in Beziehung stehen.

In Bezug auf die psychische Verfasstheit ist es wichtig, zu verstehen, dass Selbstwahrnehmung und Selbstbild nicht nur durch das äußere Erscheinungsbild, sondern auch durch mit dem Tastsinn verbundene tief verwurzelte neuronale Prozesse beeinflusst werden. Ein gestörtes Körperbild kann tiefgreifende Auswirkungen auf Selbstwertgefühl, Selbstvertrauen und die allgemeine psychische Gesundheit haben. Das Verständnis der Unterschiede und Wechselwirkungen zwischen Körperschema und Körperbild lässt sich durch Idiopraxie aktiv beeinflussen. Das bewusste Arbeiten am eigenen Körper kann dabei helfen, positive Selbstbilder zu entwickeln, und somit Personen mit unsicherem Körpergefühl und wenig Körperbewusstsein unterstützen. Selbst- und Fremdberührung aktivieren das Gehirn in unterschiedlicher Weise und sind dabei wichtige Informationsquellen für Körperschema und -bild.

Die genaue Wahrnehmung und Verarbeitung von Selbstberührung wird von vielen Faktoren beeinflusst, einschließlich der Art der Berührung, der genauen Orte der Berührung und der kognitiven sowie emotionalen Zustände der ausführenden Person (ob sie z. B. einen guten Bezug zu sich und ihrem Körper hat). Bereits die Einsicht, ein Leib zu *sein,* mit untrennbarer Verbindung zur Psyche, und nicht einen Körper zu *haben,* der unabhängig von der Psyche gestählt, abgehärtet oder ignoriert werden kann, trägt viel zum psychischen Wohlbefinden bei. Ein positiver Selbstbezug mit positivem Umgang mit dem eigenen Leib ist eine basale Einstellung, die einen wesentlichen Beitrag zu Selbstwert, Selbstbewusstsein und einem glücklichen Leben leisten kann.

1.1.3 Neurologische Unterschiede zwischen Selbst- und Fremdberührung

Selbst- wie auch Fremdberührungen tragen dazu bei, Stress und Angst zu reduzieren (Uvnäs Moberg, 2016, S. 40–44). Als besonders angenehm werden langsame Berührungen empfunden (Ackerley, Carlsson, Wester, Olausson u. Backlund Wasling, 2014; Überblick bei Taneja, Olausson, Trulsson, Svensson u. Baad-Hansen, 2021). Angesteuert werden dabei »CT-Fasern« (»C-taktile Fasern«): Nervenfasern, die – im Gegensatz zu den »schnellen« Aβ-Fasern (McGlone, Wessberg u. Olausson, 2014) – sehr langsam leiten und in direktem Zusammenhang mit der Ausschüttung von Oxytocin stehen (Uvnäs Moberg, 2016, S. 45–49). Dieses Hormon wiederum bewirkt Wohlbefinden und eine Bindungsstärkung (Chen et al., 2020).

Selbst- und Fremdberührung werden jedoch neurologisch unterschiedlich verarbeitet. Bei Fremdberührung reagieren spezialisierte Tastsensoren in der Haut: Mechano-, Temperaturrezeptoren und Nozizeptoren leiten die Information zum Rückenmark, wo sie an eine einzelne Nervenzelle übertragen wird, die beim Menschen bis zu einem Meter lang sein kann. Diese endet im Gehirn, im somatosensorischen Kortex des zentralen Nervensystems, der für die Verarbeitung taktiler und zum Teil haptischer Reize zuständig ist (Abb. 1). Die Verarbeitung von Informationen des Tastsinns ist stark mit dem limbischen System verbunden, das für die Verarbeitung von Emotionen und Motivation verantwortlich ist.

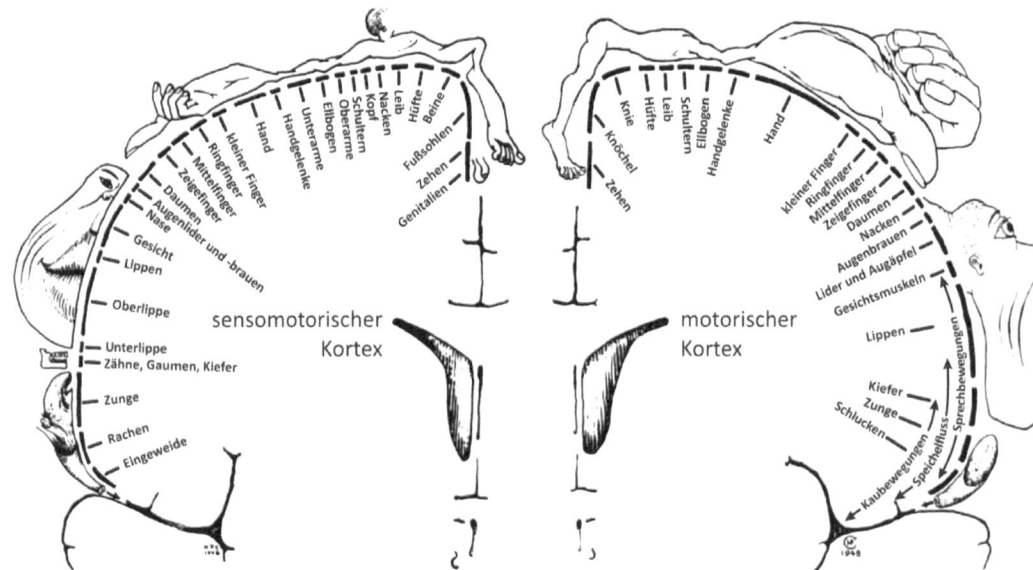

Abbildung 1: Homunkulus, Modell der zuständigen Gehirnareale für die menschliche Sensorik und Motorik (eigene Anpassung nach Penfield u. Rasmussen, 1950, S. 214 f.; © für das englische Original: Macmillan, 1950; s. auch Hotz Boendermaker, 2022).

Die andere Wahrnehmung von Selbstberührungen im Gegensatz zu Fremdberührungen beruht u. a. auf einem hemmenden Mechanismus (»Reafferenzprinzip«; von Holst u. Mittelstaedt, 1950): Er bewirkt eine »Vorhersage« der sensorischen Konsequenzen von selbstausgelösten Berührungen und dämpft ihre Wahrnehmung (daher kann man sich auch nicht selbst kitzeln; Blakemore, Frith u. Wolpert, 1999). Wahrscheinlich dient er als Schutzmechanismus, indem er verhindert, von eigenen Berührungen überwältigt oder abgelenkt zu werden, insbesondere in Momenten, in denen die Aufmerksamkeit anderweitig benötigt wird. Diese hemmenden Eigenschaften von Selbstberührungen (Müller u. Grunwald, 2022b, S. 13) bewirken, dass sie anders und oft als weniger intensiv wahrgenommen werden als Fremdberührungen (Chapman, 1994).

Mitunter wird Selbstberührung jedoch nicht gefiltert, sondern sogar verstärkt wahrgenommen: Zwar regen aktive (Selbst-) und passive (Fremd-)Berührung vergleichbare Mechanorezeptoren auf der berührten Hautstelle an, doch werden die Berührungsinformationen unterschiedlich verarbeitet. So wird bei bewusster Selbstberührung ebenso wie bei Fremdberührung der somatosensorische Kortex aktiviert, darüber hinaus aber auch das motorische Kortexgebiet (Ackerley et al., 2012), das für die Berührungsreize an der berührten Körperstelle zuständig ist (Abb. 1). Dies deutet darauf hin, dass die Verarbeitung eingehender Berührungsinformationen im Fall von Selbstberührung durch einen aufmerksamkeitsgesteuerten Mechanismus hochreguliert wird. Die simultane Aktivierung von somatosensorischem und motorischem Kortex kann z. B. dazu beitragen, Körperwahrnehmung bzw. Körperbild und Körperschema (1.1.2) besser zu integrieren als bei taktilen Reizen durch Fremdberührungen.

1.1.4 Selbstberührung und Gesundheit

Selbstberührung erlaubt, Zeitpunkt, Ort und Intensität der Berührung zu kontrollieren und somit verstärkt sensorische und motorische Regionen zu aktivieren. Diese Kontrolle hilft, die eigenen Emotionen, Gefühle und Reaktionen selbst zu steuern. Im Gegensatz dazu kann eine Fremdberührung, z. B. bei einer Massage, nicht von der berührten Person kontrolliert werden und führt daher zur zusätzlichen Aktivierung von Hirnregionen im Zusammenhang mit sozialer Interaktion, Empathie und Belohnung (Müller u. Grunwald, 2022b, S. 69; Müller, 2022a, S. 313). Das Erleben von Selbstkontrolle und in der Folge von Selbstwirksamkeit kann das Vertrauen in die eigene Fähigkeit zur Selbstregulierung stärken. Dies kann dazu beitragen, Selbstbewusstsein und Selbstwertgefühl zu verbessern, was wiederum positive Auswirkungen auf Stimmung und Wohlbefinden hat.

Durch kognitive Kontrolle verändern sich die aktivierten Hirnareale. Allein die bewusste Entscheidung, sich selbst zu berühren, aktiviert Hirnregionen, die für Handlungsplanungen zuständig und bei Fremdberührungen nicht aktiv sind. Das neurowissenschaftliche Modell der Handlungsplanung (Elsner u. Prinz, 2012) beruht auf der Vorstellung, dass bestimmte Hirnareale für die bewusste Kontrolle von Handlungen verantwortlich sind. Dazu gehören der dorsolaterale präfrontale Kortex und der Parietallappen (Hommel u. Nattkemper, 2011, S. 34 f.). Einige Hirnareale unterliegen jedoch nicht der bewussten Kontrolle, sondern emotionalen und nicht beeinflussbaren Faktoren der Handlungsplanung. Diese Areale werden oft als Lustzentren bezeichnet und umfassen den ventromedialen präfrontalen Kortex, die Amygdala und das Striatum (S. 35). Bewusste Handlungen sind also immer ein Produkt von Prozessen, die sowohl der bewussten Kontrolle als auch der emotionalen Evaluation unterliegen.

Bei der Selbstberührung spielt die Handlungsplanung eine entscheidende Rolle, da die Person selbst entscheidet, welchen Teil des Körpers sie berührt und in welcher Intensität. Das Gehirn ist daher an der Planung sowie der Ausführung der Berührung beteiligt, indem es die motorischen und somatosensorischen Regionen aktiviert. Diese Kontrolle mittels geplanter Selbstberührung kann dazu beitragen, dass die Person positive Empfindungen erlebt und ihr Gefühl der Selbstwirksamkeit stärkt. Durch die Handlungsplanung bei der Selbstberührung wird das Gehirn auch in die körperliche Erfahrung und Wahrnehmung des eigenen Körpers einbezogen, was wiederum zu einer stärkeren Verbindung zwischen Körper und Geist führen kann (▶ Übungen 3.2.5, 3.2.7, 3.2.12).

Selbstberührungen fanden in der Forschung bisher hauptsächlich in Bezug auf spontane, nichtintentionale Berührungen Beachtung (z. B. Grunwald, Weiss, Müller u. Rall, 2014; Spille, Grunwald, Martin u. Müller, 2021; Spille, Müller, Martin u. Grunwald, 2022). Sie spielen eine entscheidende Rolle in der menschlichen Selbstregulation, vor allem in Bezug auf die Stressregulation. Diese Berührungen sind nicht nur physische Reaktionen, sondern sie sind tief in unserer psychologischen und emotionalen Verfassung verankert. Wenn wir uns selbst unbewusst und spontan berühren, insbesondere in stressigen oder emotional aufgeladenen Momenten, kann dies als Beruhigung (Dreisoerner et al., 2021) oder eine Art innerer Trost dienen. Es ist eine intuitive Art, mit Unbehagen oder Stress umzugehen (z. B. Densing, Konstantinidis u. Seiler, 2017; Grunwald et al., 2014).

Spontane Selbstberührungsgesten in stressigen Situationen werden mit den eigenen Fingern und Händen ausgeführt. Dabei werden Nase, Kinn, Wange, Kopf, Oberschenkel oder andere Körperteile kurzzeitig berührt. Diese Bewegungen bzw. deren Auslöser basieren nicht auf bewussten Entscheidungsprozessen. Solche spontanen Berührungen sind im Alltag weitverbreitet, ein allgegenwärtiges Verhalten bei allen Menschen unabhängig von Alter, Geschlecht, Ethnie, Kultur und sozialer Schicht, und dienen laut derzeitiger Hypothesen zur Selbstregulation (Densing et al., 2017; Spille et al., 2022).

Diese von bewussten Entscheidungen weitgehend unabhängigen Bewegungen wirken, als würden unsere Hände hier eine eigene, universelle, archaische Sprache sprechen, die direkt mit unserem Innersten verbunden ist und uns selbst vielleicht mehr über uns erzählt, als wir zu erkennen glauben und zu wissen meinen. Die Forschung (z. B. Müller et al., 2019) zeigt, dass Selbstberührungen nicht nur physische Handlungen sind, sondern auch tiefgreifende psychologische und emotionale Bedeutungen haben. Sie können als Werkzeuge zur Selbstregulation dienen (Grunwald, 2012, S. 118–122), insbesondere in Zeiten von Stress oder emotionaler Belastung. Diese spontanen und unbewussten Selbstregulationsmechanismen, die evolutionär tief in uns verankert sind, möchten wir in der Idiopraxie ins Licht des Bewusstseins heben und intentional und funktional für die Etablierung des eigenen Wohlbefindens anwendbar machen.

Berührung spielt in der komplexen Welt menschlicher Interaktion eine entscheidende Rolle, insbesondere in Bezug auf die Stressregulation: Liebevoller Körperkontakt durch eine andere Person, sei es durch Streicheln, Umarmen oder sogar einfaches Händehalten, kann erhebliche Auswirkungen auf unsere physiologischen Reaktionen auf Stress haben (Morrison, 2016; Sehlstedt et al., 2016; Sorokowska et al., 2021; Kidd, Devine u. Walker, 2023). Hatten beispielsweise Paare vor einer stressigen Aufgabe viel Intimität, so wiesen sie geringere Stressreaktionen auf in Form von Blutdruck- und Herzratenanstiegen (Ditzen et al., 2019). Darüber hinaus beeinflusste ein der Stresssituation vorausgegangener angenehmer Körperkontakt den Cortisolspiegel positiv, wobei »Frauen, die mehr liebevollen Körperkontakt mit ihrem Partner ausgetauscht hatten, einen signifikant geringeren Anstieg des Kortisolspiegels zeigten« (Müller, 2022b, S. 228). Daher ist es nicht überraschend, dass der Körperkontakt in dieser Hinsicht effektiver ist »als ausschließlich verbale soziale Unterstützung durch den Partner« (Müller, 2022b, S. 228; unter Bezug auf Ditzen et al., 2007).

Und schließlich: Dass Berührung Stressreaktionen mildern kann, ist schon bei Säuglingen zu beobachten (Feldman, Singer u. Zagoory, 2010; Yoshida et al., 2020). Zudem stellen überdurchschnittlich häufige Körperberührungen für die berührten Personen sogar einen Schutzschild gegen Infektionskrankheiten dar (Cohen, Janicki-Deverts, Turner u. Doyle, 2015, S. 7; Müller, 2022b, S. 226).

All diese Erkenntnisse unterstreichen die tiefgreifende Bedeutung von (Selbst-)Berührung, nicht nur als Werkzeug zur Kommunikation, sondern auch zur Emotionsregulation, zur physischen Gesundheit und zum emotionalen Wohlbefinden. Selbstberührung kann zudem dabei unterstützen, das Gefühl von Selbstwirksamkeit, Kontrolle und Autonomie auszulösen bzw. zu verstärken und ist dabei der Berührung durch andere sogar überlegen (Roel Lesur, Weijs, Nguyen u. Lenggenhager, 2021). Zusammenfassend lässt sich sagen, dass Selbstberührung eine positive Selbstannahme als Gesamteinheit von Körper, Geist und Seele unterstützen kann und einen angeborenen, wichtigen, meist unbewusst ablaufenden Mechanismus der Stressregulation darstellt.

1.2 Selbstberührung im Alltag

24 Stunden am Tag berühren wir uns selbst. Selbstberührungen sind Tag und Nacht ein unverzichtbarer Teil unseres Lebens. Wie wir uns tagsüber berühren, bemerken wir meist nicht. Wir wissen vielleicht, welche Selbstberührungen uns beim Einschlafen helfen und mit welchen wir aufwachen. Aber welche wir in der Nacht ausführen, entgeht uns vollkommen. Welche Berührungen wir im wachen Zustand vollziehen und welche Funktionen sie haben, soll hier genauer differenziert werden. Hierbei unterscheiden wir *selbstbezogene* (▶ Übung 3.2.1) von *sozial relevanten* Dimensionen der Selbstberührung.

1.2.1 Selbstbezogene Dimensionen

Biologisch-funktionelle Selbstberührungen

Unter diesen Selbstberührungen verstehen wir all jene Berührungen und Bewegungen, die mit lebenserhaltenden biologischen Vorgängen einhergehen (alles, »was uns elementar am Leben erhält«; Hofer-Moser, 2018, S. 218). Zu den von außen sichtbaren Selbstberührungen dieser Gruppe gehören z. B. der Lidschlag oder die aufeinander liegenden Lippen. Von außen nicht sichtbare Vorgänge im Organismus wiederum sind z. B. das Gleiten der Lunge am Brustfell, die Bewegungen der Darmperistaltik oder das mit dem Heben und Senken des Zwerchfells verbundene Gleiten der inneren Organe, ebenso die Berührungsvorgänge beim Verdauen und Ausscheiden sowie beim Schlucken und Sprechen. Da heute davon ausgegangen wird, »dass wahrscheinlich jede einzelne Körperzelle mechanosensorische Fähigkeiten besitzt, mittels derer sie ihre Umgebungsbedingungen registrieren kann« (Müller u. Grunwald, 2022b, S. 19; Discher et al., 2005), ist die neurologische Grundlage vorhanden, um auch unsere inneren Selbstberührungen zu fühlen.

Reflexartige Selbstberührungen

Diese Selbstberührungen erfolgen schnell und reflexgesteuert: Wir greifen an die Stelle, an der uns ein Insekt gestochen oder an der wir uns gerade gestoßen haben, und versuchen, den Schmerz durch reibende, drückende, haltende oder kratzende Selbstberührungen zu lindern. Studien zeigen, dass solche Gesten Schmerz tatsächlich eindämmen (Kammers, de Fignemont u. Haggard, 2010; Hogendoorn, Kammers, Haggard u. Verstraten, 2015; s. auch Kikuchi, Shirato,

Machida, Inoue u. Noriuchi, 2017). Reflexartige Selbstberührungen folgen einem Reiz. Dieser muss nicht zwingend physiologisch sein: Auch Selbstberührungen im Zusammenhang mit starken Gefühlen oder intensiven mentalen Prozessen zählen wir zu den reflexartigen Selbstberührungen. So wirken Selbstberührungen z. B. bei plötzlichem Eintreten von seelischem Schmerz bzw. Stress, von Unruhe, Angst oder Verzweiflung nachweislich schmerzlindernd (Kronrod u. Ackerman, 2019; Müller et al., 2019).

Ritualisierte Selbstberührungen

Damit meinen wir alle für eine Person typischen Berührungen, die ihr Sein und Handeln begleiten und die sie selbst nicht bewusst wahrnimmt. Dazu gehören Berührungen, mit denen verschiedene Haltungen oder Bewegungen des Körpers unterstützt werden, oder Selbstberührungen, die mit emotionalen oder mentalen Vorgängen einhergehen, z. B. gefaltete oder ineinander gelegte Hände, verschränkte Arme, übereinandergeschlagene Beine oder das Stützen des Kopfs, Abstützen des Oberkörpers mithilfe der Oberarme auf den Oberschenkeln oder die Berührung des Mundes mit den Fingern. Gefühle wie Traurigkeit, Verärgerung, Wut, aber auch Erstaunen, Jubel und Begeisterung oder eher neutrale Vorgänge wie Nachdenken, Erinnern oder stille Besinnung werden meist von für eine Person typischen Selbstberührungen begleitet. Diese beiläufigen ritualisierten Selbstberührungen sind meist Teil komplexer Bewegungsvorgänge und machen eine Bewegung, Haltung oder Handlung für die entsprechende Person – unbewusst – »gefühlt« vollständig, haben eine erleichternde Funktion und bewirken meist ein angenehm vertrautes Selbstgefühl.

Instrumentelle Selbstberührungen

Hierunter verstehen wir all jene Selbstberührungen, die mit Alltagshandlungen im Zusammenhang stehen und eine bestimmte Funktion erfüllen. Sie werden meist routineartig ausgeführt und fallen uns nicht weiter auf. Bei diesen Selbstberührungen stehen der Zweck und das Ergebnis im Vordergrund und nicht die Berührung selbst. Es handelt sich um – direkte oder indirekte – Selbstberührungen beim Waschen, Eincremen und Abtrocknen, beim Zähneputzen, Nägelschneiden, Haarekämmen und Schminken sowie beim An- und Auskleiden. Diese Selbstberührungen sind jeweils unerlässlich für die Funktion der Handlung. Sie fallen aber meist unterschiedlich aus, je nachdem, ob sie in der Verborgenheit oder der Öffentlichkeit stattfinden bzw. eine öffentliche Situation vorbereiten (u. a. Argyle, 2013, S. 251 f.; unter Bezug auf Daly, Hogg, Sacks,

Smith u. Zimring, 1983; s. auch Obermeier, Kelly u. Gunter, 2015), sie haben also unter Umständen eine andere Qualität im Fall sozialer Relevanz (1.2.2).

1.2.2 Sozial relevante Dimensionen

Kommunikative Selbstberührungen

Während wir mit anderen Menschen in Kontakt sind, führen wir meist unbewusst interaktionsbegleitende Selbstberührungen aus. Als nonverbale Signale begleiten sie unsere verbale Kommunikation, beim Sprechen wie auch beim Zuhören (z. B. Argyle, 2013, S. 248–252). Sie sind einerseits individuell ausgeprägt und andererseits stark von kulturellen kommunikativen Konventionen geformt (z. B. Trautmann-Voigt u. Voigt, 2020, S. 30 f.). Nicht nur die gesprochenen Inhalte werden mit Selbstberührungen akzentuiert, sondern auch die Gefühle, die wir dabei haben. Diese periverbalen – das Sprechen und ebenso das Zuhören begleitenden – Bewegungen und Selbstberührungen können Interesse, Neugier und Erstaunen ebenso bekunden wie Desinteresse, Zweifel, Scham oder Ablehnung. Sie können in der zwischenmenschlichen Beziehungsgestaltung auch mehr oder weniger bewusst manipulativ eingesetzt werden, beispielsweise beim Flirten (Grammer, 2005, S. 57–63). Selbstberührungen haben daher auch einen kommunikativen Charakter und dienen als soziales Signal (Streeck, 2020).

Eine Hauptkommunikationsfunktion von Selbstberührung – insbesondere bei der Anbahnung einer Beziehung – besteht darin, die eigene Attraktivität zu steigern und die Aufmerksamkeit auf die eigenen ansprechenden Merkmale zu lenken (Lindová et al., 2019). Aber auch während eines Gesprächs gibt es Momente, in denen die Gesprächsteilnehmenden gleichzeitig oder nacheinander Selbstberührungen durchführen, was darauf hindeutet, dass diese Handlungen nicht nur individuelle, sondern auch kommunikative Bedeutungen haben können (Streeck, 2020). Solche unwillkürlichen Selbstberührungen treten als Reaktion auf andere auf oder als Mittel zur Abstimmung mit anderen in der Interaktion.

Zudem erkennen wir bei uns nahestehenden Personen an deren beiläufigen Selbstberührungen leicht, in welchem Gemütszustand sie sich gerade befinden, denn wir können sie mit bestimmten Emotionen in Verbindung bringen, die in der Vergangenheit mit diesen Selbstberührungen einhergingen. Aber auch die emotionale Verfasstheit fremder Personen kann so eingeschätzt werden, da wir uns in sie einfühlen können. Diese Fähigkeit hängt mit den Spiegelneuronen zusammen, die dafür zuständig sind, beobachtete Handlungen und Emotionen in unserem eigenen Gehirn zu simulieren und uns somit ein Verständnis für die Gefühle und Absichten anderer zu vermitteln (Tempel u. Frings, 2022; Benz, 2022). Daher nehmen wir – ebenso wie andere Wissenschaftler:innen (z. B. Böhme u. Olausson, 2022) – trotz bislang fehlender Belege an, dass Selbstberührungen ständig emotionale Informationen an unsere Umgebung übermitteln und sich individuell in Mimik, Gestik und Körperhaltungen einprägen. Über Jahre mit freudigem Lächeln durchgeführte positiv bestärkende Selbstberührungen manifestieren sich u. a. in Gesichtsfalten und Gelenken in anderer Weise als bei einem traurigen Gesicht und entsprechender Begleitung von Haltung und Gestik.

Sozial irritierende selbstregulative Selbstberührungen

Einige Formen von Selbstberührungen stoßen bei anderen Menschen auf Ablehnung. Dazu gehören z. B. Nägelkauen und Nasebohren; beides ist auch aus dem Tierreich bekannt (u. a. Krallenkauen beim Hund: Schroll u. Dehasse, 2016, S. 68; und Nasebohren beim Menschenaffen: Fabre et al., 2022; Kurzüberblick bei Rotthaus, 2023, S. 48 f.). In den seltensten Fällen ist Nasebohren den instrumentellen Selbstberührungen (1.2.1) zuzurechnen, wenn verkrusteter Schleim von den Nasenwänden abgekratzt wird, der sich durch Schnauben nicht entfernen lässt. Meist hat es vielmehr – ebenso wie das Nägelkauen und andere repetitive Verhaltensweisen – einen selbstregulativen Charakter im Fall von Anspannung und Stress (Wilhelm u. Margraf, 1993). Oftmals wird ein Zusammenhang mit psychischen Störungen festgestellt (z. B. Roberts, O'Connor u. Bélanger, 2013; Sisman, Tok u. Ergun, 2017), heute aber überwiegend nicht mehr zwingend als pathologisch angesehen (Jeffersen u. Thompson, 1995). Jüngere Forschungen lassen sogar vermuten, dass Nägelkauen wie auch Nasebohren durchaus auch funktionelle, nämlich immunstärkende Eigenschaften haben können (Lynch, Sears u. Hancox, 2016; Shapiro Frenkel u. Ribbeck, 2015). Diese Hygienehypothese gilt jedoch nicht, wenn dieses Verhalten exzessiv und gesundheitsgefährdend wird, dann muss es der Kategorie der selbstschädigenden Selbstberührungen zugerechnet werden.

Selbstschädigende Selbstberührungen

Hierzu zählen wir alle Selbstberührungen, mit denen eine Person ihre Unversehrtheit beschädigt oder sich Schmerz zufügt. Zu unterscheiden ist ein solches »Nicht-Suizidales Selbstverletzendes Verhalten« (NSVV) von Selbstschädigung in suizidaler Absicht und wird definiert als »direkte, repetitive, sozial nicht akzeptierte Zerstörung oder Veränderung des Körpergewebes ohne suizidale Absicht« (In-Albon et al., 2020, S. 19; unter Bezug auf APA, 2018). Dazu zählen vor allem Schneiden, Ritzen, Sich-selbst-Schlagen (Überblick bei Kaess u. Edinger, 2019, bes. S. 17–23) und Hautzupfen (Schienle u. Wabnegger, 2022), aber auch Nägelkauen und Nasebohren, wenn deren Intensität zu dauerhaften Schädigungen führt (Sachan u. Chaturvedi, 2012; Andrade u. Srihari, 2001). Zwar gehören leichte autoaggressive Bewegungsmuster in den ersten Lebensjahren offenbar zu einer »normalen menschlichen Entwicklung« (Sachsse, 2016, S. 6; unter Bezug auf Brezovsky, 1985), doch verschwinden sie bereits bis zum fünften Lebensjahr.

NSVV ist besonders häufig bei Jugendlichen und jungen Erwachsenen festzustellen, bei Frauen häufiger als bei Männern (In-Albon u. Schmid, 2019, S. 698). Es ist keineswegs zwingend pathologisch, tritt aber häufig in Komorbidität mit depressiven Störungen, Angststörungen (bes. sozialer Angst), Posttraumatischer Belastungsstörung, externalisierenden Störungen, Borderline-Persönlichkeitsstörungen, Substanzmissbrauch und Essstörungen auf (In-Albon et al., 2020, S. 20). So ist es als Ausdruck mitunter heftiger innerer Unruhe bzw. innerer Kämpfe zu verstehen, nicht selten mit einem zwanghaften (In-Albon u. Schmid, 2019, S. 700) oder suchtartigen (S. 708) Charakter.

Tätowierungen und Piercings werden heute nicht mehr zu den NSVV gezählt (Rotthaus, 2023, S. 21). Doch können solche und ähnliche Körpermodifikationen (»Body Modder«; S. 22) »Ersatzhandlungen für andere selbstverletzende Verhaltensweisen« (S. 24; s. auch Stirn u. Hinz, 2008) und daher grundsätzlich »sowohl selbstfürsorglich als auch selbstschädigend wirken, manchmal beides zugleich« (Stirn u. Möller, 2013, S. 50 f.).

Bei Verdacht auf selbstverletzendes Verhalten ist psychotherapeutische Unterstützung hilfreich, um die verborgenen Hintergründe und Funktionen zu ergründen und geeignete Formen der Abhilfe zu finden. Allerdings hat das selbstverletzende Verhalten über seine selbstregulative Funktion hinaus auch »eine erhebliche ›interaktionelle Potenz‹« (Sachsse u. Herbold-Schaar, 2015, S. 13; unter Bezug auf ein persönliches Gespräch mit Karl König), denn sie induziert beim Umfeld »polare, intensive Reaktionen: entweder zunächst eine grenzenlose Hilfsbereitschaft, die dann irgendwann abrupt aufhört, oder gleich eine hart abgegrenzte, unempathische oder zynische Zurückweisung« (Sachsse, 2016, S. 2). Anzumerken ist hier, »dass bei psychiatrischen Störungen Selbstverletzungen durchaus auch der Provokation dienen können und eine Signalwirkung auf andere haben, der Funktion der Selbstberuhigung und der [wenn auch inadäquaten; Ergänzung v. d. Verf.] Selbstheilung aber meist die größere Bedeutung zukommt« (Fleischer u. Herpertz, 2009, S. 17).

1.3 Erotische Selbstberührung

Wenn wir anderen von unserer Absicht erzählten, über »Selbstberührung« zu schreiben, reagierten die meisten irritiert, mit fragenden Gesichtern, Scham, Unverständnis, aber auch Neugier. Denn das Stichwort »Selbstberührung« wird oft mit »Selbstbefriedigung« assoziiert oder gar gleichgesetzt – schon deshalb verdient dieses Thema besondere Aufmerksamkeit. Außerdem umfasst die intentionale Selbstberührung selbstverständlich das gesamte Spektrum von Berührungen, also auch der autoerotischen. Darüber hinaus ist es uns ein besonderes Anliegen, der erotischen Selbstberührung einen gleichrangigen Platz einzuräumen neben allen anderen Selbstberührungen, über die unbedarft gesprochen, geschrieben und geforscht wird, denn noch heute wird dieses Thema gemieden – obwohl es ein natürlicher und gesunder Teil des menschlichen Daseins ist.

So fehlt es bislang an umfassender Literatur und Forschung zu Selbstbefriedigung, in Büchern speziell zur Sexualität sucht man es meist vergebens (Böhm, 2013, S. 305), »die Bedeutung von Selbstbefriedigung als Teil sexueller Bildung und einer biografisch dauerhaft relevanten sexuellen Praktik hat […] auch in professionellen Zusammenhängen einen eher randständigen, wenig beachteten Platz« (S. 301; s. auch Driemeyer, Janssen u. Elmerstig, 2015, S. 372; Terhechte, 2021, S. 64). Trotz der massiv veränderten Einstellung zur Sexualität in der breiten Öffentlichkeit seit den 1968er Jahren ist Selbstbefriedigung weiterhin ein auch in privaten Gesprächen tabuisiertes Thema.

1.3.1 Begriffsklärungen

Da die Synonyme für Selbstbefriedigung in der Regel mit Wertungen einhergehen (Böhm, 2013, S. 301), sollen die wichtigsten nachfolgend erklärt werden. Am gebräuchlichsten sind die Begriffe »Masturbation«, »Onanie« und »Selbstbefriedigung«, inzwischen zunehmend auch »Solosexualität« (Aude u. Matthiesen, 2013).

Der Begriff »Masturbation« ist abgeleitet aus den lateinischen Wörtern *manus* (Hand) und *stuprum* (Schändung, Unzucht) und unterstreicht schon durch diese Herkunft die von Beginn an negative Konnotation. Zudem stellt der Terminus das ausführende Subjekt ins Zentrum und weniger die Stimulation als Sachverhalt. Ungeeignet ist dieser Begriff auch, weil er nicht eindeutig nur die eigene Person meint: Laut Duden (www.duden.de) umfasst »Masturbation« auch die »manuelle Reizung der Geschlechtsorgane« an einer anderen

Person. Darüber hinaus muss dies noch nicht einmal »manuell« geschehen: Die Sexualpsychologie versteht unter Masturbation »jede bewusste körperliche Selbststimulierung, die eine sexuelle Reaktion hervorruft« (Vetter, 2007, S. 60). Ein weiteres Definitionsproblem führt z. B. die Beschreibung im Wahrig Fremdwörterlexikon vor Augen: »Reizung der Geschlechtsorgane (mit der Hand), um sexuelle Befriedigung zu erlangen« (Wahrig-Burfeind, 2010), denn damit wird die »Befriedigung«, also der Orgasmus als einziges Ziel der Handlung, benannt. Dieses Problem besteht auch beim Begriff »Selbstbefriedigung«, denn der Orgasmus muss keineswegs immer Teil erotischer Selbstberührung sein (Böhm, 2013, S. 302).

Die Bezeichnung »Onanie« wird in allen gängigen Wörterbüchern als Synonym zu »Masturbation« und »Selbstbefriedigung« angeboten (z. B. im Duden, www.duden.de, und im Wahrig, Wahrig-Burfeind, 2010). Seine heutige Bedeutung erhielt das Wort erst im 18. Jahrhundert (Tissot, 1776) und wurde ursprünglich in der Bibel als Bezeichnung für den Coitus interruptus geprägt, abgeleitet vom Namen des Mannes »Onan« (Bibel, 1. Buch Mose 38,9; s. auch Wahrig, 2009, »Onanie«).

Ein recht junger Terminus ist »Solosexualität« (in medizinisch-therapeutischer Literatur mitunter bezeichnet als »solitäre Sexualität«), auch abgekürzt als »Solosex« oder in der Variante »Selfsex«. Der Begriff fokussiert nicht auf Befriedigung, sondern bindet die sexuelle Selbstliebe in eine grundsätzliche Liebe zu sich selbst ein (Böhm, 2013, S. 302; Sigusch, 2015, S. 548). Damit löst er die Handlung auch aus der Zuschreibung, lediglich ein (verbotener, sündhafter) Ersatz für den einzig wahren Sex zwischen zwei (gegengeschlechtlichen) Partner:innen zu sein (Plahl, 2022, S. 2).

Obgleich die Begriffe »Solosexualität« bzw. »Solosex« und »Selfsex« also gleich mehrere Vorteile bieten, werden sie bislang vorwiegend im Kontext von Sexualpädagogik bzw. -forschung genutzt (z. B. Böhm, 2013; Böhm u. Matthiesen, 2016; Sigusch, 2015) und haben sich noch nicht im allgemeinen Sprachgebrauch durchgesetzt (Terhechte, 2021, S. 64). Mit unserem Buch möchten wir zu einer weiteren Verbreitung dieser modernen Bezeichnungen beitragen, da sie unsere derzeitige Welt besser abbilden als die alten.

Eine Klärungsnotwendigkeit der Terminologie betrifft aber die gesamte Sprachwolke zu »Sexualität«: Da bei einem tendenziell tabuisierten Thema typischerweise einzelne Begriffe nebulös bleiben, kann in einer Kommunikation dazu kein gemeinsamer Nenner vorausgesetzt werden. So ist nicht nur unklar, welche Handlungen genau mit Solosexualität gemeint sind, sondern auch, was Einzelne z. B. unter Lust verstehen. »Das Thema ist deshalb kompliziert, weil es damit zu tun hat, welche Bilder, Szenarien, Skripte und Erfahrungen jeweils […]

jeder Mensch unter Erotik, Sinnlichkeit und Sex versteht und assoziiert. Was für den einen erotisch ist, kann für den*die andere*n eine ganz andere Valenz haben und ihn*sie völlig unberührt lassen« (Rescio, 2019, S. 74).

Da dieses besonders sensible Thema der erotischen Selbstberührung nur einen kleinen Teil unseres Buchs einnimmt, können wir hierzu keine grundsätzlichen terminologischen Klärungen angehen. Doch möchten wir versuchen, zu einem achtsameren Umgang mit der Sprache in diesem Bereich beizutragen.

1.3.2 Geschichte der Solosexualität

Während die erotische Selbstberührung von der griechischen Philosophie zwar selten thematisiert, dann aber als natürlicher Vorgang unaufgeregt abgehandelt wurde (Böhm, 2013, S. 302), äußerten sich die großen Religionen bereits mit expliziten Verboten und begründeten dies mit der Vergeudung von Samen, der gottgewollt ausschließlich für Fortpflanzungszwecke vorgesehen sei (Hatzinger, Berberich, Moll u. Schultheiss, 2012, S. 1741). Alle anderen sexuellen Praktiken galten als Sünde (Perner, 2022, S. 124). Aus der Formulierung des Verbots von männlicher Solosexualität wird ersichtlich, welche unbedeutenden Stellenwert die weibliche Sexualität und Solosexualität hatte. Erst im 18. Jahrhundert begann eine emotional aufgeladene Hetze gegen die Autoerotik als eine »Degeneration, Wahnsinn und Tod bringende Epidemie« (Braun, 1995, S. 13; ausführlicher historischer Überblick bei Laqueur, 2008; Bloch, 1989).

Ohne diese religiös-moraline Brille beschäftigte sich erst Freud (2012) zu Beginn des 20. Jahrhunderts wieder mit dem Thema, als er Selbstbefriedigung zu einer natürlichen Entwicklungsphase gesunder Kinder erklärte, die vorübergeht, sobald sich das Interesse auf das andere Geschlecht richtet. Ein Weiterleben der Solosexualität bei Geschlechtsreifen musste in seinen Augen zu neurotischen Störungen führen. Der Freud-Schüler Reich (1969) hingegen hielt Selbstbefriedigung für eine der möglichen Spielarten normaler Sexualität (seine Ideen von der sexuellen Befreiung der Massen wurden später von der 1968er-Bewegung wiederaufgenommen).

Entscheidende Impulse kamen in der Folgezeit aus den USA. Konkrete Zahlen zur Verbreitung von Solosexualität unter Erwachsenen lieferten die beiden Kinsey-Reporte (Kinsey, 1970; Kinsey, Pomeroy u. Martin, 1970): Danach bestätigten vier Fünftel der Männer und drei Fünftel der Frauen solosexuelle Erfahrungen. Dass von Letzteren die meisten nicht durch Geschlechtsverkehr mit einem Mann, wohl aber durch Selfsex einen Orgasmus erreichten, brachte erstmalig der Hite-Report (Hite, 1994) zutage. Die feministische Auseinandersetzung mit der sexuellen Befreiung ermutigte Frauen zur Entdeckung ihrer eigenen Sexualität (z. B. Barbach, 2006; Dodson, 1989).

Während also in Nordamerika in dieser Zeit eine Fülle von Literatur zu lustbetonter Autoerotik erschien, stand man mit dem Thema in Deutschland weiterhin auf Kriegsfuß: Hefte der als fortschrittlich geltenden Jugendzeitschrift »Bravo« zum Thema Solosexualität wurden verboten (Böhm, 2013, S. 304 f.), in sexualpädagogischen Fachbüchern wurde Solosexualität polemisch als sittenwidrig, gesundheitsschädlich und sexuell gefährdend verdammt (Luggauer, 1970, S. 35; Schetsche, 1993, S. 50–56). Und dies, obgleich zu dieser Zeit bereits große Studien Daten zum veränderten Sexualverhalten junger deutscher Erwachsener lieferten: So ergab eine Befragung von Jugendlichen, dass mehr als die Hälfte der 14-jährigen und fast alle 16-jährigen Jungen Erfahrungen mit Solosexualität hatten (Schmidt u. Sigusch, 1971). In der Lebenspraxis hatte sich demnach auch in Deutschland bereits einiges verändert.

In der Folge stellte sich eine moderate Kursänderung gegenüber dem bisherigen Diskurs ein. Solosexualität wurde in erzieherischen Ratgebern für Eltern nicht länger grundsätzlich pathologisiert, wohl aber eine zulässige Häufigkeit propagiert, über die hinaus das Verhalten riskant sei (Elberfeld, 2015, S. 256). Die frühere moraltheologische Begründung wurde damit ersetzt durch eine vorgeblich medizinisch-physiologische, doch die Stoßrichtung blieb dieselbe: Solosexualität bedeute den Untergang der zweigeschlechtlichen Partnersexualität und damit der eigentlichen sexuellen Bestimmung des Menschen, in einer Heteroehe seine Zukunft zu sehen.

An diesem neuen »naturwissenschaftlichen« Erklärungsansatz kritisierte Amendt (1978, S. 19) das völlige Fehlen einer angemessenen Vermittlung des Sinnlichen, Lustvollen dieses Themas. Sein abschließender Appell an Jugendliche – »Merke: Es gibt keine Onanierrichtlinien. Onaniere so oft – so viel oder so wenig – wie du willst und so lange es dir Spaß macht« (S. 18; s. auch Elberfeld, 2015, S. 260) – setzte sehr bewusst einen Kontrapunkt zur Bevormundung durch die Bundesprüfstelle für jugendgefährdende Schriften (BPjS): »Die Geschlechtsreife allein berechtigt noch nicht zur Inbetriebnahme der Geschlechtsorgane« (BPjS, 1972; zit. n. Goldstein, 2008, o. S.).

Von den 1980er Jahren an wurde die Solosexualität insbesondere von der Frauenbewegung sowie der Schwulen- und Lesbenbewegung gefeiert »als Mittel der Befreiung, als Anspruch auf Unabhängigkeit und auf Lust um der Lust Willen, als Möglichkeit, dem gesellschaftlich vorgeschriebenen Weg ins normale Erwachsenenleben zu entgehen« (Laqueur, 2008, S. 390). Diese Bewegungen blieben nicht ohne Folgen. So gaben 1992 in einer großen repräsentativen US-amerikanischen Studie zu ihren Sexualpraktiken (Michael, Gagnon, Kaumann u. Kolata, 1994) 60 Prozent der Männer und 40 Prozent der Frauen im Alter von 18 bis 59 Jahren an, regelmäßige Solosexualität zu leben, Verpartnerte häufiger als Singles (S. 204 f.). Von Frauen wie Männern wurde Solosex insgesamt nicht als Ersatz für Partnersex, sondern als eigenständige Variante der eigenen Sexualität eingestuft (Michael et al., 1994.; s. auch Stein-Hilbers, 2000, S. 78).

Zusammenfassend differenziert Laqueur (2008) für den Umgang mit Solosexualität drei historische Wendepunkte: Sie wurde seit dem 18. Jahrhundert bekämpft als Versündigung mit der Folge körperlichen Verfalls, von Freud ab etwa 1900 als normale menschliche Entwicklungsphase gesehen und seit den Befreiungsbewegungen von Frauen und Homosexuellen als »sexuelle Selbstbeglückung« (S. 85; s. auch Duttweiler, 2015, S. 141) gefeiert. Laqueur selbst bezeichnet Solosexualität als »die Goldwährung der Lust« (2008, S. 82).

1.3.3 Solosexualität im 21. Jahrhundert

Insbesondere seit etwa 1900 gab es Fortschritte, aber auch Stagnation und Rückschritte in der Einstellung zur Solosexualität. Die Liberalisierung der Sexualität im Laufe des letzten Viertels des 20. Jahrhunderts befreite die Solosexualität von ihrem Stigma der Ersatzbefriedigung und führte damit zu einer Koexistenz mit der Partnersexualität (Schmidt, 2014, S. 25–28). Ist das heute, im Jahr 2025, wirklich so eindeutig zu bestätigen?

Solosexualität in verschiedenen Lebensaltern und Lebenslagen

Von Beginn unseres Lebens an explorieren wir unseren Körper und experimentieren damit. Etwa im dritten Lebensjahr beginnen wir schon als Kinder, auf intuitive und selbstbezogene Weise unsere Sexualität zu leben. Diese Phase der Selbstentdeckung ist geprägt von Neugier und einem natürlichen Drang, die eigenen Empfindungen zu erleben. »Kinder erleben ihre Sexualität ganzheitlich und ganzkörperlich. Genitale Stimulation, sexuelle Erregung, Erektion und Orgasmus stehen neben und im Zusammenhang mit einem Spürbewusstsein nach Sich-Wohlfühlen auf körperlicher, emotionaler und sozialer Ebene« (Wanzeck-Sielert, 2002, S. 355). In dieser Phase der Kindheit ist Solosexualität damit vor allem »eine selbstverständliche Art [...], sich schöne Sinneserfahrungen und Körpergefühle zu verschaffen« (Ortland, 2020, S. 87), wird aber auch zunehmend selbstregulierend zum Frustrationsabbau und zur Beruhigung genutzt (Schetsche u. Schmidt, 1996).

Ohne ein Bewusstsein für gesellschaftliche Tabus oder Vorurteile handeln Kinder dabei oft impulsiv. Wenn ein Kind sich in der Öffentlichkeit selbst erotisch berührt, kann dies für Eltern und andere Bezugspersonen herausfordernd sein (Nitschke, 2021). Es ist wichtig, mit solchen Situationen sensibel und verständnisvoll umzugehen und dem Kind auf altersgerechte Weise Grenzen aufzuzeigen, ohne dabei Schamgefühle zu erzeugen. Denn ein rigoroses, unerklärtes Verbot der Solosexualität nimmt diese selbststeuerbare Ressource und wirkt sich auf die weitere sexuelle Entwicklung aus (S. 45 f.). Die Art, in der ein Mensch in Kindheit und Jugend über Sexualität aufgeklärt wurde und im gesellschaftlichen Umfeld Aufklärung erlebt, prägt maßgeblich die Beziehung zum eigenen Körper und zur eigenen Sexualität. Vermittelte Werte, Normen und Informationen beeinflussen, wie Selbstberührung im Allgemeinen und spezifisch bei erotischen Berührungen wahrgenommen und praktiziert wird. Bei Jugendlichen, deren Körper sich in starker Veränderung befinden, hält Schmidt Solosexualität heute für die häufigste Sexualform (2014, S. 94 f.), was jüngere Studien bestätigen (Aude u. Matthiesen, 2013, S. 234–242).

Eine große deutsche Studie zur Sexualität von Erwachsenen (Männern und Frauen im Alter von 45 bis 91 Jahren; Bucher, Hornung u. Buddeberg, 2003) zeigt, dass Sexualität – inklusive Solosexualität – auch bei Erwachsenen »bis ins höchste Alter ein relevantes Thema ist, zwischen hohen Erwartungen und Wirklichkeit jedoch eine Lücke klafft« (S. 268; s. auch von Sydow, 1992). Einer der Gründe für diese Lücke, die physischen Alterungsprozesse, konnte zum Teil aufgefangen werden durch die Entwicklungen potenzfördernder Medikamente, die zwar das »Alter« vom Vorurteil der Asexualität weitgehend befreit hat, jedoch neue Anforderungen an die Leistungsfähigkeit stellt (Leontowitsch, 2021, S. 172). Ein weiterer Grund ergibt sich mit dem Umzug in ein Heim, wenn das eigene Umfeld und der Alltag nicht mehr ausreichend oder gar nicht mehr selbstbestimmt so gestaltet werden können, wie es für ein Ausleben der Sexualität notwendig wäre. Alters- und Pflegeheime sind bislang noch ungenügend vorbereitet auf sexuell aktive alte Menschen, für die Solosexualität, oft schon aufgrund des Verlusts des Lebenspartners, zu einem wichtigen Thema werden kann (Paulsen, 2018, S. 93).

Pflegebedürftige Menschen – ob aufgrund des Alters oder einer Beeinträchtigung – haben nicht immer die Möglichkeit, ihre Sexualität ohne Einschränkungen zu leben (Proufas u. Olberg, 2022, S. 51). Döring (2019) stellt in diesem Zusammenhang die Forderung nach »vier sexuellen Freiheitsrechten […]: Recht auf Solosexualität, Recht auf Partnersexualität, Recht auf Vielfalt sexuellen Selbstausdrucks und Recht auf reproduktive Selbstbestimmung« (S. 27). Dies beinhaltet die Bereitstellung von Rückzugsorten und -zeiten, stimulierenden Materialien, unter Umständen auch die Beauftragung spezieller Unterstützung durch geschulte Personen: »Bei einer Sexual*assistenz* macht die helfende Person die Handgriffe, wie sie benötigt werden. Bei einer Sexual*begleitung* wird sie für eine begrenzte Zeit zur emotionalen Partnerin« (Lautmann, 2017, S. 257; Hervorh. i. Orig.). Rechtlich handelt es sich hierbei um Prostitution und nicht um Therapie, eine Novellierung des entsprechenden Gesetzes steht bislang in Deutschland nicht zur Diskussion (Zinsmeister, 2017). Die Bezeichnungen »Sexualassistent« und »Sexualbegleiterin« sind jedoch inzwischen insbesondere im Zusammenhang mit Menschen mit Behinderungen etabliert (Walter, 2004; Böhr, 2020; Paulsen, 2018, bes. S. 32). Schulungen mit zertifiziertem Abschluss und damit einer Qualitätsüberwachung werden inzwischen in verschiedenen Ländern Europas angeboten (z. B. Sandfort, 2010; Koch, 2010; Gasseling u. Hörndli, 2020).

Solosexualität und Geschlecht

Der Umgang mit Solosexualität ist bei Mädchen bzw. Frauen und Jungen bzw. Männern bis heute unterschiedlich. So machen noch immer fast alle männlichen Jugendlichen die ersten sexuellen Erfahrungen beim Solosex, fast die Hälfte der Mädchen hingegen vor der lustvollen Erkundung ihres eigenen Körpers beim Partnersex (Aude u. Matthiesen, 2013, S. 235). Daher fordert Böhm (2013) eine genderkritische Analyse vorhandener Studienergebnisse (S. 308; s. auch Schigl u. Gilli, 2020).

Einen wesentlichen Unterschied im Erleben von Solo- versus Heteropartnersexualität bestätigen verschiedenste Studien (z. B. Lehmann, Rosemeier u. Grüsser-Sinopoli, 2003; Matthiesen u. Hauch, 2004; Wallen u. Lloyd, 2011): Beim heterosexuellen Partnersex ist der Orgasmus für Männer fast ausnahmslos eine Selbstverständlichkeit, für Frauen hingegen gilt das nur bei Solosexualität (Matthiesen u. Dekker, 2015, S. 246). Aktuell wertet die »Arbeitsgruppe Female Desire« (o. J.) am Institut für Sexualwissenschaft und Sexualmedizin der Charité Universitätsklinikum Berlin eine große Befragung aus, die auch diese – viel zu lange als »Funktionsstörung« bzw. »Dysfunktion« deklarierte (zur Pathologisierung »sexueller Unlust« s. Eisenring, 2020) – weibliche sexuelle Realität untersucht, nachdem eine erste Studie zum weiblichen Orgasmuserleben (Lehmann et al., 2003) bereits wichtige Erkenntnisse zu den physischen Voraussetzungen erbracht hatte.

Bis heute stellt der Orgasmus das Maß dar, an dem gelungene, funktionierende Sexualität orientiert wird (Böhm u. Matthiesen, 2016, S. 39) – ein Anspruch, den zumindest Heterofrauen offenbar noch immer übernehmen.

Rose (2017) nimmt daher an, dass Frauen zur Solosexualität bis heute ein »ambivalentes Verhältnis« (S. 35) haben. Dies bestätigt eine aktuelle Onlinebefragung von 1.300 Frauen zu ihrer Einstellung bezüglich Solosexualität (Terhechte, 2021). Fast alle gaben an, sich (durchschnittlich seit dem zwölften Lebensjahr) selbstzubefriedigen, doch für ein Viertel von ihnen war das Thema schambesetzt und negativ konnotiert (S. 64). Viele Teilnehmerinnen wünschten sich mehr Informationen und Austausch zu dem Thema (S. 71).

Dieser offensichtliche Informationsbedarf, dem Aufklärung bzw. sexuelle Bildung bislang nicht angemessen beggnen, ist als einer der erwähnten Rückschritte zu sehen, denn bereits seit Mitte des 20. Jahrhunderts grassierte das Thema immer mal wieder, heiß diskutiert, in den Medien und damit bis in die Wohnzimmer der Familien. 1952 hatte das »Orgasmus-Urteil« zugunsten von Beate Uhse Aufsehen erregt: Sie war verklagt worden, weil zum Programm ihres Erotikversands auch Mittel gehörten, die die Orgasmusfähigkeit der »frigiden« Frau verbessern sollten. Dies wurde von den Medien und damit von der Öffentlichkeit als anstößig empfunden, denn während der männliche Orgasmus naturgegeben und -gewollt schien, war eine weibliche Sexualität bis zum Orgasmus – als »Erregung um der Erregung willen« (Heineman, 2015, S. 121) – nicht unbedingt erwünscht. »Die Diagnose Frigidität […] rührte aus der Tradition der Psychoanalyse, der zufolge klitorale Orgasmen – herbeigeführt etwa durch Selbstbefriedigung oder Reitsport – zum Bereich der unreifen weiblichen Sexualität gehören. Gesunde sexuelle Reife wurde als Übergang vom klitoralen zum vaginalen Orgasmus verstanden, am besten durch heterosexuellen Sex« (S. 123). Seit Mitte der 1970er Jahre war Literatur zum »Mythos des vaginalen Orgasmus« (Koedt, 1974) weitverbreitet (z. B. auch Schwarzer, 1975). Das Aufblühen der weiblichen Sexualität durch die Enttabuisierung der Solosexualität stellte den Penetrationssex als die einzig richtige Sexualität infrage (Kenning, 2004, S. 51). Damit war jedoch zugleich eine tiefe Angst verbunden: »Einige, hauptsächlich heterosexuelle, Frauen betrachten Masturbation als Bedrohung der männlichen Dominanz. Aus Angst, ihnen könnte etwas anderes als heterosexuelle Penetration gefallen, masturbieren sie nicht« (Rose, 2017, S. 33; unter Bezug auf Fahs u. Frank, 2014).

Für Männer hingegen ist diversen Studien zufolge (Überblick z. B. bei Böhm u. Matthiesen, 2016; Starke, 2017) der Lustgewinn bei der Partnersexualität noch immer größer als bei Solosexualität (Überblick zur männlichen Sexualität z. B. bei Rackelmann, 2017). Doch durch das gestiegene Selbstbewusstsein von Frauen in Sexfragen geriet für Männer die Sicherheit von befriedigendem Heteropartnersex ins Wanken. Zusammen mit dem Generalverdacht von Männern als Tätern bezüglich sexueller Gewalt führte dies Neuhof und Hartmann

(2018) zufolge zu einer erheblichen Störung des männlichen sexuellen Selbstverständnisses und einem »sexuelle[n] Doppelleben« (S. 263) »zwischen einer defensiven, auf ›Nummer sicher‹ setzenden ›sauberen‹ und politisch korrekten offenen (Partner-)Sexualität und den ›unpassenden‹, eher archaischen und in eine verborgene Parallelwelt verschobenen anderen sexuellen Bedürfnissen und Impulsen« (S. 263).

Funktionen von Solosexualität

Unterschieden wurde bislang meist zwischen vier Funktionen der Solosexualität: »der *selbstbezogenen körperlichen Entspannung,* die in der Kindheit beginnt, oft ein Leben lang fortgeführt wird und Körperbewusstsein wie auch Orgasmusfähigkeit von Frauen wie Männern fördert; der *sehnsüchtigen partnerbezogenen Selbstbefriedigung,* die ab der Pubertät vorkommt und als Ersatz für eine fehlende (sexuelle) Beziehung zu verstehen ist; der *seelisch stabilisierenden Selbstbefriedigung,* in der solosexuelles Verhalten als von einem Partner unabhängig machend und vor Erkrankungen schützend begriffen wird und der *wollüstig abenteuerlichen Selbstbefriedigung,* bei der nicht-realisierbare sexuelle Phantasien im Vordergrund stehen« (Böhm, 2013, S. 305; unter Bezug auf Etschenberg, 1992; Hervorh. i. Orig.).

Gemeinsam ist ihnen die selbstverständliche Annahme, Solosexualität könne nur ein Wegbereiter hin zu und Ersatz für eine heterosexuelle Partnersexualität innerhalb einer Liebesbeziehung sein (Böhm, 2013, S. 306). Diesen untergeordneten, kompensatorischen Status hat Solosexualität aus Sicht von Böhm und Matthiesen (2016) heute weitgehend verloren und ist zu einer gleichwertigen sexuellen Variante geworden (S. 23; s. auch Schmidt, 2000; Dekker u. Schmidt, 2003; Sigusch, 2015; Bänziger, Beljan, Eder u. Eitler, 2015).

Doch was bereits Amendt (1978) in den 1970er Jahren an der damaligen bigotten Aufklärungsliteratur kritisierte (1.3.2), ist heute erneut in der Werbung für Sexualobjekte zu beobachten: das Fehlen einer Konzentration auf den Kern der Solosexualität, nämlich die Lust um der Lust willen. In den Vordergrund rückt die entsprechende Marketingpropaganda heute aktuelle Werte wie Fitness – und wie damals wird »naturwissenschaftlich« argumentiert, mit Informationen zu gesundheitsstärkenden Hormonausschüttungen. Duttweiler (2015) fragt sich daher, ob den drei Phasen, die Laqueur (2008) zur Geschichte der Solosexualität skizzierte (1.3.2), nun eine vierte hinzugefügt werden müsse: Solosex als kleiner Fitmacher zwischendurch (Duttweiler, 2015, S. 141). In der Werbung für hilfreiche Sexualobjekte wird zugleich die weiterhin bestehende Unterordnung von Solosexualität unter Partnersexualität deutlich: Sie werden vorgestellt als Unterstützung der (heterosexuellen) Beziehungssexualität und halten so letztlich das Dogma von Sexualität als Heteropartnersexualität aufrecht (S. 145 f.; unter Bezug auf Kenning, 2004, S. 66; Laqueur, 2008, S. 82).

Dem stellen sich aktuelle sexualtherapeutische Ansätze entgegen, denen es vor allem darum geht, »wie Sex sich gut anfühlt« (Büttner, Schadwinkel u. Stockrahm, 2020, S. 111) für den je einzelnen Menschen. Im Vordergrund steht also das subjektive Lustgefühl mit den individuellen Vorlieben – ob nun mit Partner des eigenen oder eines anderen Geschlechts oder auch solo. Dies findet sich z. B. auch im Konzept »Sexocorporel« (Überblick bei Sztenc, 2020), das auf dem biopsychosozialen Modell aufbaut (S. 57–59).

1.3.4 Achtsame sinnliche Selbstberührung als ganzheitliche Selbstliebe

Solosexualität wird heute zunehmend als voraussetzungslose, von sozialen Erwartungen befreite, leicht verfügbare, selbstbestimmte und daher besonders authentische Form der Sexualität betrachtet (Rose, 2017, S. 9; Sigusch, 2015, S. 507; Lautmann, 2002, S. 191). Damit ist sie zu einer »Erfahrung der Selbstliebe und der Wertschätzung der eigenen Person« (Laqueur, 2008, S. 24), zu einem »Akt der Selbstfindung« (Sigusch, 2015, S. 164) und einer »Ressource im Leben« (Rose, 2017, S. 94) geworden. Dies kann als eine vorläufige Antwort auf die in Kapitel 1.3.3 aufgeworfene Frage gelten, ob Solosexualität heute tatsächlich als gleichberechtigt neben der Partnersexualität gesehen wird – doch es gibt Einschränkungen.

So machen die bisherigen Ausführungen dieses Kapitels (1.3) auch deutlich, dass längst nicht jeder Mensch diese Ressource heute nutzen kann. Wie bei allen anderen in diesem Buch beschriebenen Selbstberührungen halten wir es daher für unerlässlich, auch für die erotische Selbstberührung Erklärungen und Anleitungen zu geben (▶ Übungen 3.1.13), um jedem Menschen den Weg zu dieser Form der Selbstverwirklichung zu ebnen. Es geht darum, sich eine Berührungskompetenz zu erarbeiten, die optimal auf die eigenen körperlichen Empfindsamkeiten und emotionalen Bedürfnisse wie auch die ganz individuellen erotischen Fantasien ausgerichtet ist.

Wie bei jeder Form der Selbstberührung stehen dabei für uns auch hier die Achtsamkeit, Freundlichkeit und liebevolle Exploration im Vordergrund. Jeder Teil des Körpers verdient Beachtung und Wertschätzung – auch die primären und sekundären Geschlechtsorgane. Ziel ist es, durch das Anerkennen und Verstehen von positiven, aber auch von negativen Gefühlen und Gedanken – wie

Hemmungen, Tabus und Scham – ein tieferes Selbstgefühl und eine umfassende Selbsterkundung zu fördern und zu ermöglichen. Denn gerade zugewandte und liebevoll explorierende Berührungen führen zu einem wohligen Gesamtgefühl (Rescio, 2019, S. 76). Mit achtsamen erotischen Selbstberührungen können wir lernen, uns ganzheitlich zu spüren und zu erkunden.

Diese ganzheitliche Betrachtung beinhaltet auch eine andere Einstellung zu sogenannten sexuellen »Funktionsstörungen« bzw. »Dysfunktionen«. Einen aus unserer Sicht wertvollen Ansatz zeigt Rescio (2020) anhand von Praxisbeispielen aus der Sexualberatung auf: »Das sind meist Probleme mit dem Erreichen des Orgasmus und Schmerzen beim Sex für die Frau oder mit der Erektion für den Mann, die entweder wegbleibt oder zu schnell verschwindet. Neben diesen klar umschriebenen Problemen finden sich oft weitere, die zunächst etwas diffuser und weniger greifbar sind, zum Beispiel das Problem, dass beim Sex wenig Erfüllung erlebt wird, dass man sich dabei zu sehr anstrengt, kaum Lustgefühle empfindet oder in der sexuellen Intimität wenig Kontakt verspürt« (S. 17).

Erotische Selbstberührungen können eine Vielzahl von Empfindungen hervorrufen, beginnend bei sanften, kaum wahrnehmbaren Streicheleinheiten bis hin zu intensiveren Reizen, die zum Erleben eines Orgasmus führen können, aber nicht müssen, ganz nach persönlichem Wunsch in der jeweiligen Situation. Die Kunst der Stimulation durch Selbstberührung umfasst subtile wie auch intensive Aspekte unserer Sinnlichkeit. Jeder Mensch ist besonders empfänglich für Berührungen in bestimmten körperlichen Bereichen, die auch als erogene Zonen bezeichnet werden. Das Erkunden und Massieren dieser speziellen Zonen können tiefe sinnliche Reaktionen hervorrufen.

Ebenso wichtig wie das Verständnis und die Akzeptanz des eigenen Körpers sind Pflege und Hygiene, insbesondere im Bereich der Genitalien. Dies ist nicht nur aus gesundheitlichen Gründen von Bedeutung, sondern trägt auch zu einem positiven Körperbewusstsein bei. Ein fundiertes Verständnis und eine angemessene Aufmerksamkeit für die eigenen Geschlechtsorgane fördern das Wohlbefinden und die Selbstakzeptanz. Dies ermöglicht, den eigenen Körper in seiner Ganzheit zu schätzen und eventuelle gesundheitliche Anomalien frühzeitig zu erkennen. Die Bedeutung der Hygiene in diesem sensiblen Bereich zu erkennen, kann dabei helfen, eine harmonische Beziehung zum eigenen Körper aufzubauen und zu pflegen.

Erotische Selbstberührung kann auch Unsicherheit oder negative Assoziationen hervorrufen, oft beeinflusst durch kulturelle, soziale oder persönliche Erfahrungen. Diese Empfindungen können tief verwurzelt sein und die Fähigkeit beeinträchtigen, sich selbst anzunehmen und zu genießen. Es ist wichtig, diese Gefühle zu erkennen und sich ihnen bewusst zu stellen. Reflexion, eventuell auch Gespräche und gezielte Übungen helfen, diese Unsicherheiten zu überwinden. Idiopraxie ist eine Möglichkeit, selbst an diesen Themen zu arbeiten, sich selbst kennenzulernen und Schwierigkeiten zu überwinden. Nicht immer jedoch ist es ratsam, sich schwierigen Themen allein zu widmen. Mitunter kann es hilfreich sein, sich Unterstützung durch Fachleute oder vertrauenswürdige Personen zu suchen. Ziel ist es, eine gesunde, positive Beziehung zur eigenen Berührung und zum eigenen Körper aufzubauen, die von Selbstliebe und Akzeptanz geprägt ist.

Jeder Mensch hat sexuelle Bedürfnisse, und diese sind tief in unserer Natur verankert. Es ist wichtig, sie zu erkennen, zu verstehen, zu akzeptieren und ihnen Raum zu geben, um ein ausgewogenes und erfülltes Leben zu führen. Die Idiopraxie kann als Brücke dienen, um Menschen zu helfen, einen positiven und gesunden Zugang zur Selbstberührung zu finden, auch in intimen Körperbereichen. Durch intentionale Selbstberührungen können wir lernen, uns selbst ohne Vorurteile und Ängste zu berühren und zu erkunden (▸ Übungen 3.1.12; 3.2.13; 3.2.15) und Scham und gesellschaftliche Tabus überwinden.

Die »Heatmap« der Selbstberührung (3.2.15) bietet mit der Erfassung der eigenen Selbstberührungserfahrungen die Möglichkeit, das eigene Berührungsverhalten zu visualisieren. Sie zeigt uns, welche Bereiche unseres Körpers wir regelmäßig berühren, welche wir vernachlässigen und welche wir vielleicht aufgrund von Tabus oder Unsicherheiten meiden. Diese Karte kann helfen, ein bewussteres Verhältnis zum eigenen Körper zu entwickeln, und dazu anregen, auch weniger beachtete Regionen zu erkunden. Zudem ist es spannend, anhand solcher Heatmaps zu verdeutlichen, wie sich die Art unserer Berührungen im Laufe der Zeit und je nach Situation verändert. Von zarten, sinnlichen Berührungen in der einen Phase können sie sich zu leidenschaftlicheren in einer anderen Phase verändern – oder auch in der anderen Richtung. Solche Übergänge und Veränderungen spiegeln die Vielfalt und Tiefe unserer menschlichen Erfahrungen wider und damit einen natürlichen Prozess. Es ist eine Reise, die uns die verschiedenen Facetten unserer Sinnlichkeit und auch unserer Sexualität entdecken lässt.

Selbstberührung ist mit all ihren Facetten ein zentrales Element menschlicher Erfahrung und Selbstentdeckung. Sie bietet uns die Möglichkeit, uns selbst auf einer tieferen Ebene zu verstehen, unsere Bedürfnisse zu erkennen und ein gesundes Verhältnis zu unserem Körper aufzubauen.

1.4 Selbstberührung in der Lebensspanne

Nach dem Blick auf unterschiedliche Erscheinungsformen der Selbstberührung im Alltag gilt unser Interesse nun der Frage, in welchen Formen sich Selbstberührungen im Verlauf des Lebens zeigen. Wir beginnen die Entdeckungsreise in der vorgeburtlichen Zeit, durchwandern Kindheit und Jugend und kommen schließlich vom Erwachsenenalter zum Senium.

1.4.1 Vor und direkt nach der Geburt

Bereits vor der Geburt berühren wir uns selbst. Schon früh findet der Daumen zum Mund, und das erste Nuckeln und Saugen beginnt. Einige dieser Selbstberührungen finden vermutlich unabsichtlich statt, andere sind bereits lustbetont, und wieder andere stehen im Zusammenhang mit dem emotionalen und körperlichen Befinden der Mutter. So wurde beobachtet, dass Ungeborene ihre Finger ans Gesicht führen – meistens zur Mundregion –, wenn die Mutter starke Emotionen hat, wenn sie gestresst ist oder raucht (Reissland, Hopkins, Helms u. Williams, 2009; Reissland, Francis, Kumarendran u. Mason, 2015), aber auch, wenn sie sich freut (z. B. Filippa et al., 2020). Das Ungeborene erlebt dies als eigene organismische Erregung, die es mithilfe von Selbstberührungen zu regulieren versucht.

Diese frühen Selbstberührungen geben dem Ungeborenen erste Erfahrungen von Daseinsgewissheit. Nach und nach beginnt es, seinen Körper in verschiedenen Regionen differenziert zu spüren. Es bilden sich Repräsentanzen dieser Regionen im Gehirn, aus denen mit der Zeit ein zusammenhängendes Körperschema entsteht. Fremdberührungen mit den Bauchwänden der Mutter unterstützen das entstehende archaische Selbstbild (Yamada et al., 2016).

Unmittelbar nach der Entbindung entbehrt das Neugeborene die angenehmen Berührungen und die wohlig warme Umgebung des Uterus. Deshalb sind menschliche Nähe und Wärme jetzt besonders wichtig. Neugeborene sollten daher nach der Entbindung behutsam gehalten und zart berührt werden – möglichst Haut an Haut, denn diese warme und weiche Qualität ist ihm bereits vertraut. Das schon bewährte Daumenlutschen steht weiterhin zur Verfügung, und nun kommen neue Selbstberührungen hinzu, vielleicht ein Zupfen an den Ohrläppchen und später ein Drehen der Haare. Als erstes wichtiges Spielzeug wird immer mehr der eigene Körper entdeckt. Vor allem Finger und Zehen verlocken zur Selbstberührung. Diese Berührungen können jetzt nicht nur gespürt, sondern auch beobachtet werden. Tast- und Berührungsempfindungen vereinen sich mit motorischen Erfahrungen, und im Gehirn entfalten sich die motorischen und sensorischen Areale (s. Abb. 1 in 1.1.3).

Die zahlreichen und vielfältigen Bewegungs- und Berührungserfahrungen tragen dazu bei, dass neben den Material- und Welterfahrungen die Körpererfahrungen immer reichhaltiger werden. Von besonderer Bedeutung sind dabei Selbstberührungen, denn deren Doppelgesichtigkeit vermittelt dem Baby und Kleinkind zugleich haptische und taktile Empfindungen, ganzheitliche Körpererlebnisse und komplexe Selbsterfahrungen – alles wichtige Bausteine für eine sich bildende basale Identität.

Zwischenmenschliche Berührungen ergänzen und erweitern die Erlebnisse des Babys und kleinen Kindes, wenn es in liebevollen und fein abgestimmten Berührungen genährt und gepflegt wird und sich geliebt fühlt. Kommen Benennungen der berührten Körperteile hinzu, entwickelt das Kind neben dem Empfindungsleib auch einen Sprachleib – es weiß nun, wie die Körperteile heißen, wo sie sich befinden und wie sie sich anfühlen. In allen Kulturen gibt es zur Unterstützung dieser Entwicklungsprozesse Reime, Fingerspiele und Lieder, z. B. das Lied »Zehn kleine Finger« und der Vers »Das ist der Daumen« (z. B. Plentz, 2016). In singender und spielerischer Zwischenleiblichkeit verbinden sich Fremd- mit Eigenberührung und Spüren mit Benennen. Wird das Baby dann gefragt – »Wo sind deine Finger?«, »Wo ist die Nase?«, »Wo sind deine Zehen?« – kennt es seinen Körper bereits, lange bevor es die zugehörigen Begriffe aussprechen kann. Zunehmend lernt es in diesen frühen Interaktionen, sich selbst von einer anderen Person zu unterscheiden und eine eigene Identität aufzubauen.

Bei der Ausdehnung der Erforschung auf das weitere Umfeld interessiert es sich mehr und mehr für die äußere Welt und immer weniger für den eigenen Körper. Der Körper dient dann mit seinen Sinnes- und Handlungsorganen vorwiegend als Mittel zur Welterkundung und weniger als Objekt der Neugier und Entdeckungslust. Selbstreferenzielle Berührungen treten nun in den Hintergrund.

Schon früh in der Kindheit berühren Kinder ihre Geschlechtsteile und beginnen, lustvoll damit zu spielen. Für Eltern ist das manchmal irritierend. Wie sollen sie damit umgehen, und wie und wann soll das Kind lernen, sich angemessen in der Öffentlichkeit zu verhalten? Jetzt wird es bedeutsam, ob Selbstberührungen mit angenehmen Gefühlen verbunden bleiben oder ob sie ignoriert, verboten, bestraft und mit irritierenden Gedanken und Schamgefühlen verknüpft werden. Die Frage, ob Selbstberührung im weiteren Leben als lustvoll erlebt und praktiziert werden kann, hängt im hohen Maße von den zwischenmenschlichen Erfahrungen in diesen Situationen ab.

1.4.2 In der Pubertät

In der Pubertät entsteht ein neuer Bezug zum Körper. Kinder und Jugendliche sind in dieser Zeit mit herausfordernden Entwicklungsaufgaben konfrontiert. Es geht um Aussehen, Körperpflege, geschlechtliche Identität sowie um gleich- und zwischengeschlechtliche Beziehungsgestaltung. Berührungen und Selbstberührungen sind jetzt ein schwieriges Thema. Nicht mit jedem Menschen wird gern darüber gesprochen. Sportliche und spielerische Aktivitäten sind nun wichtige Möglichkeiten für identitätsstiftende Körper-, Selbst- und Kontakterfahrungen. Zweisamkeit mit der besten Freundin oder dem besten Freund wird als besonders intensiv und bedeutsam erlebt. Manche Herausforderungen, insbesondere der Bezug zum sich stark verändernden Körper, sowie der passende Umgang mit Berührung, Selbstberührung und Solosexualität werden allein gelöst, andere werden mit gleichgeschlechtlichen Freund:innen besprochen, und in schwierigen Situationen werden die Eltern oder Beratungseinrichtungen um Hilfe gefragt.

In Praxis und Theorie kompetent vermittelte Körpererfahrungen und Selbstberührungen können in dieser Lebensphase einen entscheidenden Beitrag dazu leisten, einen liebevollen und gesundheitsbewussten Umgang mit dem eigenen Körper zu entwickeln. Achtsame Selbstzuwendung, bewusste Selbstfürsorge und die Liebe zum eigenen Körper sowie die Art, wie der eigene Körper berührt und gepflegt wird, werden jetzt zu wichtigen Grundlagen für zukünftige Körper- und Berührungserfahrungen, für die sexuelle Entwicklung und für die Qualität von intimen zwischenmenschlichen Beziehungen.

1.4.3 Im Erwachsenenleben

Im Erwachsenenleben zeigt sich meist deutlich, ob ein Mensch gelernt hat, seinen Körper in Eigenverantwortung liebevoll und achtsam zu pflegen und gern zu berühren, oder ob er seinem Körper bzw. Leib entfremdet gegenübersteht und die Verantwortung dafür Spezialist:innen und dem Gesundheitssystem übergibt. Beide Einstellungen haben Auswirkungen auf das Wohlbefinden und die Entwicklung von Gesundheit und Krankheit. Die erwähnte Differenzierung zwischen Körper und Leib wird in späteren Kapiteln genau ausgeführt.

Im Leben von Erwachsenen gilt es, Herausforderungen wie Ablösung vom Elternhaus, Ausbildung, Umzüge, Partnerwahl, Familiengründung, Elternschaft sowie Beruf und Karriere zu bewältigen. Das ist manchmal überfordernd, und die Sorge um die eigene Gesundheit gerät in den Hintergrund: Eine gute Balance zwischen Arbeit und Freizeit geht verloren, der Körper wird vernachlässigt, und liebevolle Selbstzuwendung mit Selbstberührung wird nicht ausreichend praktiziert. Das führt langfristig zu den typischen stressbedingten Zivilisationserkrankungen wie schmerzhaften Verspannungen, Kopfschmerzen, Bluthochdruck, Herzinfarkt, Atemnot, Ängsten, Depressionen oder Burn-out.

Wenn jetzt selbstwirksam ein neuer Weg eingeschlagen wird, kann der Leib wieder zu seinem Recht kommen. Yoga, Sport und Meditation sind geeignete Methoden, um Wohlsein und Gesundheit weiterzuentwickeln. Besonders hilfreich ist es nun auch, sich mit intentionaler Selbstberührung zu beschäftigen. Dabei geht es nicht nur um Leistungsfähigkeit und Fitness, sondern auch darum, einen bewussten, achtsamen und liebevollen Bezug zu sich selbst aufzubauen und zu stabilisieren sowie Identitäts- bzw. Selbstbewusstheit zu stärken (Roel Lesur et al., 2021; Kronrod u. Ackerman, 2019).

1.4.4 Im Alter

Im Alter werden zwischenmenschliche Berührungen immer seltener. Auch Selbstberührungen werden nur dann bewusst praktiziert, wenn ein Mensch sich bereits in jüngeren Jahren damit vertraut machen konnte. Oft wird behauptet, dass bei alten Menschen das Bedürfnis nach Berührung abnimmt. Wir sind gegenteiliger Meinung. Gerade im Alter, das oft von Einschränkungen, Krankheiten und Schmerzen, von Abschieden, Trauer und Vereinsamung geprägt ist, kann das Bedürfnis nach Zuwendung und Berührung besonders groß werden. Doch von wem gibt es zärtliche Berührungen und empathische Zuwendung, wenn Lebenspartner:in, Kinder oder Enkel:innen nicht mehr oder nur selten in der Nähe und Pflegepersonen unter Zeitdruck sind?

In der letzten Lebensphase kommt der identitätsstiftenden Wirkung der Selbstberührung eine herausragende Bedeutung zu. Anders als am Lebensanfang, wenn Daseinsgewissheit sowie Körper- und Selbstgefühl erst aufgebaut werden müssen, geht es nun darum, diese möglichst lange und prägnant zu erhalten. Je mehr die Fernsinne des Sehens und Hörens abnehmen, desto wichtiger werden Tast- und Berührungserfahrungen zur Wahrung der Identität. Zudem kann Selbstberührung den mit dem Altern einhergehenden leidvollen Mangel an Berührung kompensieren. Selbstberührung bekommt nun die Funktion heilsamer basaler Selbststimulation.

Viele ältere Menschen, die in unseren Kursen mit Selbstberührung in Kontakt kamen, waren davon sehr angetan und bedauerten, diese Form der nährenden und vergewissernden Selbstzuwendung nicht schon früher kennengelernt zu haben. Allerdings war die Freude über die Erkenntnis, dass es dafür nie zu spät ist, auch sehr groß. »Musste ich erst so alt werden, um zu lernen, dass ich mich liebevoll berühren kann?«, war der freudige Kommentar einer 80-jährigen Dame.

1.5 Philosophische und phänomenologische Perspektiven der Selbstberührung

Bei der Anwendung von intentionalen Selbstberührungen als Selbstfürsorge oder in der leiborientierten Psychotherapie steht das bewusste Erleben der Eigenleiblichkeit im Zentrum. Eine nicht zu unterschätzende Rolle nimmt zudem im Rahmen einer angeleiteten therapeutischen Anwendung die interpersonelle Dynamik ein, die durch die anleitende Person entsteht. Den Begriff »therapeutisch« verwenden wir in der ursprünglichen Bedeutung des griechischen *therapéuein* (θεραπεύειν) mit der Übersetzung »dienen, behandeln, pflegen«. Somit ist auch eine Selbstbehandlung mit Berührungen ohne anleitende:n Therapeut:in im Sinne einer Selbstfürsorge als therapeutische Intervention zu verstehen.

Die folgende Einführung in die Phänomenologie der Leiblichkeit soll Einblicke in die Funktion von Berührung als Selbst- oder Fremdberührung innerhalb menschlicher Erfahrungen und Handlungen geben. Durch die phänomenologische Auseinandersetzung mit der Selbstberührung sollen die leiblichen Facetten des menschlichen Daseins verständlicher werden und so ihre Tragweite für die Selbstfürsorge und den therapeutischen Kontext unterstreichen.

1.5.1 Die Phänomenologie des Leibs

In der phänomenologischen Philosophie, wie sie auch in vielen humanistischen Therapieansätzen verstanden wird (z. B. in der Integrativen Therapie: Überblick bei Stefan, 2020, S. 29–56; grundlegend Petzold u. Sieper, 2012a), ist der Leib nicht nur ein physisches Objekt, sondern ganzheitlich zu verstehen. Die Phänomenologie als philosophische Richtung wurde Anfang des 20. Jahrhunderts von Husserl (für einen Überblick z. B. 2021) begründet und legt Wert auf die direkte Beschreibung von Erfahrungen, ohne auf vorherige Theorien oder Annahmen zurückzugreifen. Phänomenologen wie Husserl (2021) und Merleau-Ponty (2010) verstehen den Leib als den Zugang zur Welt, durch den wir sie erleben und in sie eingreifen. Der Leib ist die primäre Ein- und Ausdrucksform unserer Existenz und unseres In-der-Welt-Seins. Die Phänomenologie als philosophische Richtung untersucht Phänomene, wie sie in unserer Erfahrung erscheinen, mit dem Ziel, die allen Menschen gemeinsamen Strukturen des Bewusstseins und die Bedingungen für die Möglichkeit menschlicher Erfahrungen zu erforschen.

Phänomenologische Perspektive in der Psychotherapie

In der Phänomenologie sollen die essenziellen Eigenschaften von Phänomenen erfasst werden, nämlich mit Sinnen wahrnehmbare, abgrenzbare Erlebnisse wie Ereignisse, Gegenstände oder Naturerscheinungen. Zentral ist nicht nur, *was* erlebt wird, sondern auch, *wie* es erlebt wird: durch das Bewusstsein des betrachtenden oder erlebenden Subjekts. Dies basiert auf dem Konzept der Intentionalität. Dieser philosophische Begriff bezieht sich nicht auf eine Intention als Zielorientierung, sondern verweist darauf, dass das Bewusstsein immer auf etwas gerichtet ist: auf Objekte, Gedanken, Erinnerungen, Zukunftserwartungen oder andere Personen. Somit ist jeder Bewusstseinszustand ein Bewusstsein von etwas. Weil die Phänomenologie die Phänomene auf die Strukturen des Bewusstseins aus der Erste-Person-Perspektive (Rudder Baker, 2000) zurückführt, ist der phänomenologische Zugang der Psychotherapie nahe, da diese das subjektive Erleben der Patient:innen und Klient:innen[1] im Sinne der subjektiv wahrnehmbaren Phänomene in den Fokus nimmt.

Die primär deskriptive Disziplin der Phänomenologie zielt darauf ab, das Wesen der menschlichen Erfahrung und Wirklichkeit zu erfassen. Diese Erste-Person-Perspektive, das eigene subjektive Erleben, so ist dabei zu betonen, stellt in der Idiopraxie wie auch in therapeutischen Ansätzen die Basis für die Behandlung dar. Dabei bleiben die Phänomene in der therapeutischen Behandlung in ihrer subjektiven Wertung und sollen nicht für alle Menschen allgemeingültige Erkenntnisse der Wahrnehmung und des Bewusstseins erfassen, wie dies in der philosophischen Phänomenologie angestrebt wird.

Eine psychotherapeutische Phänomenologie kann daher als ein Ansatz innerhalb der Psychotherapie gefasst werden, der die phänomenologische Methode anwendet, um die subjektiven Erfahrungen von Klient:innen in der Therapie zu erforschen und zu verstehen (z. B. Petzold, 2003, S. 212 f.). Dieser Ansatz betont die direkte Untersuchung des Erlebens der Patient:innen, wie sie ihre Gefühle, Gedanken und ihre Welt wahrnehmen und interpretieren. Ziel

---

1 In diesem Kapitel (1.5) wird nachfolgend sowohl von Patient:innen und Klient:innen die Rede sein. Dies ist den unterschiedlichen Konventionen in den adressierten Berufsfeldern geschuldet, die für eine Anwendung von Fremd- und Selbstberührung infrage kommen.

ist es, ihre gelebten Erfahrungen ohne vorgefertigte Theorien oder Diagnosekategorien zu verstehen und zu beschreiben.

Die psychotherapeutische Phänomenologie befasst sich damit, *wie* Menschen ihre Existenz und ihre Beziehungen zu anderen erleben, und ist besonders darauf ausgerichtet, Bedeutungen und Werte zu erkunden, die sie ihren Erfahrungen beimessen. Sie sucht nach den grundlegenden Qualitäten eigenleiblicher Phänomene, um ein tieferes Verständnis für die subjektiven Erfahrungen der behandelten Personen zu entwickeln. Auf Basis dieses Erlebens werden rationale Bewertungen, Kategorisierungen, Diagnostik und Behandlungsplanung etabliert (z. B. Osten, 2019; Petzold u. Osten, 2000).

Auch wenn Husserl (z. B. 2021) selbst nicht spezifisch über Psychotherapie schrieb, legte er mit seiner Entwicklung der phänomenologischen Methode das Fundament für spätere Arbeiten in diesem Bereich. Die phänomenologische Methode wurde zunehmend für die Psychotherapie nutzbar gemacht, bspw. durch Boss, einen Heidegger-Schüler, der auf Basis von dessen phänomenologischer Ontologie (Heidegger, 2018) den daseinsanalytischen Ansatz in der Psychotherapie entwickelte (Boss, 1983; s. auch Whitehead, 2021). Unter den vielen weiteren Theoretiker:innen und Praktiker:innen, die an der psychotherapeutischen Phänomenologie gearbeitet haben, soll hier Rogers (2021) hervorgehoben werden: Obwohl er kein Phänomenologe im strengen Sinne war, nutzte er für die Entwicklung seiner klientenzentrierten Therapie phänomenologische Ansätze, die den Fokus auf das unmittelbare Erleben der Klient:innen im Hier und Jetzt legen.

Die psychotherapeutische Phänomenologie (Fuchs, 2010; Dammann, 2014; Wendt, 2020; 2022) hat dazu beigetragen, die phänomenologische Perspektive in der Psychotherapie zu etablieren, wie sie heute in vielen therapeutischen Ansätzen, vor allem in den humanistischen und existenziellen Therapien, eine Rolle spielt, z. B. an zentraler Stelle in der Integrativen Therapie (u. a. Petzold, 2003, S. 212 f.). Darin werden drei wesentliche Ebenen mit je spezifischen Aspekten des menschlichen Erlebens unterschieden (Fuchs u. Schmidsberger, 2024):

- Die *psychotherapeutische Phänomenologie* fragt: »Wie geht es mir hier und jetzt?« Dabei handelt es sich um die subjektive Erfahrung der Gegenwart, das unmittelbare Fühlen des Eigenleibs. Es zielt darauf ab, das individuelle Erleben ohne voreingenommene Theorien oder Diagnosekategorien zu erforschen, um ein tieferes Verständnis der gelebten Erfahrung zu gewinnen.
- Die *psychopathologische Phänomenologie* orientiert sich an den strukturierten diagnostischen Kriterien, wie sie z. B. in der ICD oder anderen Systemen festgelegt sind. Sie versucht, spezifische pathologische Muster im Erleben und Verhalten einer Person zu erkennen.

– Die *philosophische Phänomenologie* untersucht allgemeine menschliche Universalien. Sie beschäftigt sich mit der Beschreibung von Phänomenen aus einer Erste-Person-Perspektive und strebt danach, grundlegende Strukturen des Bewusstseins zu erfassen, die allen Menschen gemeinsam sind.

In diesem Buch ist mit Phänomenologie eine philosophische Phänomenologie gemeint. Die praktischen Übungen im zweiten Teil des Bands hingegen, die das eigenleibliche Spüren im Hier und Jetzt aktivieren und verfeinern sollen, sind Ausdruck der psychotherapeutischen Phänomenologie, während der diagnostische Blick von Fachleuten bei der Arbeit im psychischen Arbeitsfeld der psychopathologischen Phänomenologie entspricht. Fuchs und Schmidsberger (2024) zufolge schafft die phänomenologische Perspektive eine gemeinsame Basis für humanistische Therapien und integriert dabei die philosophische wie auch die psychotherapeutische Phänomenologie als zentrale Elemente in die Theorieentwicklung.

Doppelseitigkeit der Selbstberührung

Schon Husserl befasste sich in seinen zahlreichen Schriften umfassend mit der Wahrnehmung und dem Bewusstsein (Beyer, 2011). Als neue Basis für die philosophische Erkenntnis etablierte er die Art und Weise, wie wir unseren eigenen Körper erfahren. Auch über Selbstberührung und deren Erkenntnismöglichkeit dachte er nach und betrachtete speziell das Phänomen der gegenseitigen Berührung der eigenen Hände: Durch die Gleichzeitigkeit einer berührenden und einer berührten Hand »haben wir […] zwei Empfindungen und jede doppelt auffaßbar bzw. erfahrbar« (Husserl, 1952, S. 147). Diese doppelte Empfindung, die doppelgesichtige Selbstberührung, die Personalunion von Berührendem und Berührtem, thematisierte er in späteren Werken und Vorlesungen zur Konstitution der intersubjektiven Welt und zur Leiblichkeit (bes. Husserl, 1991, 1952).

In diesem Kontext erforschte Husserl die direkte, leibhaftige Erfahrung und das, was es bedeutet, zugleich Subjekt und Objekt der Erfahrung zu sein (1952, S. 147 f.). Diese Überlegungen sind wesentlich, um die Konstitution des Selbstbewusstseins und der Leiblichkeit in der Phänomenologie zu verstehen, die durch Selbstberührung entsteht: Die berührende Hand (»das Berührende«) weist eine Intentionalität im Sinne der Zielorientiertheit auf (sie ist aktiv und erkundet); die berührte Hand (»das Berührte«) ist passiv und registriert Empfindungen. Beide Empfindungen sind jedoch Erfahrungen von etwas und daher nach Husserl (S. 14) ein Bewusstsein von den aktiven und passiven Empfindungen. Diese gegenseitige Berührung führt zu einer Verschmelzung der Empfindungen und stellt eine besondere Form der Selbstwahrnehmung und der reflexiven Erkenntnis dar.

Wahrnehmend können wir zwischen den Aspekten in beiden Händen jederzeit wechseln. Merleau-Ponty (1986, S. 176) zufolge entsteht dabei ein unmittelbares Bewusstsein der Dualität von Aktivität und Passivität, eine Verflechtung von Subjekt und Objekt, von Wahrnehmendem und Wahrgenommenem. Für ihn ist diese verflochtene Erfahrung paradigmatisch für seine Theorie der verkörperten Wahrnehmung, des verkörperten Subjekts und deren Einheit im Leib: »Ein menschlicher Leib ist vorhanden, wenn es zwischen Sehendem und Sichtbarem, zwischen Berührendem und Berührtem, zwischen dem einen Auge und dem anderen, zwischen einer Hand und der anderen zu einer Art Überkreuzung kommt, wenn der Funke des Empfindend-Empfundenen sich entzündet« (Merleau-Ponty, 2003, S. 281).

Diese doppelseitige Berührung hat eine tiefe Bedeutung für das Verständnis der Leiblichkeit und der Selbstwahrnehmung in der Phänomenologie und bietet zusätzlich eine wichtige Basis für das Verstehen der Selbstberührung in therapeutischen Kontexten. Sie zeigt, wie die direkte, erlebte Erfahrung des eigenen Körpers zur Grundlage des Selbstbewusstseins und der Selbstkonstituierung wird. Die Überlegungen von Husserl (z. B. 1991, 1952) und Merleau-Ponty (2010, 1986) zur Selbstberührung können als ein grundlegendes Element der psychotherapeutisch-phänomenologischen Betrachtung des Körpers und seiner Fähigkeit zur Selbstwahrnehmung angesehen werden, wie wir sie auch in der Idiopraxie verstehen. Husserl (1952, S. 257) spricht vom Leib als dem lebendigen Körper, den wir nicht nur als physische Entität, sondern als Zentrum unserer sinnlichen Wahrnehmung und Handlung erleben. In diesem Sinne ist der Leib ein subjektives und intentionales Feld, in dem sich unser Bewusstsein manifestiert. Merleau-Ponty erweitert dieses Verständnis, indem er den Leib als den Grundpfeiler unserer Erfahrung und als unabdingbar für jegliche Erkenntnis ansieht: Unser Bewusstsein ist immer leiblich verankert, der Leib selbst stellt eine Form des Wissens dar, das durch Handeln in der Welt entsteht (Merleau-Ponty, 1976, S. 244; 2010, S. 123 f.)

Ganzheitlichkeit des Leibs

Petzold definiert den »Leib« als eine ganzheitliche Einheit, die Körper, Geist und Seele umfasst (1996, S. 31). Dabei wird der Körper als der physische Ort dieser Einheit betrachtet, der Geist als die rational-denkende Kognition und die Seele als der emotionale Anteil (S. 15), die im Leib unabdinglich miteinander verbunden sind. Der Leib ist nicht nur ein physisches Objekt, sondern ein subjektives, erlebendes Lebewesen. Diese ganzheitliche Perspektive betont die Integration von körperlichen Empfindungen, emotionalen Zuständen und geistigen Prozessen. Den Leib sehen Petzold und Sieper (2012, S. 276) als einen aktiven Teilnehmer in der Welt, der in ständiger Interaktion mit seiner Umgebung steht und durch diese Interaktionen geformt wird. Daher wird oft auch von einer biopsychosozialökologischen Perspektive gesprochen, da die soziale und die ökologische Umwelt als prägende Anteile der Leiblichkeit inkludiert werden (S. 259 f.).

Der Begriff des Leibs beinhaltet im Deutschen sowohl die Bedeutung von Körperlichkeit als auch Leiblichkeit, was in andere Sprachen nur schwer zu übersetzen ist. Der Körper kann nach Petzold verstanden werden »als *toter Festkörper* (lat. *corpus*) oder als Leiche (engl. *corps*), [...] als *lebendiger,* biologischer Organismus oder Körper eines lebenden Tieres [...]. *Leib* (ahd. *lip* ›leib‹) ist davon als Begriff unterschieden. Er ist von der Wortwurzel her mit ›leben‹ verbunden [...], besitzt also auch die Qualität des lebendigen Körpers [...], der aber darüber hinaus noch über eine Qualität von Personalität bzw. Subjekthaftigkeit verfügt« (2012a, S. 256; Hervorh. i. Orig.).

Im phänomenologischen Verständnis wird der Unterschied zwischen Leib und Körper besonders deutlich, wie ihn Gallagher und Zahavi (2023) herausarbeiten. Während der »Körper« (lat. *corpus*) als objektiver, physischer Organismus verstanden wird, der von außen betrachtet und analysiert werden kann, bezieht sich der »Leib« auf das subjektive Erleben des eigenen Körpers. Der Leib ist nicht nur ein Ding unter Dingen, sondern der primäre Zugang zur Welt. Diese Differenz wird besonders relevant in der Philosophie der Leiblichkeit, wie sie durch die phänomenologische Perspektive entwickelt wurde: Der Leib ist das Medium unseres Handelns und Fühlens, er ist »gelebter« Körper, durch den wir die Welt erfahren. Dagegen wird der Körper in der Rolle des Objekts wahrgenommen und kann auch von anderen erfahren werden, z. B. in der medizinischen Untersuchung oder in der Fremdberührung.

Auch Merleau-Ponty (2010) betont die Ganzheitlichkeit des Leibs, er fokussiert stärker auf die vorbewusste und vorreflexive Erfahrung des Leibs in der Welt. Den Leib betrachtet er als ein grundlegendes Element der menschlichen Erfahrung, das den Zugang zur Welt und zu anderen ermöglicht, diese Erfahrung wiederum als präreflexiv und als Grundlage für das subjektive Erleben (z. B. S. 167 f., 253). Diese Perspektive unterstreicht Bischlager (2016), wenn er die vorbewusste und vorreflexive Erfahrung in der »unreflektierte[n] Welterfahrung« (S. 67; unter Bezug auf Merleau-Ponty, 2010, S. 282 f.) zu fassen versucht.

Auch aus evolutionsbiologischer und ontogenetischer Perspektive ist die Entwicklung einer solchen nichtrationalen, sondern vorreflexiven Wahrnehmung höchst plausibel, da die neurobiologischen Strukturen für komplexes rationales Denken erst später entwickelt werden (Grunwald u. Müller, 2022). Dieser Unterschied ist nicht nur theoretischer Natur, sondern hat auch praktische Implikationen für unser Selbstverständnis und unsere Interaktionen mit der Welt (Gallagher u. Zahavi, 2023). Der Leib ist in dieser Sichtweise immer intentional auf die Welt gerichtet, während der Körper als Objekt des Bewusstseins erscheint. Diese Differenz ist zentral für das phänomenologische Verständnis von Subjektivität und Weltbezug.

In der phänomenologischen Unterscheidung zwischen Leib und Körper spielt der Begriff der Präreflexivität eine zentrale Rolle. Wehrle (2025) beschreibt den gelebten Leib (den »operativen Leib«) als in erster Linie präreflexiv: Wir sind uns unserer Körperlichkeit im Alltag oft nicht bewusst, der Leib fungiert als Medium, durch das wir die Welt erfahren, ohne dass dabei explizit über den Körper nachgedacht wird. Erst in spezifischen Situationen, z. B. bei Krankheit oder durch soziale Normen, wird der Leib zum bewussten Körper (zum »thematisierten Körper«), was eine reflexive Ebene des Bewusstseins hervorruft.

Ein psychotherapeutisches Beispiel für die präreflexive und operative Erfahrung des Leibs ist eine Sitzung, in der ein:e hypothetische:r Patient:in über anhaltende körperliche Spannungen berichtet, ohne sich jedoch unmittelbar der genauen Lokalisation oder Ursache bewusst zu sein. Im Verlauf der Therapie wird durch leiborientierte Ansätze (z. B. integrative Körperpsychotherapie oder Idiopraxie) die Aufmerksamkeit des Patienten oder der Patientin auf diese unbewussten, präreflexiven Körperempfindungen gelenkt. Die Spannungen, die zuvor präreflexiv waren – also Teil des alltäglichen Körpererlebens ohne bewusste Reflexion –, werden durch die therapeutische Arbeit thematisiert und operativ bearbeitet.

Ein weiteres Beispiel könnte eine Person sein, die ständig die Schultern anspannt, aber erst im therapeutischen Setting auf die Verbindung zwischen dieser Körperhaltung und einer zugrunde liegenden emotionalen Belastung bzw. einer Abwehrhaltung hingewiesen wird. Der präreflexive Körperzustand wird somit ins Bewusstsein geholt und kann im weiteren Prozess verändert oder aufgelöst werden.

Diese therapeutische Intervention betont den Übergang von der präreflexiven Leiblichkeit hin zur bewussten Körperwahrnehmung und zeigt, wie der Körper nicht nur als Objekt, sondern auch als erfahrbares Subjekt in der Psychotherapie eine Rolle spielt. In diesem Zusammenhang sind Körperschema und Körperbild wesentlich (Wehrle, 2025): Das Körperschema ist präreflexiv und operativ, das Körperbild hingegen stellt das bewusste, reflektierte Bild des Körpers dar. Diese Unterscheidung unterstreicht die große Bedeutung des Leibs als gelebter Körper in der Phänomenologie, denn erst durch Reflexion wird er zum Körper als Objekt.

Körperschema und Körperbild

Diese Ideen sind in der modernen Psychotherapie besonders relevant, da sie eine Grundlage für Techniken bieten, die auf die Verbesserung des Körperbewusstseins und der Selbstregulation abzielen. Zudem stehen sie in direktem Zusammenhang mit den neuesten neurophysiologischen Betrachtungen der Haptikforschung (Grunwald u. Müller, 2022). Diese bestätigen, dass Körperschema und Körperbild direkt auf unseren haptischen und taktilen Empfindungen basieren: Die haptische Wahrnehmung bezieht sich auf die aktive und die taktile auf die passive Wahrnehmung von Tastsinneseindrücken (Müller u. Grunwald, 2022b, S. 4), wie im Beispiel der Berührung der eigenen Hände, wenn eine Hand die berührende und die andere die berührte ist.

Als Körperschema werden »die Informationen über die *dreidimensionale Gestalt des eigenen Körpers*« (S. 27; Hervorh. i. Orig.) verstanden, die »dem Bewusstsein [...] neuronaler Aktivität« (Müller u. Grunwald, 2022b, S. 27; unter Bezug auf Berlucchi u. Aglioti, 1997; Holmes u. Spence, 2004) nicht zugänglich sind. Das Körperbild hingegen wird »definiert als ein dem Bewusstsein zugänglicher Urteils- und Wahrnehmungsprozess über die subjektiv wahrgenommene Beschaffenheit und die emotionale Bewertung des eigenen Körpers« (Müller u. Grunwald, 2022b, S. 28). Das Körperschema ermöglicht auch ohne visuelle Hinweise ein Bewusstsein für die Beschaffenheit des eigenen Körpers. Es stützt sich hauptsächlich auf Daten aus dem Tastsinnessystem und gibt dem Organismus Informationen über die räumlichen Eigenschaften des Körpers wie Größe, Umfang, relative Position, Gestalt und Spannungszustände. Im Unterschied dazu ist das Körperbild ein bewusster Bewertungs- und Wahrnehmungsprozess, der die subjektive Wahrnehmung und die emotionale Beurteilung des eigenen Körpers umfasst.

Störungen des Körperbilds können isoliert auftreten oder in direktem Zusammenhang mit Störungen des Körperschemas stehen. Beide führen womöglich zu einer verfälschten Wahrnehmung der Körpermaße und Körpereigenschaften. Diese Fehlwahrnehmungen vermögen starke negative Emotionen und eine übermäßige Betonung wahrgenommener Mängel nach sich zu ziehen, was das Selbstwertgefühl beeinträchtigen und zu Leiden, Scham und Angst führen kann, besonders in sozialen Kontexten. Daraus resultierende soziale und berufliche Einschränkungen können Vermeidungsverhalten, Essstörungen, kosmetische Operationen, sozialen Rückzug und sogar Suizidversuche einschließen. Das Selbstbild umfasst nicht nur das Körperbild, sondern bezieht sich auch auf weitere Ich-Funktionen und Persönlichkeitsaspekte, die das eigene Selbstverständnis als Person prägen. Es beinhaltet immaterielle oder transmaterielle Persönlichkeitsmerkmale, die als emergente Eigenschaften aus dem physischen Körper hervorgehen, wie Ich-Stärke, Ich-Vertrauen, Selbstwert und Selbstwahrnehmung (Müller u. Grunwald, 2022b, S. 31–36).

Das Selbst als Leibselbst

Das Selbst wird seit Jahrhunderten von Philosoph:innen, Theolog:innen und anderen Wissenschaftler:innn beschrieben und kann hier nicht umfänglich referiert werden. Als eine für Psychologie und Psychotherapie relevante Definition können die folgenden Kernsätze von Petzold (2003) gelten:

»Das *Selbst* ist ›leiblich gegründete Stabilität in ständigen Metamorphosen‹ […], eingebunden in den Heraklitischen Fluß des Lebens – über die Spanne der Lebenszeit, er [der Mensch] ist Autor einer *Lebenskunst* als Ästhetik der eigenen Existenz mit Anderen, Künstler und Kunstwerk zugleich […]. Eine derartige ›integrative Persönlichkeitstheorie‹ ist letztlich konstruierbar über den phänomenologischen, relationalen Leibbegriff: *Leib ist der sich selbst und das Umfeld intentional wahrnehmende und das Wahrgenommene speichernde Organismus, welcher sich damit zum Leibsubjekt transzendiert* […]. Dieser Leibbegriff ermöglicht, die Dimensionen *kognitiver Repräsentation* […], *wahrnehmender Interaktion* als sensorisch-perzeptuelles Erfassen […] der Welt und ihre *emotionale Bewertung* zu verbinden. Die Anthropologie wirkt so befruchtend in die Persönlichkeitstheorie, die im Begriff des Leib-Selbst den ganzen Reichtum des Selbstbegriffes […] aufnehmen kann, sich allerdings auch mit seiner Vielschichtigkeit auseinandersetzen muß […]. Auf der Grundlage der biologischen, organismischen Realität des Menschen […] kann einerseits die Dimension des *social self* […] einbezogen werden: das *Selbst ist Prozeß* […], andererseits kann die *Struktur* des Selbst berücksichtigt werden, und ohne diese wäre Therapie kaum zu realisieren – schon gar nicht eine ›Therapie des Selbst‹ […]. Das Selbst als Leibselbst mit seinen Ausfaltungen Ich und Identität, ist ein Synergem, die im Leibgedächtnis festgehaltene Repräsentation komplexer, interdependenter sensumotorischer, emotionaler, volitiver, kognitiver und sozial-kommunikativer Schemata bzw. Stile, die kommotibel über die Lebensspanne hin ausgebildet werden […]. Sie sind Gegenstand der therapeutischen Arbeit, deren Wesen in der Beeinflussung der Persönlichkeit als Ganzer, des Leibselbst, der Stile und Strukturen und der sie bewirkenden Prozesse sowie ihres konstitutiven Umfeldes liegt« (S. 435 f.; Hervorh. i. Orig.; unter Bezug auf Petzold, 1970, 1974, 1985, 1990; Babad, Birnbaum u. Benne, 1983; Combs u. Snygg, 1959; Fingarette, 1963; Gibson, 1979; Goffman, 2003; Kaplan, 1998; Kohut, 2018, 2021; Lapsley u. Power, 1988; Mischel, 1977; Muslin u. Val, 1987; Newman u. Newman, 1980; Perls, Hefferline u. Goodman, 2019; Thomae, 1997).

Die integrative Persönlichkeitstheorie geht damit über rein kognitive Ansätze hinaus, indem sie die sensumotorische, emotionale, sozial-kommunikative und ökologische Wirklichkeit des Menschen einbezieht. Petzold (2003, bes. S. 430–436) kritisiert die kognitive Theorie der Persönlichkeit als zu einseitig und erweitert den Blick auf die Persönlichkeit durch die Einbeziehung des Leibs, verstanden als ein wahrnehmender, speichernder und sich selbst transzendierender Organismus. Die Identität wird als leibgegründet und sozial bezogen verstanden, als Teil eines Selbstprozesses, der sich über die Lebensspanne hinweg in einem stetigen Fluss befindet und sich in den Metamorphosen des Lebens ständig weiterentwickelt. Dabei wird das Selbst als »leiblich gegründete Stabilität« (S. 435) beschrieben, eingebunden in den Fluss des Lebens.

Petzolds (2003) Perspektive ist geprägt von der Phänomenologie und sieht den Menschen als Leibsubjekt, das sich zielorientiert-intentional zur Welt verhält. Diese Sichtweise erlaubt es, kognitive, perzeptive und emotionale Dimensionen im memorativen Leib zu verbinden, und versteht das Selbst als einen dynamischen Prozess, der sowohl in der therapeutischen Arbeit als auch in der Ausbildung der Persönlichkeit über die Lebensspanne hinweg zentral ist. So werden die Komplexität und Vielschichtigkeit des Selbst anerkannt und auf die biologische Realität des Menschen als Basis für die Entwicklung des sozialen Selbst bezogen. In diesem Prozess bilden sich vor dem biografisch-historischen Hintergrund überdauernde Persönlichkeitsstrukturen, die auf ökologischen Mikro- und Megaebenen verstanden werden können.

Das Selbst als »Leibselbst« ist ein Synergem, in dem sich komplexe interdependente Schemata und Stile manifestieren und das im Leibgedächtnis repräsentiert ist (Petzold, 2003, S. 435 f.; Summa, 2011). Diese Persönlichkeitselemente sind Gegenstand der therapeutischen Arbeit, die darauf abzielt, die Persönlichkeit in ihrer Ganzheit zu beeinflussen. Eine hilfreiche Zusammenfassung zum Selbst liefert eine prägnante Definition von Cuddy (2020):

»Das Selbst ist: (1) Facettenreich, nicht singulär. (2) Es wird durch Gedanken, Gefühle, Werte und Verhalten ausgedrückt und reflektiert. (3) Dynamisch und flexibel, nicht statisch und starr. Es reflektiert und reagiert auf die Situation – [...] auf eine Art und Weise, die uns zugänglich und auch offen für eine Weiterentwicklung macht. Das bedeutet nicht, dass unsere innersten Grundwerte sich ändern, aber manchmal gibt es einen Prozess, der erfordert, dass wir unser [...] Selbst der Situation oder Rolle, in der wir uns befinden, anpassen, indem wir entscheiden, welche Grundwerte und Charakterzüge wir sichtbar machen wollen« (S. 64).

Ergänzen möchten wir im Sinne der Leibphilosophie einen weiteren Punkt: (4) Leiblich und erfahrbar. Durch den Leib als totales Sinnes- und Handlungsorgan interagieren wir mit der Welt und verbinden unsere innere und äußere Realität (zum Selbst z. B. Deci u. Flaste, 1995; Fuchs, P., 2010; Petzold, 2003, S. 430–436, 515–548, 630–633).

Die Identität eines Menschen wird in der phänomenologischen Psychotherapie als leibgegründet verstanden: Der Leib stellt demnach nicht nur die physische Basis der Identität dar, Persönlichkeitsstrukturen und interpersonelle Dynamiken drücken sich vielmehr auch leiblich aus. Beispielsweise lässt sich bei Menschen mit abhängigen Persönlichkeitsstrukturen eine spezifische Leiblichkeit beobachten, die sich durch Haltungen oder Gesten der Unterordnung äußert. Diese körperlichen Ausdrucksweisen sind präreflexiv, sie geschehen also unbewusst und sind tief in der leiblichen Erfahrung verwurzelt. Im Vergleich zu anderen Persönlichkeiten, die sich durch eine autonome oder dominante Haltung auszeichnen, manifestieren sich hier leibliche Muster, die auf die Abhängigkeit von anderen und die Suche nach Bestätigung hindeuten. Diese leiblichen Ausdrucksweisen werden in der phänomenologischen Psychotherapie als zentrale Aspekte der therapeutischen Arbeit gesehen, da sie sowohl die Wahrnehmung der eigenen Identität als auch die Beziehung zu anderen tief beeinflussen. Die Identifizierung solcher Körperhaltungen durch den Therapeuten bzw. die Therapeutin und deren Beschreibung entspricht der genannten psychopathologischen Phänomenologie (Fuchs u. Schmidsberger, 2024).

Die therapeutische Arbeit zielt darauf ab, solche leiblichen Muster bewusst zu machen und zu transformieren, um eine flexiblere, weniger festgefahrene Interaktion mit der Umwelt zu ermöglichen (Fuchs, 2006; Petzold, 2003, z. B. S. 100, 103). Die Identität wird somit nicht nur als kognitiv-emotionaler Prozess verstanden, sondern als etwas, das tief in den Körper und dessen präreflexive Handlungen eingebettet ist. Einen Zugang zu diesen präreflexiven Anteilen bzw. zum eigenleiblichen Spüren kann z. B. die Idiopraxie ermöglichen.

Die Differenzierung zwischen subliminaler und supraliminaler Identität und Wahrnehmung ist in der phänomenologischen Psychotherapie von zentraler Bedeutung. Subliminale Prozesse betreffen jene Ebenen des Erlebens und der Körperwahrnehmung, die unserer bewussten Wahrnehmung entzogen bleiben. So können wir z. B. unsere Spiegelneuronen oder unser Gehirn nicht direkt spüren, obwohl sie in unseren zwischenmenschlichen und kognitiven Prozessen eine bedeutende Rolle spielen. Auch in den Übungen dieses Buchs, u. a. »Hirn berühren«, stoßen wir auf diesen Aspekt: Das Gehirn selbst kann nicht berührt oder direkt gespürt werden, da es im subliminalen Bereich bleibt. Dennoch ermöglicht uns unser Wissen um die Anatomie und die neuronalen Prozesse, uns eine Vorstellung davon zu machen und so eine indirekte, symbolische Berührung zu erfahren.

Im Gegensatz dazu bezieht sich die supraliminale Wahrnehmung auf jene Prozesse, die wir bewusst in unser eigenleibliches Spüren bringen können. Während wir die Funktion der Spiegelneuronen, sofern sie existieren, nicht wahrnehmen können, erleben wir jedoch empathische Reaktionen gegenüber einer anderen Person. Die Emotionen, die durch diese empathischen Prozesse ausgelöst werden, sind supraliminal und bewusst spürbar. Der Mechanismus selbst, also die neuronale Aktivität oder die funktionale Struktur, bleibt hingegen subliminal und entzieht sich unserer direkten Wahrnehmung. Lediglich das Ergebnis – also die Empathie und die emotionale Resonanz – tritt in unserer bewussten Wahrnehmung in Erscheinung. Diese Unterscheidung zwischen den bewusst erfahrbaren und den unbewussten, aber funktional wichtigen Prozessen ist zentral für das Verständnis der phänomenologischen Auseinandersetzung mit dem Leib und der Identität.

1.5.2 Methodenpluralismus und Partikularität in der Psychotherapie

In der Differenzierung zwischen den präreflexiven, subliminalen, supraliminalen Wahrnehmungen und den naturwissenschaftlichen Erkenntnismöglichkeiten kommt in der wissenschaftstheoretischen Diskussion ein zentrales Thema zum Tragen: der »Methodenpluralismus« oder die »Methodenpartikularität«. Diese Konzepte verweisen auf die Notwendigkeit, verschiedene methodische Ansätze zu integrieren, um ein umfassendes Verständnis des Menschen zu ermöglichen. Der Mensch kann Fuchs zufolge niemals durch eine einzige Erkenntnismethode vollständig verstanden werden, da jede Methode ihre spezifischen Stärken und Schwächen hat (Fuchs, 2023; unter Bezug auf Jaspers, 1973). Sie können – im Gegensatz zu naturwissenschaftlichen Ansätzen, die z. B. durch Objektivität und Messbarkeit gekennzeichnet sind – nur bestimmte Aspekte menschlicher Existenz erfassen. Phänomenologische Ansätze hingegen legen den Fokus auf die subjektive, leibliche Erfahrung und eröffnen so einen anderen Zugang zum Verstehen des menschlichen Erlebens (Fuchs, 2023).

Dieser methodische Pluralismus betont die Komplementarität mehrerer Theorien und Perspektiven. Jaspers (1973, z. B. S. 31–33) zufolge kann der Mensch nur im Zusammenspiel verschiedener Perspektiven vollständig erfasst werden, ohne dass diese aufeinander reduzierbar sind. Fuchs spricht in diesem Zusammenhang von einem »explanatorische[n] Pluralismus« (2023, S. 31), der es erlaubt, unterschiedliche Erklärungsansätze und Ursachenprinzipien nebeneinander bestehen zu lassen. Diese Perspektivenvielfalt führt jedoch nicht zu einem relativistischen Verständnis, sondern zur Anerkennung, dass jede Methode nur einen Teilaspekt der Realität erfassen kann und somit eine wissenschaftliche Arbeitsteilung notwendig ist (Schmidsberger u. Fraissl, 2024).

Auch Rinofner-Kreidl (2008) verweist auf die anthropologische Annahme, dass durch jede methodische Perspektive nur begrenzt etwas über das Menschsein wissenschaftlich erfahren werden kann. Die biologischen Tatsachen einerseits und die Einmaligkeit der menschlichen Existenz andererseits stellen ihr zufolge zwei Sphären dar, die sich einer verstehenden psychopathologischen Forschung entziehen und in einem Zwischenraum des Verständlichen verbleiben müssen.

Durch diesen Methodenpluralismus wird es möglich, sowohl die objektiven als auch die subjektiven Aspekte menschlichen Erlebens zu berücksichtigen und die Komplexität der menschlichen Existenz in ihrer Ganzheit zu erfassen. Dies bildet eine wesentliche Grundlage für die phänomenologische Psychotherapie, die das Ziel verfolgt, den Menschen in seiner leiblichen und intersubjektiven Dimension zu verstehen und therapeutisch zu begleiten.

In der Psychotherapie stellt die Phänomenologie eine erkenntnistheoretische Grundlage dar, die besonders wertvoll ist, um das subjektive Erleben der Patient:innen zu verstehen. Sie eröffnet den Zugang zur Erste-Person-Perspektive und ermöglicht es, therapeutische Prozesse nicht nur von außen, sondern von innen zu betrachten. Diese Methode hebt sich von naturwissenschaftlichen Zugängen ab, die häufig auf die objektive Messbarkeit und Beobachtbarkeit von Phänomenen fokussieren. Stattdessen betont die Phänomenologie Fuchs (2023, S. 176–180) zufolge die Bedeutung des Leibes als Zugang zur Welt und als Vermittler subjektiver Erfahrung.

Ein wesentliches Merkmal der Phänomenologie ist ihr Antireduktionismus. Sie versucht, das menschliche Erleben in seiner Ganzheit zu erfassen, ohne es auf neurobiologische oder psychologische Mechanismen zu reduzieren. Die Phänomenologie legt besonderen Wert darauf, wie sich Menschen in ihrer Lebenswelt erfahren und wie der Leib als Medium zwischen dem Ich und der Welt fungiert. Diese Herangehensweise ermöglicht eine umfassende Perspektive, die körperliche wie auch emotionale und soziale Aspekte einbezieht (Schmidsberger, Fuchs, Dzwiza-Ohlsen, Böckle u. Fraissl, 2024, S. 2). Diese integrative Sichtweise bildet eine erkenntnistheoretische Brücke zwischen den verschiedenen Disziplinen innerhalb der Psychotherapie, die sowohl somatische als auch psychische Dimensionen des Menschseins berührt.

Darüber hinaus bietet die Phänomenologie durch ihren Fokus auf die Intentionalität – die Ausrichtung des Bewusstseins auf etwas – eine tiefere Einsicht in die therapeutische Beziehung. In der phänomenologischen Psychotherapie geht es nicht nur darum, Symptome zu behandeln, sondern darum, die Bedeutungen und Werte zu erforschen, die Patient:innen ihren Erfahrungen beimessen. Dadurch wird das therapeutische Setting zu einem Raum der Sinnfindung und Selbstverwirklichung. Diese Perspektive spielt besonders in humanistischen Therapieansätzen eine wichtige Rolle (Fuchs u. Schmidsberger, 2024), indem sie den individuellen Erfahrungshorizont der Patient:innen in den Mittelpunkt stellt.

Eine weitere zentrale Perspektive in der Psychotherapie ist die Integration der Phänomenologie als deren erkenntnistheoretische Basis. So kann die Phänomenologie als »systematische Wissenschaft der subjektiven Erfahrung und ihrer grundlegenden Strukturen« (Fuchs, 2015b, S. 801) die wissenschaftlichen Rationalitäten von Natur-, Sozial- und Geisteswissenschaften in einem kohärenten Rahmen vereinen. Dies ist von entscheidender Bedeutung, da eine moderne Psychotherapieforschung nicht nur die objektivierbare Ebene menschlicher Erfahrungen, sondern auch die subjektiven Weltbezüge berücksichtigen muss. Phänomenologische Ansätze ermöglichen, diese Perspektiven in einer integrativen Weise zu verbinden, was insbesondere für die Behandlung von Personen zentral ist.

Ein weiteres wesentliches Anliegen der Phänomenologie ist die Vermeidung reduktionistischer Ansätze. Ihr Fokus auf den Leib als »verkörpertes Subjekt« integriert nicht nur die physische Dimension menschlichen Erlebens, sondern auch die soziale Eingebundenheit und die kognitiven Prozesse, die unsere Wahrnehmung und Interaktion mit der Welt formen. Die Phänomenologie bietet damit eine wertvolle Grundlage, um die Komplexität psychischer Phänomene in einem umfassenden Rahmen zu erfassen, der sowohl biologischen als auch sozialen und psychologischen Aspekten Rechnung trägt.

Zusammenfassend kann die Phänomenologie als eine kooperative Grundlagenwissenschaft fungieren, die eine integrative, disziplinübergreifende Psychotherapieforschung unterstützt. In einem solchen Rahmen kann sie als theoretischer und methodischer Vermittler zwischen den verschiedenen wissenschaftlichen Rationalitäten dienen und somit eine Brücke zwischen den natur-, geistes- und sozialwissenschaftlichen Ansätzen schlagen. Diese Perspektive schafft Raum für eine ganzheitliche Erforschung des Menschseins, die den menschlichen Körper, die subjektive Erfahrung und die soziale Eingebundenheit gleichermaßen berücksichtigt.

1.5.3 Eigenleibliches Spüren

Die Auseinandersetzung mit dem eigenleiblichen Spüren spielt eine wichtige Rolle für jeden Menschen und kann im therapeutischen Kontext als ein unerlässliches Instrument zur Behandlung gesehen werden.

Eigenleiblichkeit – physische und psychische Gesundheitsförderung

Die interozeptive Wahrnehmung (Müller u. Grunwald, 2022b, S. 18–25) erfasst das individuelle Selbst in seiner Gesamtheit, einschließlich Selbstregulation, Selbstbezug und Weltbezug. Die Interozeption, als das Bewusstsein interner physiologischer Prozesse, bildet die Basis für eine profunde Selbstkenntnis und ermöglicht, feinabgestimmte Rückmeldungen des Körperinneren zu erhalten und zu interpretieren. Dabei werden interozeptive Signale – die als biochemische, mechanische oder thermale und elektromagnetische Informationen auftreten können – durch spezialisierte Rezeptoren in neuronale und hormonelle Signale umgewandelt. Diese werden vom Gehirn aufgenommen, integriert und interpretiert, was zu einer verbesserten Selbstregulation und einem tieferen Verständnis des eigenen Körpergefühls führt. Zentrale Hirnstrukturen wie der insuläre Kortex spielen dabei eine entscheidende Rolle und verbinden körperliche Sensationen mit emotionalen und kognitiven Zuständen, was für das psychische Gleichgewicht und die innere Balance von entscheidender Bedeutung ist (Müller u. Grunwald, 2022b).

Tastsinneseindrücke – und in unserem Kontext zentral die Selbstberührungen – sind bereits vorgeburtlich ein wesentlicher Aspekt der leiblichen Erfahrung. Sie sind nicht nur eine Quelle der Selbstwahrnehmung, sondern auch ein Mittel zur Weltaneignung. Durch die Selbstberührung entsteht ein direkter Dialog mit dem eigenen Leib, der sowohl das Selbst- als auch das Weltverhältnis prägt. Von der Zeit als Säugling an bis ins hohe Alter hinein erkunden und verstehen wir durch Berührung des eigenen Körpers unsere physischen Grenzen und Zustände. Diese taktile Selbstwahrnehmung ist grundlegend für die Entwicklung unseres Körperschemas, Körperbilds, Körperbewusstseins und darauf aufbauend für die Entwicklung unserer Identität.

Selbstberührung dient zudem als eine Form der nonverbalen Kommunikation mit uns selbst (Cuddy, 2020). Durch Selbstberührungsübungen können Menschen lernen, ihre Aufmerksamkeit nach innen zu richten und ihre eigenen körperlichen Empfindungen, Gefühle und emotionalen Zustände besser wahrzunehmen. Das Auflegen der Hand auf das Herz kann Selbstliebe ausdrücken, sanftes Streicheln bei Nervosität beruhigen, bei Verlusten trösten oder auch autoerotisch stimulieren und ist damit ein evolutionär und ontogenetisch, aber auch leiblich erfahrbares wesentliches Element der Selbstfürsorge und -regulation. Selbstberührungen schärfen das Bewusstsein für den eigenen Leib und tragen zu dessen besserem Verständnis und zu einem besseren Umgang mit sich selbst bei.

Die zielorientierte und bewusste Steuerung der Interozeption ermöglicht leibtherapeutische Interventionen. Sie ermöglicht, nicht nur auf interozeptive Signale zu reagieren, sondern diese auch gezielt zu beeinflussen und zu modulieren, um das subjektive Wohlbefinden und die psychische Gesundheit zu fördern. Somit stellt die Förderung des memorativen Leibs – also des leiblichen Gedächtnisses, das den expressiven sowie perzeptiven Aspekt des Leibs integriert – eine Form der Intervention dar, die auf die Stärkung der inneren Balance und des psychischen Gleichgewichts abzielt. Obgleich bislang nur wenige evidenzbasierte Studien mit Meta- und Umbrella-Analysen zu leibtherapeutischen Interventionen existieren (Rosendahl, Sattel u. Lahmann, 2021), kann angenommen werden, dass leibliche Praktiken das subjektive Wohlbefinden steigern und zur psychischen Gesundheit beitragen.

Basierend auf dieser leibphilosophischen Perspektive ist die Praxis des bewussten leiblichen Erlebens essenziell für die Förderung von subjektivem Wohlbefinden und psychischer Gesundheit, sowohl im persönlichen Entwicklungsgeschehen für gesunde Personen als auch im psychotherapeutischen Kontext, in der Behandlung von psychischen Störungen und Leidenszuständen. Dieser Ansatz, der sich auf eine leiblich-hermeneutische Erkenntnistheorie stützt und an Forschungen zu Leibphänomenologie und Embodiment anknüpft, ermöglicht Menschen – speziell leibtherapeutisch Tätigen –, eigenleibliches Spüren als diagnostisches Werkzeug und kontinuierlichen inneren Wegweiser zu nutzen. Dies wird gestützt durch zahlreiche Belege für die positiven Effekte leiblicher Praktiken auf das subjektive Wohlbefinden und die psychische Gesundheit (z. B. Ackerley et al., 2012; Böhme, Hauser, Gerling, Heilig u. Olausson, 2019; Cubasch, 1997, 2010, 2016, 2021; Geuter, 2023; Gugutzer, Klein u. Meuser, 2022; Kolk, 2023; Müller et al., 2022; Ogden, 2021; Petzold, 1996, 2003). Eigenleibliches Spüren trägt zur Stärkung des leiblichen Gedächtnisses sowie der expressiven und perzeptiven Aspekte des Leibs bei und kann somit als eine zielführende therapeutische Intervention angesehen werden, die auf die Stärkung der inneren Balance und des psychischen Gleichgewichts ausgerichtet ist (Übersicht zum eigenleiblichen Spüren in der Psychotherapie siehe Wadsack-Kispert, 2023).

Zwischenleiblichkeit – interpersonale Bezüge und Selbstverständnis

Die Konzepte von Zwischenleiblichkeit und interpersonalen Bezügen spielen eine zentrale Rolle im Verständnis der menschlichen Entwicklung und Identitätsbildung. Zwischenleiblichkeit wird als eine fundamentale menschliche Erfahrung von Beziehung verstanden, die als Grundmuster der frühen Bezogenheit gilt (Petzold, 2003, bes. S. 633, 660). Der heranwachsende Organismus sammelt bereits Erfahrungen in Bezug zur mütterlichen Umgebung und wird so zu einem zwischenleiblichen Subjekt. Über zwischenleibliche Erfahrungen entwickelt sich der Körper weiter zum Leibsubjekt und gewinnt u. a. erst durch die Zwischenleiblichkeit seine Identität (Petzold, 2012, S. 454–457). Menschen sind nicht nur durch ihre individuellen Erfahrungen geformt, sondern auch durch die Interaktion mit anderen. Dieses Zusammenspiel zwischen Selbst und anderen ist ein grundlegender Aspekt menschlichen Seins (Petzold u. Sieper, 2012, S. 256), das zu einem bedeutenden Teil von unserer taktilen und haptischen Entwicklung abhängt. Die Zwischenleiblichkeit verweist auf die Bedeutung des leiblichen Kontakts zwischen Menschen, die Grundlage für die Entstehung von Ich-Identität durch die Begegnung mit dem Du (Petzold, 2012, S. 468; s. auch Buber, 2016). Durch unsere Leiblichkeit, so Petzold (2012, S. 454), durch das Sein in einem lebendigen Körper, der berührt und auch selbst berührt wird, treten wir mit der Welt und anderen Menschen in Verbindung. Der Mensch wird dabei definiert als »Körper-Seele-Geist-Wesen, ein Leibsubjekt in der Lebenswelt, verschränkt mit dem sozialen und ökologischen Kontext/Kontinuum und fähig, ein Selbst, Ich und personale Identität auszubilden« (Petzold u. Sieper, 2014, S. 7; Erg. v. Verf.). »Aber Eigenschaften wie Aufrichtigkeit, Liebenswürdigkeit, Stolz oder Gehemmtheit«, so Fuchs (2006, S. 112), »sind eben auch grundlegende leibliche Haltungs- und Bewegungsmuster, die sich in bestimmten Situationen als Verhaltensweisen wie Offenheit, Entgegenkommen, Abweisen, Zögern aktualisieren. Die flehentliche Haltung etwa eines dependenten Menschen, seine weiche Stimme, seine kindliche Mimik, seine Nachgiebigkeit und Ängstlichkeit gehören einem einheitlichen Haltungs- und Ausdrucksmuster an« (S. 7).

Eine ähnlich umfassende Perspektive auf das Menschsein findet sich im Ayurveda-Yoga (Bögle, 2007). Dort wird der Mensch durch die »doppelte Basisbeziehung« (persönliches Gespräch von Peter Cubasch mit Reinhard Bögle, Februar 2024; s. auch Lüthi u. Bögle, 2015, o. S.) definiert. Dieses Konzept aus der indischen Samkhya-Philosophie (Garbe, 2020) soll den philosophischen Hintergrund aus Ayurveda, Yoga und Samkhya in eine moderne Sprache überleiten. Gemeint ist die Beziehung, die wir zu uns selbst aufbauen, in unserer individuellen Leiblichkeit, aber auch in unserem sozialen Körper und dem ökologischen Umfeld (Bögle u. Lüthi, 2000, S. 64). Es ist ein fortlaufender Prozess, in dem wir lernen, uns selbst im gleichzeitigen Austausch mit anderen zu verstehen. Diese doppelte Basisbeziehung ist entscheidend für unsere persönliche Entwicklung und unser Wohlbefinden.

Bubers berühmter Satz »Der Mensch wird am Du zum Ich« (2016, S. 28) verdeutlicht die Bedeutung anderer Menschen für die Entstehung des Selbst. Dies gilt nicht nur für den Austausch über die Tastsinne, sondern betrifft alle menschlichen Bereiche. Im Kontext der taktilen und haptischen individuellen Entwicklungsgenese bedeutet dies, dass die Berührung und der physische Kontakt mit anderen nicht nur für die emotionale Bindung und das soziale Lernen wichtig sind, sondern auch für das Erkennen und Verstehen des eigenen Selbst. Gerade die frühesten Erfahrungen von Berührung und Nähe legen die Grundsteine für das Verständnis unseres Selbst und unserer Beziehung zur Welt (Grunwald u. Müller, 2022), von denen wir das ganze Leben ständige Wiederholungen brauchen.

Die Anthropologie der Zwischenleiblichkeit und das Konzept der doppelten Basisbeziehung heben die Abhängigkeit des einzelnen Menschen von anderen und der Umwelt hervor und verdeutlichen den Prozess der menschlichen Entwicklung und des Seins in dieser Verbundenheit. Beide fokussieren ein Ich, das tief in der Verbindung zur Mit- und Umwelt verwurzelt ist. Die taktile und haptische Erfahrung durch uns selbst und andere – hier speziell durch Selbst- und Fremdberührung – ist somit nicht nur physische Notwendigkeit, sondern essenzieller Bestandteil unserer Existenz und Identität, ohne die wir nicht lebensfähig wären.

Zur Notwendigkeit der zwischenmenschlichen Berührung für die Entwicklung einer gesunden Person und die Aufrechterhaltung der Gesundheit liegen vielfältige Untersuchungsergebnisse vor. So zeigten Studien zum Kaspar-Hauser-Phänomen, zu sozialer Deprivation sowie zur Reduktion der sozialen Interaktion während der Covid-19-Krise, dass soziale Interaktion entscheidend ist für die kognitive und emotionale Entwicklung sowie Aufrechterhaltung einer psychischen und somatischen Gesundheit (Orben, Tomova u. Blakemore, 2020; Skuse, 2013; Mohr, Kirsch u. Fotopoulou, 2021). Die Notwendigkeit des sozialen Kontexts für eine gesunde psychologische sowie somatische Entwicklung und für das Erlernen kultureller sozialer Normen hebt zugleich die tiefgreifenden Auswirkungen von sozialer Umwelt und ökologischen Gegebenheiten auf die persönliche Entwicklung hervor. Sinnliche und soziale Stimulation sowie ein angereichertes Umfeld sind demnach für die Entwicklung des Menschen unerlässlich, um Deprivationseffekte zu verhindern (Beltrán, Dijkerman u. Keizer, 2020). Als problematisch erweisen sich aber auch Überstimulationseffekte (z. B. Nantke, Streit u. Hinrichsen, 2015). Ein bereicherndes Umfeld, das die Sinne stimuliert, aber nicht überreizt, kann die Entwicklung unterstützen und Gesundheit erhalten sowie verbessern.

Erfahrungen setzen sich zusammen aus Empfindungen, Gefühlen sowie Erkenntnissen und sind verbunden mit leiblichen Wahrnehmungen, die im episodischen Gedächtnis als Was-Wer-Wie-Wo-Wann-Erfahrungen abgespeichert werden. Daraus entstehende Erkenntnisse werden als semantisches Wissen in Form von sprachlich ausformulierten Einsichten im Gedächtnis abgespeichert (Gruber, 2018, S. 39–43; s. auch Böhle, 2016). Ein gesundes Umfeld wirkt in jeder Hinsicht nährend: durch gute Selbstwahrnehmung, mit fördernden sozialen Interaktionen und reichhaltig ohne Unter- oder Überstimulierung. Hierzu zählen wir auch die wertschätzende Selbst- und Fremdberührung, die wir in der Idiopraxie auch therapeutisch verfügbar machen wollen.

Der Leib als totales Sinnesorgan

All dies basiert auf den Erfahrungen durch den Leib, der als »totales Sinnes- und Handlungsorgan« (Petzold, 1996, S. 196) definiert werden kann: Wir sind mit allen Sinnen und Handlungen auf die Welt gerichtet. Der Leib ist eine Gesamtheit aller sensorischen, motorischen, emotionalen, volitiven, kognitiven und sozial-kommunikativen Schemata. Dieser »informierte Leib« (Petzold u. Sieper, 2012) entsteht aus dem Zusammenspiel von somatischem Binnenraumerleben und Kontexterleben in der Selbsterfahrung und ist im »Leibgedächtnis« verankert (Petzold, 2003, bes. S. 1074–1080; Summa, 2011). Hieraus emergiert das »personale Leib-Selbst« (Petzold, 1996, S. 67, 283, 303; Petzold, 2003, S. 1066), das über ein reflexives sowie ein metareflexives Ich verfügt und eine konsistente Identität entwickeln kann:

»Unser Ansatz [...] geht auf das Leib-Subjekt, das ›totale Sinnes- und Handlungsorgan des Leibes‹, auf den ›Leib als Gedächtnis und als Bewußtsein‹ zurück, auf den ›perzeptiven, memorativen, reflexiven und expressiven Leib‹, der in den entsprechenden Vermögen des Körpers als biologisch-organismischer Grundlage wurzelt. Der Mensch beginnt seine Existenz als Körper, der schon früh in der embryonalen Entwicklung *wahrnehmen* und *reagieren/agieren* und mit der Ausbildung neuronalen Gewebes in begrenztem Umfang auch *speichern* kann [...]. Damit ist die Möglichkeit des phänomenalen Leibes, des Leibes als Wahrnehmungsphänomen gegeben. Es werden Erfahrungen mit dem Körper gesammelt« (Petzold, 1996, S. 191; Hervorh. i. Orig.; unter Bezug auf Ayres, 1979, 2016; Holle, 2016).

Der Mensch ist zusätzlich in eine soziale und ökologische Welt eingebettet: Basierend auf dem »›totalen Sinnesorgan‹ des *Leibes* [...], der als Leib-Subjekt *ko*-existiv als Teil der Welt [...], in die er eingebettet ist *(embeddedness)*, diese Welt in sich aufnimmt (internalisiert, interiorisiert, inkorporiert – *embodiment*) [,] tritt der Mensch mit seinen Mitmenschen [...] in Kontakt und tauscht sich aus. In den dabei entstehen[den] Prozessen ›intersubjektiver Hermeneutik und Metahermeneutik‹ [...] wird die Welt dabei durch die Sprache [...] benannte Welt und der *Leib* wird in Weltwahrnehmen und Kommunizieren zum ›*informierten Leib*‹« (Petzold, 2017b, o. S.; Erg. v. Verf.; Hervorh. i. Orig.; unter Bezug auf Petzold, 2009, 2010, 2017a).

Aus philosophischer Perspektive der Phänomenologie Husserls (z. B. 1952, 1971) kann das Bewusstsein immer nur ein Bewusstsein von etwas sein, es ist immer intentional (Husserl, 1950, S. 73 ff., 187 f.). Petzold (2003, S. 216–223) hingegen versucht, der Komplexität menschlicher Wahrnehmung und Handlung im Bewusstsein gerecht zu werden, und unterscheidet mehrere Bewusstseinsformen von areflexiven über präreflexive hin zu transreflexiven (S. 256). Dabei bezieht sich Petzold auf Phänomene, die dem Bewusstsein unzugänglich bleiben (areflexiv), und geht über die zugänglichen, reflektierten Erfahrungen hin zu den transreflexiven Bewusstseinszuständen, die tiefere Einsichten und eine Form der Selbsttranszendenz ermöglichen, in der das Bewusstsein sich über rein kognitive Prozesse erhebt und eine ganzheitliche, oft spirituelle Erkenntnis der eigenen Existenz erlangt (S. 216–258).

Bewusstseinszustände sind die fundamentalen Grundlagen für unsere ontologischen Erfahrungen der eigenen Existenz, die jedoch aus phänomenologischer Sicht immer leiblich verankert sind. Darauf weist Merleau-Ponty mit dem Begriff »Leibsein« hin: Gemeint ist damit die Art und Weise, wie wir unsere Existenz durch unseren Leib erfahren, und damit das präreflexive Bewusstsein in der Leiblichkeit (2010, S. 170). Das tiefe Bewusstsein unseres Seins – das Erkennen unserer Existenz – findet somit auch auf einer präreflexiven und nonverbalen Ebene statt (Bischlager, 2016, S. 45–47). Auf dieser Ebene können Menschen Momente der Verbundenheit, des In-der-Welt-Seins und der Einheit mit ihrer Umwelt erleben, die über das rein analytische Denken hinausgehen bzw. grundlegend davor entstehen. Diese Seinserfahrungen – das unmittelbare Erleben des eigenen Seins und der eigenen Existenz – sind zentrale Quellen der Selbsterkenntnis. Ontologische Erfahrungen können auf der areflexiven bis transreflexiven Ebene erfahren werden, das Sein über das Werden, das Existieren über das Handeln. Dem areflexiven Bewusstsein entsprechen ontologische Erfahrungen zu spontanen körperlich verankerten Reaktionen, die dem bewussten Denken entzogen sind. Auf dieser Ebene wird das Sein als unmittelbare Existenz erlebt, ohne reflexive Auseinandersetzung mit der Umwelt. Im Gegensatz dazu ermöglicht der transreflexive Bewusstseinszustand eine tiefere, ganzheitliche Selbsterkenntnis, die über das rein kognitive Erfassen hinausgeht und das Sein als transzendente Erfahrung des Daseins in seiner vollen Komplexität zugänglich macht. Hier wird das Existieren über das Handeln hinaus reflektiert und in einem umfassenderen Sinn verstanden (Petzold, 2003, S. 216–259).

Tango(r) ergo sum – ich bin berührt und berühre mich, also bin ich

In seinen »Prinzipien der Philosophie« schrieb Descartes: »Ich denke, also bin ich« (2016, S. 4; »cogito, ergo sum«). Mit dieser Aussage wird die Existenz des Selbst als ein denkendes Wesens belegt, das unter Anwendung eines methodischen Zweifels zu unumstößlichen Wahrheiten zu gelangen versucht: Alle Überzeugungen werden bezweifelt bis zum Moment einer nichtbezweifelbaren Erkenntnis. Während uns alle Sinne täuschen können, ist die eigene Existenz als denkendes Wesen nicht zu bezweifeln. Dieser grundlegende Zweifel hat in unserer heutigen »postfaktischen« Welt (in der es mehr um Emotionen und Spekulationen als um Fakten geht) angesichts künstlicher Intelligenzen (KI) und virtueller Realitäten größere Bedeutung denn je. Was von einer menschlichen Intelligenz und was von einer künstlichen generiert wurde, ist bei ausgereiften KI-Programmen nicht mehr zu unterscheiden – welchen Quellen kann dann noch vertraut werden? Descartes' Satz rekurriert auf die einzige absolute Sicherheit: die eigene Existenz, das eigene Sein, denn allein diese Gewissheit erlaubt uns, unserer Existenz eine unbezweifelbare Sicherheit zuzuschreiben.

Diese Erkenntnis möchten wir mit dem Thema »Selbstberührung« auf eine körperliche Ebene verlagern: »Ich bin berührt und berühre mich, also bin ich« – »tango(r) ergo sum«. Bereits sehr früh im Mutterleib beginnt diese Erfahrung des Selbst und setzt sich über die gesamte Lebensspanne hinweg fort durch interozeptive und exterozeptive Tastsinneswahrnehmungen. Übertragen lässt sich dies auf weitere Erfahrungen, die uns Sicherheit über das eigene lebendige und leibliche Sein im Sinne einer ontologischen Seinserfahrung geben: z. B. »Ich atme, also bin ich« (»spiro ergo sum«) oder »Ich atme, also lebe ich« (»spiro ergo vivo«). Die leiblichen Dimensionen lösen damit das Primat des Denkens ab und betonen eine sinnlichere und phänomenologische Erkenntnis durch das Leibsein. Was Descartes als Primat des Geistes durch sein »cogito, ergo sum« etablierte, möchten wir mit der Idiopraxie als Wende zum Leib hin verstehen. Vom Leib aus können wir uns selbst und unsere Mit- und Umwelt wahrnehmen und erkennen.

Solche Seinserfahrungen machen wir insbesondere, wenn wir ganz bei uns sind und eine tiefe Verbindung mit uns selbst eingehen. Die Erfahrung des eigenen Körpers nach einem Schlaf oder noch intensiver nach einer Ohnmacht oder gar einem Koma ist eine grundlegend ontologische, die uns an die eigene Existenz erinnert. Noch bevor wir aktiv etwas tun, entsteht in diesen Momenten der erste Bezug zu uns selbst, ohne visuelle oder auditive Wahrnehmungen. Die eigene Existenz ist im Denken und Fühlen evident. Durch bewusste, zielorientierte Selbstberührung können solche Seinserfahrungen verstärkt, gefördert und für therapeutische Zwecke nutzbar gemacht werden.

Basierend auf ontologischen Erfahrungen – mit der Gewissheit bzw. Vergewisserung des eigenen Seins und Lebens – kann dieses In-der-Welt- und Mit-der-Welt-Sein durch intentionale Selbstberührung erfahrbar gemacht werden. Die bewusste Selbstberührung stärkt den Kontakt zum eigenen Leib und fördert somit ein tiefes eigenleibliches Selbstbewusstsein. Dies ermöglicht, sich auf eine Weise zu erfahren, die über die rein kognitive Selbstreflexion hinausgeht und einen leiblichen Zugang zu sich selbst öffnet. Die Selbstberührung hat unter den Interventionsformen daher eine Sonderstellung inne, da die ausführende Person zugleich die sich selbst berührende und die von sich selbst berührte ist. Diese Rückkopplungsschleife als Subjekt und Objekt der Erfahrung gestattet eine feine Abstimmung von Wahrnehmung und Handlung, die in einzigartiger Weise auf eigenleibliche individuelle Bedürfnisse eingehen kann und den gesamten memorativen Leib erfasst. In diesem Prozess wird die intrinsische Expertise der Person – das inhärente Wissen über sich selbst, was gebraucht wird, um gesund zu sein – besonders angesprochen und genutzt. Der therapeutische Ansatz der Idiopraxie verbindet die Selbstberührung mit bewegungs- und atemtherapeutischen Techniken, um eine holistische Integration und Heilung des Menschen als Leibsubjekt zu fördern und diese Seinserfahrungen noch breiter erlebbar zu machen.

Obgleich es oft in den Hintergrund unserer rationalen Gedanken tritt, bildet das präreflexive Bewusstsein die Basis für unsere Wahrnehmung und unser Handeln. Diese Ebene, auf der sich das Gefühl des Daseins und der Zugehörigkeit entfaltet, ist für jeden Menschen von besonderer Bedeutung. Die Erkundung und Integration dieser präreflexiven Erlebnisse können zu einer umfassenderen Selbstwahrnehmung führen und die Basis für (psychische) Heilung legen. Zentral ist dabei, körperliche Empfindungen nicht nur zu erkennen, sondern auch zu validieren, wobei wir eine idiopraktische Begleitung für sinnvoll erachten. Somit stehen wie im »›integrativen Ansatz‹ [...] die Person-Umfeld-Relationen, ›Transaktionen‹ genannt, und ihre *emotionale Bewertung (valuation)* und kognitive *Einschätzung (appraisal)* im Zentrum der Betrachtung, was die Erklärung von Stress und Stressbewältigung anbelangt« (Petzold, 2007, S. 293 f.; Hervorh. i. Orig.).

Die Validation mithilfe einer anderen Person im therapeutischen Setting hilft, ein stabiles Selbst zu kultivieren, das präreflexive wie auch reflexive Aspekte des Seins umfasst. Eine solche Integration trägt zu einem ganzheitlichen Heilungsprozess bei.

Selbstberührung ist dabei eine zentrale Möglichkeit zum Selbstkontakt, der jedoch allein nicht ausreicht, um eine umfassende Selbstakzeptanz zu ermöglichen. Dieser Selbstkontakt braucht die soziale Interaktion, um das »Ich« in seiner Ganzheit validieren zu können. Externe Validation durch eine andere Person, sei es im therapeutischen Setting oder im alltäglichen sozialen Miteinander, spielt eine entscheidende Rolle dabei, das Selbst zu stabilisieren und präreflexive mit reflexiven Aspekten des Seins in Einklang zu bringen. Die Kombination aus der Grunderfahrung der Selbsterkenntnis – z. B. durch Selbstberührung – und der sozialen Anerkennung ermöglicht es einem Menschen, sich selbst ganzheitlich anzunehmen und somit zu einem tiefgreifenden Heilungsprozess beizutragen. Die Anerkennung des präreflexiven Selbst durch eine andere Person bietet eine notwendige Bestätigung, die über den rein solipsistischen Kontakt hinausgeht und zu einer vertieften Selbstwahrnehmung führt.

Der große Wert der Selbstberührung liegt in ihrer Fähigkeit, eine direkte, nonverbale Verbindung zum eigenen Körper und dem inneren Erleben herzustellen. Sie ermöglicht, das Selbst zu spüren und dabei eine Brücke zwischen dem inneren, unbewussten Empfinden und dem bewussten Erleben zu schlagen. In der Selbstberührung wird der Leib als unmittelbares Medium des Selbstseins erfahren, wodurch Menschen Zugang zu einer tieferen Ebene der Selbsterkenntnis erlangen können. Dieser Selbstkontakt fördert ein Bewusstsein für die eigenen emotionalen und körperlichen Zustände und kann im Alltag sowie im therapeutischen Kontext helfen, diese Aspekte zu regulieren und zu integrieren. Gleichzeitig bietet die Selbstberührung eine Form der Selbstfürsorge und Selbstvalidierung, die das Gefühl der Zugehörigkeit und des Angenommenseins im eigenen Körper stärkt. In der Verbindung von Selbstberührung und sozialer Anerkennung wird nicht nur die persönliche Stabilität gefördert, sondern auch die Fähigkeit gestärkt, in sozialen Beziehungen authentisch zu agieren und sich selbst wertzuschätzen.

1.5.4 Entfremdung und Verlust an Leiblichkeit

In der modernen Welt ist das Phänomen der Entfremdung – speziell vom Leib – von großer Bedeutung. Entfremdungen sind Prozesse, bei denen »uns Zugehöriges, Verbundenes, Vertrautes in der Awareness Stehendes, zu einem Fremden, Unvertrauten, Abgespaltenen, Unbewußten wird, durch die sich Zugehörigkeiten und Bezogenheiten lösen und Zusammenhänge zerfallen« (Petzold, 1987, S. 241). Dieses Phänomen spiegelt sich in verschiedenen Aspekten unseres täglichen Lebens wider und ist eng verbunden damit, wie wir unseren Leib im Sinne eines totalen Sinnes- und Handlungsorgans (Petzold, 1996, S. 196) in unserem sozio-ökologischen Kontext und Kontinuum erleben.

Moderne digitalisierte Welt und Entleiblichung

Rosas Auseinandersetzung mit dem Konzept der Entfremdung konzentriert sich auf die Idee eines beschleunigten Lebenstempos und dessen Auswirkungen auf individuelle Erfahrungen: Die Beschleunigung führt zu einer Form der Entfremdung, bei der sich Individuen von ihren eigenen Erfahrungen, ihrer Umgebung und den Menschen um sie herum entfremdet fühlen. Diese Entfremdung entsteht aus der Unfähigkeit, aufgrund des schnellen Wandels bedeutungsvolle Beziehungen zu Objekten oder Menschen aufzubauen sowie aufrechtzuerhalten und erschwert somit dauerhafte Bindungen (Rosa, 2021a, bes. S. 59–68; s. auch Ekmekcioglu u. Ericson, 2011; von Thadden, 2018). Die durch Technologisierung beschleunigte Zeit sowie deren Erleben bringen auch einen Verlust der Verbundenheit zum eigenen Leib (Rosa, 2021b, S. 178–186) sowie der Zwischenleiblichkeit mit sich und können zur Entfremdung führen (S. 132, 562–568). Besonders deutlich wird dies in der modernen digitalisierten Welt, in der physische Interaktionen durch virtuelle ersetzt werden (S. 151–163; Rosa, 2021a, S. 59–68). Die Veränderung der Interaktionsweise mit anderen Menschen hat tiefe Auswirkungen auf unser Selbstverständnis und unsere sozialen Beziehungen. Ein Verlust von leiblicher Erfahrung, wie sie durch eine starke Fokussierung auf geistige Fähigkeiten sowie bei der Beschleunigung entsteht oder bei psychologischen bzw. neurologischen Störungen vorkommen kann, beeinträchtigt unser Gefühl des Selbst und unser Verhältnis zur Welt.

In der Integrativen Therapie wird das Konzept der Entfremdung – insbesondere vom Leib – durch einen ganzheitlichen Ansatz adressiert, der die Integration von Körper, Geist und Umwelt betont. Die Entfremdung vom Leib kann zu psychologischen und somatischen Problemen führen, für deren Heilung eine Wiederanbindung an das eigene leibliche Selbst von entscheidender

Bedeutung ist (Petzold, 1987, S. 239–244; Wölfle, 2023, S. 25 f.). Bei der Konstitution leiblicher Erfahrungen spielt hier aus idiopraktischer Sicht die Selbstberührung eine wichtige Rolle: Mangel an Selbst- und Fremdberührung kann zu einem Gefühl der Entfremdung vom Leib führen. In der modernen Welt, in der digitale Interaktionen oft physische ersetzen, scheint ein Verständnis für die Bedeutung der Leiblichkeit entscheidend. Der bewusste Umgang des Individuums mit sich als Leib ist ein wesentlicher Bestandteil unseres Selbstverständnisses und unserer sozialen Beziehungen.

Physische Distanz aufgrund digitaler Medien und damit verbundener Verlust von leiblichen Begegnungen aufgrund digitaler Kommunikation sowie zunehmende soziale Isolation in der Gesellschaft tragen zu einer Reduktion von leiblichen Berührungen untereinander bei. Dies mündet in Entfremdung, verstanden als Verlust der Verbindung zum eigenen Leib und zu anderen Menschen. Mit Idiopraxie kann diese Entfremdung reduziert und der eigene Leib gefördert werden ebenso wie die zwischenmenschliche Beziehung.

Phänomenologisch-therapeutische Sicht auf Selbstberührung

Selbstberührung als Intervention in der Therapie zielt auf die ganzheitliche Erfahrung des Leibs ab. Sie ist verankert in verschiedenen therapeutischen Ansätzen und Modellen, die die Bedeutung der Leiblichkeit für die psychische Gesundheit hervorheben. Therapiemodelle, die sich wie die Integrative Therapie auf die Phänomenologie stützen, nutzen bereits die Selbstberührung zur Unterstützung von Patient:innen dabei, Zugang zu vorexpressiven und vorbewussten Zuständen zu finden und zu lernen, diese zu regulieren. Körperorientierte Therapien (z. B. Levine, 1998, 2021; Neumann u. Zips, 2009; Petzold, 1996) verwenden Selbstberührung seit Langem zur Behandlung psychosomatischer Störungen und Leidenszuständen.

Dabei wenden die leiborientierten Ansätze nonverbale Interventionen an, die nicht nur die rationale Ebene ansprechen, sondern durch die Involvierung des Leibs auch nichtsprachliche Leiberfahrungen des totalen Sinnes- und Handlungsorgans (Petzold, 1996, S. 196) in die therapeutische Intervention einbeziehen. Diese leiborientierten Ansätze betonen den Leib, der psychische Zustände auf unterschiedliche Weise sowohl ausdrücken als auch erleben kann. In seinem Konzept vom »Gedächtnis des Leibes« beschreibt Fuchs (2000a, 2012) die Speicherung und Prägung von Erfahrungen des Individuums (s. auch Fuchs, 2000b, S. 70–74) und versteht den Leib dabei ähnlich wie in der Integrativen Therapie als ein erlebendes sowie ausdrückendes Wesen, jedoch mit stärkerem Fokus auf psychodynamische Aspekte. Orth und Petzold (1993) fassen

Erleben und Ausdruck durch den Leib mit den Begriffen »perzeptiver« und »expressiver Leib«, die sie im »memorativen Leib« integriert sehen (S. 100). Gugutzer betrachtet die soziale und kulturelle Dimension mit dem Leib als Schnittstelle zwischen Individuum und sozialer Umwelt: Hierbei wird der Leib von sozialen Strukturen geformt und gestaltet diese zugleich aktiv mit (Gugutzer, 2022, bes. S. 80–90). Dieser Aspekt wird in der Integrativen Therapie von Petzold (2022) im kontextualen Bezug des sozio-ökologischen Konzepts erfasst.

Fuchs (2020) diskutiert im Zusammenhang mit verkörperten Emotionen und deren Regulation ausführlich die Bedeutung des Körpers und körperlicher Prozesse. Wesentlich ist dabei, dass »Emotionen nicht nur mit körperlichen Empfindungen, Haltungen, Gesten und Ausdrucksbewegungen untrennbar verknüpft sind, sondern dass diese Körperzustände umgekehrt auch die emotionalen Reaktionen auf Personen und Situationen unbewusst, aber maßgeblich beeinflussen« (S. 20).

Mit dem Konzept der »leiblichen Resonanz« (S. 21) wird verdeutlicht, dass »interozeptive, propriozeptive und kinästhetische Empfindungen […] keine bloßen Begleiterscheinungen, sondern konstitutiv für Emotionen« (S. 21) sind: Der Körper reagiert auf emotionale Erfahrungen und spiegelt diese wider. »So kann man etwa Trauer als eine Spannung um die Augen empfinden, als eine Tendenz zu weinen, als ein Globusgefühl in Hals oder Brust und schließlich generalisiert als eine sinkende Tendenz oder als schmerzliche Welle, die sich über den ganzen Körper ausbreitet« (S. 21).

Emotionen können Fuchs zufolge »als leiblich vermittelte Formen intentionaler Gerichtetheit auf die affektiven Qualitäten und Valenzen einer Situation aufgefasst werden. Sie umfassen damit das verkörperte Subjekt *und* die Situation und lassen sich daher nicht im Inneren der Person lokalisieren. Vielmehr ist das Subjekt emotional affiziert von einer Umwelt, die selbst affektive Qualitäten aufweist« (2020, S. 22; Hervorh. i. Orig.).

»Verkörperte Affektivität« (S. 22) wiederum steht in Beziehung zu psychopathologischem Geschehen, wenn »sich eine adäquate Emotionsregulation […] als ein ungehemmter, flüssig verlaufender, aber auch nicht überschießender Interaktionskreis von Situation, Affektion, leiblicher Resonanz und Expression« (S. 23) erweist. Die Störanfälligkeit dieses Emotionskreises für Hemmungen oder Übersteigerungen an verschiedenen Komponenten kann zu psychischen Störungen führen (S. 23), auf die mit körpertherapeutischen Verfahren jedoch gut reagiert werden kann, um »positive Gefühle wie Freude zu induzieren oder negative Gefühle wie Ärger und Angst durch gegenläufige Ausdrucksmuster zu hemmen« (S. 26; s. auch Fuchs, 2000a, 2000b, 2012, 2015a, 2021).

Selbstberührung in der ganzheitlichen Behandlung des Leibs

Die beschriebenen Zusammenhänge unterstreichen die zentrale Rolle des Leibs als Schnittstelle zwischen Individuum und Umwelt sowie als Fundament psychischer Gesundheit und zwischenmenschlicher Beziehungsfähigkeit. Der Leib wird dabei verstanden als eine zu behandelnde Ganzheit statt einer partikulären und segregierten Behandlung von körperlichen, psychischen und sozialen sowie ökologischen Gesichtspunkten menschlicher Gesundheit. Diese Auffassung von Leiblichkeit als einer lebendigen und dynamischen Wechselwirkung mit der Welt ist wesentlich für die Idiopraxie. Selbstberührung wird dadurch zu einem Schlüsselwerkzeug, das über die Linderung von Stress und Angstzuständen hinausgeht. Selbstberührung kann durch eigenleibliches Spüren ein Weg zum Selbst- und Fremdbezug werden. Dadurch lassen sich Selbstbewusstsein und Selbstwahrnehmung des Individuums maßgeblich beeinflussen und zusätzlich Emotionen regulieren. Die Berührung des eigenen Körpers – in alltäglicher Selbstfürsorge oder im zielgerichteten therapeutischen Kontext – kann als ein Weg betrachtet werden, sich der vorreflexiven, leiblichen Ebene zu nähern. Durch diesen Ansatz der Idiopraxie kann die individuelle oder angeleitete Selbstbehandlung tief auf die grundlegende menschliche Erfahrung des Leibs einwirken.

Unter »*healing touch*« versteht Petzold (1996, S. 402; unter Bezug auf Brown, 1976; s. auch Brown, 1988) in der Leibtherapie eine therapeutische Berührung, die nicht nur physisch, sondern auch emotional und symbolisch wirkt. Er betrachtet sie als fundamentales Element therapeutischen Handelns und kritisiert, dass die heilende Wirkung körperlicher Berührungen, die im Alltag selbstverständlich ist, in der Psychotherapie lange vernachlässigt wurde (Petzold, 1996, S. 402). Daher plädiert er für eine Wiederentdeckung dieses therapeutischen Potenzials und sieht darin eine der wichtigsten Errungenschaften der modernen Psychotherapie (S. 402–406).

Wild und Hofer-Moser differenzieren für den Umgang mit Berührung in der Psychotherapie drei Formen von Berührungsinterventionen: den Non-Touching-, den Self-Touching- und den Touching-Approach (2018, S. 175):
- Beim *Non-Touching-Approach* (Berühren, ohne zu berühren) werden Klient:innen nonverbal »berührt«: durch Blicke, Stimme, Mimik, Gestik und Körperhaltung (S. 176). So kann ein Blick z. B. Fürsorge vermitteln, ohne physischen Kontakt herzustellen (Petzold, 1996, S. 308), mit dieser Form der »Berührung« jedoch tiefgreifende Wirkung haben, da sie auf frühen Lebens- und Beziehungserfahrungen des Berührtwerdens basiert (Wild u. Hofer-Moser, 2018, S. 176).

- Der *Self-Touching-Approach* (Selbstberührung) verwendet die Eigenberührung der Patient:innen, z. B. das Handauflegen auf den Bauch zur Förderung der Atemwahrnehmung oder auf einen schmerzenden Körperteil zur Selbsttröstung (S. 177). Diese Interventionen steigern das körperliche Bewusstsein und fördern die emotionale Regulation. Es kann auch ein »Dialog zwischen der ›sanft berührenden Hand‹ und dem betreffenden ›irritierenden‹ Leibbereich bzw. Organ« (S. 177) initiiert werden, um einen inneren Austausch zu ermöglichen, oder gar der memorative Leib angesprochen werden, um sich durch die Selbstberührung z. B. wieder (körperlich) an die Berührung einer verstorbenen Person auf dem eigenen Körper zu erinnern.
- Beim *Touching-Approach* (Fremdberührung) werden Klient:innen schließlich physisch von den Behandler:innen berührt, vom rituellen Händeschütteln bis zu tröstenden Umarmungen. »Diese Berührungen reichen von der Unterstützung der Wahrnehmungsfähigkeit und der Aufmerksamkeitsfokussierung, über solche mit der Intention der Konfrontation und Konfliktaktivierung bis hin zur ›szenischen Interaktion‹« (S. 180). Voraussetzung für solche Berührungen ist, dass sie immer sorgfältig, respektvoll und unter ständiger intersubjektiver Abstimmung stattfinden und die Therapeut:innen ausreichend Erfahrung in solchen Interventionen mitbringen (S. 181 f.).

In allen drei Ansätzen ist die Berücksichtigung der individuellen Reaktionen und Grenzen der Patient:innen von größter Wichtigkeit. Insbesondere bei physischen Berührungen muss stets ihre Zustimmung eingeholt und auf nonverbale Signale geachtet werden, die auf Ablehnung hindeuten könnten. Diese Interventionen sind als Vorschläge zu verstehen, die zunächst imaginativ durchgespielt und dann, nach Zustimmung, real ausgeführt werden können. Sie dienen nicht nur der Heilung, sondern auch der persönlichen Entwicklung und dem Streben nach einem erfüllten und authentischen Leben.

1.5.5 Fazit: Selbstberührung auf integrativtherapeutischer Basis

Die Idiopraxie fokussiert die beiden Ansätze des Non-Touching- und Self-Touching-Approachs. Berührungen als therapeutische Interventionen haben ihren Ausgang u. a. in der Thymopraktik von Petzold (1975), einer leib- und bewegungsorientierten Therapie, in der die therapeutische Berührung als ein zentrales Mittel zur Förderung der Heilung eingesetzt wird (Petzold, 1996, S. 341–406). Berührung soll dabei auf drei Ebenen wirken: »1. als *physikalische*

Geste …; 2. als *emotionale* Geste …; 3. als *Übertragungsgeste*« (S. 402; Hervorh. i. Orig.).

Den Begriff der »Selbstberührung« nutzt Petzold zwar fast nie, betont aber an vielen Stellen seines Werks die Bedeutung eines positiven Körpergefühls. Nachfolgend sollen einige seiner Aussagen, die Selbstberührungen implizieren, idiopraktisch eingebettet sowie weitergedacht werden.

Eine schrittweise Aneignung verschiedener Körperbereiche kann mit den Händen beginnen: »Bewegungs- und Ausdrucksübungen mit Händen und Armen erfordern einen sehr geringen Aufwand an Kraft und Geschicklichkeit«, können aber »eine entspannende Wirkung auf den Gesamtkörper« (Petzold, 1996, S. 539) haben. Die Selbstberührung ist ein Akt der Selbstbegegnung und des Selbstausdrucks und ermöglicht dem Individuum, eine Verbindung zum eigenen Körper herzustellen sowie ein Gefühl der Ganzheit und des Wohlbefindens zu entwickeln. Durch Selbstberührung kann eine Person lernen, ihren Körper zu akzeptieren und zu lieben – eine grundlegende Voraussetzung für Selbstfürsorge und psychische Gesundheit.

»Die *Versöhnungsarbeit* mit dem eigenen Leibe«, so Petzold, »ist immer auch eine Versöhnungsarbeit mit der eigenen Geschichte, mag sie nun bewußt im Sinne des ›Durcharbeitens‹ geschehen oder vorbewußt durch symbolische Aktivitäten oder Handlungen« (1996, S. 531; Hervorh. i. Orig.). So haben z. B. Atemtherapieübungen nicht nur körperliche Effekte, sondern wirken sich auch positiv auf die emotionale Gesamtbefindlichkeit aus (S. 531). Petzold betont die transformative Kraft der Selbstberührung, wenn er beschreibt, wie durch die sanfte Berührung und Massage des eigenen Körpers nicht nur physische Spannungen gelöst werden können, sondern sich auch die »emotionale Gesamtbefindlichkeit« (S. 531) verbessert. Diese Praxis kann zu einer tieferen emotionalen Entspannung und zu einem verbesserten Selbstbewusstsein führen. Selbstberührung stellt eine Möglichkeit dar, mit dem eigenen Körper in Dialog zu treten und ein besseres Verständnis für die eigenen Bedürfnisse und Grenzen zu entwickeln.

Die Auseinandersetzung mit der eigenen Leiblichkeit empfindet Petzold als essenziell für die Motivation zu dauerhaftem Engagement bei der »Pflege des Leibes« (1996, S. 530). Da »die bewußte Auseinandersetzung mit der Negativgeschichte der eigenen Leiblichkeit […] eine gewisse Gefahr [birgt], daß Resignation und Hoffnungslosigkeit vertieft werden«, schlägt Petzold die Einbeziehung einfacher Praktiken vor, »die ein positives Erleben der Leiblichkeit fördern« (1996, S. 530; Erg. v. Verf.). Selbstberührung ist hier also als ein Mittel zur Selbstexploration und Selbstentdeckung gemeint. Der Prozess der Wiederaneignung des eigenen Leibs spielt eine besondere Rolle bei der Heilung von

Traumata und der Überwindung von Entfremdung: Durch Selbstberührung kann ein Mensch lernen, den eigenen Körper nicht als Objekt, sondern als lebendigen Teil seines Selbst zu sehen und zu behandeln.

Daher ist Selbstberührung ein Akt der Selbstfürsorge, der eine tiefere Verbindung zum eigenen Körper ermöglicht. Selbstberührung hilft dabei, auf die Signale des eigenen Körpers zu hören und sie zu verstehen (S. 539). Auch dient sie als ein Mittel zur Förderung der Selbstakzeptanz und des Selbstmitgefühls (S. 530): Durch die sanfte und achtsame Berührung des eigenen Körpers kann ein Mensch lernen, sich selbst mit mehr Güte und Verständnis zu begegnen. Diese Praxis hilft dabei, negative Körperbilder zu überwinden und ein gesünderes Verhältnis zum eigenen Körper zu entwickeln.

Bei der (Fremd-)Berührung (Touching-Approach) müssen Therapeut:innen ihre Hände, so Petzold (1996, S. 403), mit unterschiedlichen Qualitäten einzusetzen verstehen. Dabei »wird der Patient/Klient aufgefordert, seine Wahrnehmung auf den Berührungspunkt zu fokussieren und zu spüren, wie er den Kontakt mit der Hand des Therapeuten erlebt, und welche Sensationen, welche Resonanzen in seinem Körper ausgelöst werden« (S. 403). Das therapeutische Potenzial direkter Berührung durch Behandelnde sieht Petzold (1996, S. 404f.) noch nicht vollständig ausgeschöpft, es befinde sich in einem »fruchtbaren Prozeß wachsender Erfahrung« (S. 406), was darauf hindeutet, dass die Bandbreite und Tiefe der Berührung als therapeutisches Werkzeug noch besser verstanden und genutzt werden sollten. Denn Berührungen können sich mit inneren »Bildern, Erinnerungen oder Phantasien verbinden« (S. 406). »Durch diese ›doppelte Stimulierung‹ vermittels Berührung und verbaler Ansprache wird das Leibgedächtnis aktiviert, und offene Situationen, positive wie negative, kommen auf und werden einer Bearbeitung verfügbar« (S. 406). Die Integration der Berührung in die therapeutische Praxis erfordert eine sorgfältige Abwägung ethischer Überlegungen, um die Grenzen und die Bereitschaft der Klient:innen zu respektieren und eine Atmosphäre des Vertrauens zu schaffen, in der Berührung als heilend und nicht als übergriffig erlebt wird (S. 405).

Zusammenfassend lässt sich sagen, dass Berührung und Selbstberührung in Petzolds Werk (vor allem 1996, S. 402–406, 530–539) als zentrale Elemente der Heilung und des persönlichen Wachstums angesehen werden. Sie stellen nicht nur therapeutische Techniken dar, sondern auch grundlegende menschliche Erfahrungen, die ermöglichen, tiefere Ebenen des Selbstbewusstseins und der Selbstakzeptanz zu erreichen. Daher kann die bewusste Integration von Berührung in die therapeutische Praxis und das tägliche Leben dazu beitragen, die Beziehung zu sich selbst und zu anderen zu stärken und ein erfüllteres und gesünderes Leben zu führen. Selbstberührung wird dabei in verschiedenen

Kontexten als therapeutisches Mittel zur Förderung von Heilung, Selbstwahrnehmung und positivem Körpergefühl angesehen. Die bewusste Auseinandersetzung mit dem eigenen Körper, so wird deutlich, und die Wiederaneignung oder erstmalige Aneignung des Leibs durch Selbstberührung können als wichtige Aspekte in der Therapie betrachtet werden. Hier setzt die Idiopraxie an.

2 Intentionale Selbstberührung – Idiopraxie

Wohlbefinden und gesunde Persönlichkeitsentwicklung hängen zu einem großen Teil von einer besonderen Art der Selbstzuwendung ab: von Selbstberührung. Diese beginnt bereits in vorgeburtlicher Zeit und begleitet uns das ganze Leben hindurch. Pro Tag berühren wir uns bis zu 800-mal (Grunwald, 2020), doch wir bemerken es fast nie. Wie ist dieses sonderbare Verhalten zu verstehen, das nicht nur uns selbst, sondern auch der Wissenschaft, der Pädagogik und der Therapie bis heute überwiegend entgeht? Warum berühren wir uns und wo? Welche Wirkung und Funktion hat Selbstberührung, und wodurch unterscheidet sie sich von Fremdberührung?

Die Beschäftigung mit diesen Fragen eröffnet ein bedeutendes Thema, das uns Autoren nicht nur körperlich und rational, sondern auch emotional berührt: Mit großem Staunen begreifen wir, dass wir uns ja nicht nur mit den eigenen Händen berühren oder gelegentlich die Arme verschränken, die Beine übereinanderschlagen oder uns nachdenklich ins Gesicht fassen, sondern dass wir auch von der äußeren und inneren Welt *berührt* sind. Gerade diese permanenten, unwillkürlichen, scheinbar selbstverständlichen Berührungen ermöglichen, dass wir leben, indem sie ständig unseren gesamten Organismus reaktivieren (Müller et al., 2019; Spille et al., 2022).

Die Luft, die uns immer umgibt, die uns atmen lässt und unser Überleben ermöglicht, spüren wir auf der Haut; wir können den Luftstrom als innere Berührung sogar in den Atemwegen und in der Lunge wahrnehmen. Auch Kauen und Schlucken, Verdauung und Ausscheidung hängen von funktionierenden inneren Selbstberührungen ab. Dies gilt ebenso für das Sprechen und die Artikulation von Lauten wie »r«, »m«, »w«, »p«. Dazu benötigen wir neben dem Luftstrom des Ausatmens die feinen und äußerst differenzierten Selbstberührungen von Zunge, Lippen und Zähnen. Und schließlich die häufigste und schnellste Form aller Selbstberührungen, der Lidschlag: Blitzschnell befeuchtet er vielfach pro Minute die Augen, damit wir reibungslos sehen können (▶ Übungen 3.2.2).

Als intentionale Selbstberührungen bezeichnen wir all jene eigenen Berührungen, die wir bewusst und absichtsvoll ausführen (Tab. 2). Diese Berührungen sind mit einer bestimmten Intention verbunden: Sie sollen nützlich sein und sind darauf ausgerichtet, angenehme Erfahrungen und heilsame Prozesse auszulösen. Jede Form selbstverletzenden oder selbstschädigenden Verhaltens ist damit ausgeschlossen.

Mit den beschriebenen funktionellen Selbstberührungen haben sie gemein, dass sie grundsätzlich freiwillig und selbstbestimmt sind, sie unterscheiden sich aber darin, dass sie darüber hinaus getragen sind von neugieriger Selbstexploration und freundlicher Selbstzuwendung. Neben dem spielerisch-explorativen Charakter hat intentionale Selbstberührung auch das Ziel, im Alltag eigene und fremde Selbstberührungen deutlicher wahrnehmen zu können. Auf diese Weise kann die Fähigkeit zur Expressivität und Einfühlung gesteigert werden.

Tabelle 2: Unterschiedliche Bewusstheitsgrade bei Selbstberührungen

Selbstberührung	unbewusst	bewusst	intentional
Wahrnehmung	meist unbemerkt	bewusst durch Wahrnehmungslenkung	mit Absicht bzw. Ziel verbunden
Funktion	funktionell oder nicht funktionell	Innehalten, Gewahrwerden, Verstehen	Plan, Handlung, Wahrnehmung, Bewertung

2.1 Intentionale Selbstberührung: wozu?

Selbstberührung ist eine Art ruhige Kopplung mit uns selbst: Wir sammeln uns zu uns selbst hin und sind für diesen Moment nicht mit zielgerichteten Handlungen oder Manipulationen der äußeren Welt beschäftigt. So kann Selbstberührung Gelegenheiten zu intensiver Selbstzuwendung und Augenblicken berührender Selbstwahrnehmung und Selbsterkenntnis bieten. Nach dem Erleben des Bei-sich-Seins kann der Wunsch entstehen, sich nach außen zu öffnen und dort so lange zu verweilen, bis irgendwann wieder die Sehnsucht nach der »Heimkehr« zu sich selbst erwacht. Dies sind sehr individuelle und zugleich allgemeingültige »natürliche« Prozesse: Bei-sich-Sein, Hinausgehen und Zurückkehren, Selbstberührung und »Weltöffnung«.

Beide Positionen sind im menschlichen Leben unverzichtbar. Sie sollten in guter Balance und stets nährend sein. Das hilft uns, lebendig, leistungsfähig und gesund zu bleiben. Schließlich vermag Selbstberührung auch das Gefühl des Selbstmitgefühls und des Selbstwerts zu steigern, was für Menschen, die mit einem geringen Selbstwertgefühl kämpfen, hilfreich sein kann. Das Üben von Selbstmitgefühl und -fürsorge durch Selbstberührung ermöglicht, sich selbst gegenüber freundlicher und verständnisvoller zu sein, was sich wiederum positiv auf das allgemeine Wohlbefinden auswirkt.

2.1.1 Funktionen intentionaler Selbstberührung

Wahrnehmungslenkung. »Selber machen«, sagen Kinder oft, wenn sie das eigene Können erproben und zunehmend selbstständig werden. Selbstberührung bedeutet in Abgrenzung zu Fremdberührung, dass es dabei um die eigene und nicht um die Berührung durch eine andere, »fremde«, Person geht. Uns selbst zu berühren, bietet die einzigartige Möglichkeit, genau zu spüren und auszuführen, wo und wie wir berührt werden möchten. Nicht nur Ort und Qualität der Berührung, auch andere Parameter wie Richtung, Dauer und Intensität können von uns selbst unterbrechungslos ausgeführt, wahrgenommen, feinreguliert und bewertet werden. Dieser Wahrnehmungs- und Handlungskreis beinhaltet Selbstwirksamkeit und Selbstermächtigung. Auch der emanzipatorische Aspekt der Selbstberührung ist von herausragender Bedeutung: Niemand weiß so gut wie ich selbst, was ich brauche und was mir guttut. Mögliche Irritationen durch fremde Berührung sind bei Selbstberührung ausgeschlossen. Wer sich entscheidet, die Aufmerksamkeit für einige Augenblicke von der äußeren Welt abzuziehen und auf den eigenen Körper zu lenken, kann unterschiedliche Arten von Berührungen bemerken: Objektberührungen, Selbstberührungen und innere Berührungen.

Es ist neurophysiologisch nicht möglich, die vielfältigen Eindrücke in jedem Moment gleichzeitig wahrzunehmen; wir können höchstens rasch zwischen diesen Wahrnehmungen hin und her pendeln. Allerdings werden im Hintergrund unseres Bewusstseins alle Empfindungen registriert und verarbeitet. Ins Scheinwerferlicht der bewussten Wahrnehmung tritt jedoch nur, was die Wahrnehmungsschwelle überschreitet. Diese von unserem Gehirn ununterbrochen geleisteten Filterungen lassen lebenswichtige Funktionen ohne Aufwand im Hintergrund ablaufen, ohne dass wir uns darum kümmern müssen. Unser Gehirn filtert alle im Moment unwichtigen Informationen heraus und ermöglicht dadurch, dass wir unsere Aufmerksamkeit vollkommen auf jene Dinge und Aufgaben lenken können, die uns besonders wichtig erscheinen oder denen wir uns zuwenden wollen oder müssen. Alltägliche Selbstberührungen werden daher in der Regel nicht bemerkt und sind dennoch zentrale Funktionen unserer Selbstregulation und unseres Selbstbewusstseins.

Auf diese neuronalen Vorgänge ist auch ein anderer Blick möglich: Sind wir von Sorgen belastet und in unseren Gedanken gefangen, kann es hilfreich sein, die Wahrnehmung bewusst auf den eigenen Körper zu richten – beispielsweise auf die Atmung, den Lidschlag oder die Selbstberührung – und die unterschiedlichen Empfindungen genau zu unterscheiden. Das hilft in Sekundenschnelle dabei, die Aufmerksamkeit vom Grübeln auf körperliche Empfindungen zu lenken. Nicht länger denken zu müssen, sondern den eigenen Körper spüren zu können, wäre für viele Menschen, die zum »Gedankenkarussell« tendieren, eine große Erleichterung. Der Prozess bewusster Wahrnehmungslenkung ähnelt in seiner Wirkung dem Drücken der Resettaste am Computer: Ein Neustart ist möglich (▶ Übungen 3.2.11).

Mitschwingen. Wir sind umhüllt und berührt von Luft und wir berühren diese, solange wir leben. Wenn wir sie in uns aufnehmen, wird Luft zu Atem; und wenn wir unseren Atem entlassen, verbindet er sich wieder mit der Luft. Dieser lebenserhaltende und überwiegend unbewusst ablaufende physiologische Vorgang ist die Atmung. Sie ist jedoch – anders als alle anderen Vorgänge im Inneren unseres Körpers – auch dem Bewusstsein und der willkürlichen Beeinflussung zugängig. Wie wichtig der Atemvorgang ist, wird daran erkennbar, dass ein Mensch mehrere Tage ohne Essen, wenige Tage ohne Trinken, aber nur ein paar Minuten ohne Luft auskommen kann.

Wir können die existenzielle Bedeutung dieses lebenserhaltenden Austauschprozesses erfahren, wenn wir lernen, den Atem zu beobachten und das rhythmische Nehmen und Geben, Empfangen und Wieder-Loslassen bewusst zu spüren. Die Beobachtung des Atemvorgangs kann erstaunliche Erfahrungen vermitteln, wenn wir die mit der Atmung einhergehenden inneren Bewegungen, das feine Strömen und Schwingen der inneren Selbstberührungen bemerken. Diese feinen Wahrnehmungen bedürfen nicht des Berührens mit den Händen. Es handelt sich um ein anderes, weniger vertrautes, aber jederzeit und überall mögliches inneres Tasten.

Neben der Wahrnehmung des Luftstroms ist noch eine weitere mit der Atmung verbundene Selbstwahrnehmung möglich: Die Bewegungen des Brustkorbs. Er hebt und senkt sich, er weitet sich und schwingt wieder zurück. Beim Einatmen werden die Körperwände und zugleich die Lunge gedehnt, beim Ausatmen entspannen sie sich wieder – Dehnung und Entspannung, Engung und Weitung, Aufnehmen und Abgeben: Das ist die »Urbewegung« des Lebens. Diese beweglich zu erhalten, zu steigern und deutlich zu spüren, bedeutet, das eigene Leben und die Lebendigkeit bewusst wahrzunehmen. Diese Bewegung zu verlieren, bedeutet Erstarrung und Tod (▶ Übung 3.2.8).

Diese mit der Atmung verbundenen psychophysischen Vorgänge gehen mit inneren Selbstberührungen einher, die wir wahrnehmen können. Wenn wir lernen, darauf zu achten, kann uns das Gewahrwerden dieser Berührungen und Bewegungen jederzeit zeigen, dass und wie wir leben. Erfahrbar wird uns dabei: Wir sind immer von Luft umgeben. Sie ist Nahrung. Sauerstoff, Stickstoff, richtiger Druck, Temperatur und Feuchtigkeit der Luft sind lebenswichtig. Wir sind immer von ihr berührt, denn das Angrenzende an unsere Haut ist die Luft. Was hin- und hergeht, ist die Luft, die wir ein- und wieder ausatmen. Ein beständiger Austausch von innen und außen durchschwingt uns.

Ergriffensein. Wenn es um Berührung geht, denken wir zuerst an haptische oder taktile Berührungserfahrungen. Doch es handelt sich nicht immer um konkrete Tasterfahrungen, sondern wir können auch unsere Seele und unser Selbst berühren. Berührung ist auch immaterieller Natur. Berühren, Berührtwerden und Berührtsein umfassen beide Bereiche: den physisch-materiellen und den mental-transmateriellen, jenen über das Materielle hinausgehenden, der aber doch an die materielle Basis des Körpers gebunden ist.

Die Grundlage dafür, dass wir berührt sein können, ist die komplexe Ausstattung an Sinnesorganen, Wahrnehmungsmöglichkeiten und emotionaler Resonanzfähigkeit. Mit allen Sinnen sind wir auf die äußere und innere Welt ausgerichtet. Einmal sind wir vom Anblick einer erhabenen Landschaft oder von schöner Musik berührt, ein anderes Mal von uns selbst (▶ Übung 3.2.3).

Selbstberührungen lösen Empfindungen und Gefühle in uns aus, beispielsweise wenn wir die Hände auf die Brust legen, wenn wir das Heben und Senken spüren und erfassen, dass wir atmen und leben. Berührt- und Ergriffensein sind keine Dauerzustände, sondern etwas Vorübergehendes. Derartige Erlebnisse können weder geplant noch erzwungen werden. Allerdings ist es möglich, durch Selbstzuwendung und Selbstberührung günstige Bedingungen dafür zu schaffen, dass solche »Aha-Erlebnisse« und ontologischen Erfahrungen sich immer wieder einmal ereignen.

Selbstregulation. Auf Basis der eigenen Erfahrungen mit Selbstberührung können wir genauer betrachten, was sonst selten beachtet wird: Es gibt Berührungserfahrungen mit Objekten und mit dem eigenen Körper. Diese können sein: Berührungen von Körperteilen mit der Umwelt (dem Stuhl, dem Boden, der Kleidung, mit dem Buch oder mit einer Brille) sowie Berührungen mit dem eigenen Körper (verschränkte Arme, übergeschlagene Beine, zusammengelegte Hände oder aufgestützter Kopf). Wie in der neurobiologischen Erklärung dargelegt (Kap. 1.1.), nehmen wir die Vielzahl und Gleichzeitigkeit all dieser

Berührungen nicht bewusst wahr. Sie werden gefiltert, und alles, was für uns irrelevant ist, gelangt nicht in unser Bewusstsein. Wir wären damit auch überfordert, pausenlos alles wahrzunehmen und womöglich noch bewerten zu müssen. Befreit davon können wir unsere Aufmerksamkeit vornehmlich auf jene Dinge richten, die uns interessieren und wichtig erscheinen.

Eigene Berührungen nehmen wir in der Regel kaum wahr. Das ist verständlich, denn sie stellen keine Gefahr für uns dar. Wir selbst sind deren Initiatoren und können ihre Wirkung einschätzen. Wir werden uns – bei gesundem Geist und gesunder Psyche – nicht gefährden oder absichtlich Schmerz zufügen. Anders ist die Situation bei Berührungen mit Objekten. Im Kontakt mit ihnen sind wir aufmerksamer und bemerken sofort, ob der Sand unter den Füßen zu heiß ist, ob wir auf einem spitzen Stein sitzen, ob eine Biene in unser Haar geraten ist und wie der Stoff des neuen Pullovers sich auf der Haut anfühlt (▶ Übungen 3.2.4).

Noch aufmerksamer nehmen wir Berührungserfahrungen mit anderen Menschen wahr: aktive Fremdberührungen, wenn wir eine andere Person berühren, und ganz besonders passive Fremdberührungen, wenn eine andere Person uns berührt. Bei Letzterem werden die Berührungen je nach sozialer und emotionaler Bedeutung, die diese Person für uns hat, umgehend als neutral, unangenehm oder aber als angenehm bewertet. Ergänzend zu den aktuellen Wahrnehmungen beeinflussen vorgängige Erfahrungen oder antizipierte Befürchtungen, wie unsere Bewertungen ausfallen, und mahnen zur Vorsicht oder lassen uns entspannen.

Diese komplexen Vorgänge geben uns – wie alle Sinnesempfindungen – Informationen über die Außenwelt, damit wir uns in der Welt orientieren können. Ohne diese Informationen – wie genau auch immer sie ins Bewusstsein gelangen oder nicht – wären wir »verloren«, wir wären physiologisch, biologisch und sozial nicht lebensfähig.

Ob nun Selbst- oder Fremdberührungen, bewusst oder unbewusst, aktiv oder passiv, mittelbar oder unmittelbar, an Objekten oder Lebewesen: Alle Berührungserfahrungen geben uns das Gefühl zu existieren und vermitteln uns eine auf konkreten Empfindungen beruhende Daseinsgewissheit.

Die zu bewussten Wahrnehmungen gebündelten Informationen sind für uns so wichtig, dass sie fortlaufend aktualisiert werden. Aus Sicht der Neurowissenschaft überprüft unser Gehirn laufend die Übereinstimmung unserer inneren Welt mit der äußeren (Roth u. Strüber, 2022, S. 254–264). Auf diese Weise erhalten wir prozessual generierte und immer aktuelle Selbstbilder.

Die Vielzahl und Vielfalt an sinnhaften Informationen aus der Außen- und Innenwelt sind Grundlage für Selbstregulationen, mit denen wir uns auf die

Erfordernisse der jeweiligen Situation einstellen, um angemessen reagieren und handeln zu können. Die lebenserhaltenden Feedbackschleifen ermöglichen uns, die Körpertemperatur zu regulieren, die Atmung den Erfordernissen anzupassen, auf Hunger- oder Durstempfindungen zu reagieren und rechtzeitig zur Toilette zu gehen. Der Vollzug dieser Regelkreise wird »fungierende oder latente Intentionalität« (Merleau-Ponty, 2004, S. 308) genannt. Sie laufen unbemerkt in unserem Inneren ab – zweckgebunden, aber nicht absichtsvoll – und halten unseren Organismus in einem ausgewogenen, lebensfördernden Gleichgewicht. Diese dynamischen Prozesse werden in der Biologie und der Medizin als »Homöostase« und in den Sozialwissenschaften (Maturana u. Varela, 2018) als »Homödynamik« bezeichnet. Merleau-Ponty (2004, S. 308) rät dazu, sie ernst zu nehmen und weiterzuentwickeln, denn sie bilden die Basis unseres biologischen Lebens und unserer psychosozialen Gesundheit. Sie sollten wachen Empfindungen und bewussten Wahrnehmungen zugänglich werden. Der Aufbau eines prägnanten Selbstbilds und positiven Selbstwertgefühls hängt in hohem Maße davon ab.

2.1.2 Intentionale Selbstberührung als bewusste Leiberfahrung

Noch bevor wir die Welt mit dem Verstand zu »begreifen« beginnen, erkunden wir mit Händen und Mund die Um- und Mitwelt, aber auch uns selbst. In dieser Weise sammeln wir basale Grunderfahrungen über die Elemente, aus denen die Welt gemacht ist, und prägen sie uns ein.

Von Muskel zu Geist und von Geist zu Muskel

Selbstberührungen beleben nicht nur die Haut, sondern auch die darunter befindliche Muskulatur. Am Beispiel der Selbstberührung des Gesichts lassen sich zwei wichtige Aspekte und Metaziele der Idiopraxie verdeutlichen: Selbstberührungen dienen primär dazu, den eigenen Körper in allen Regionen und Funktionen zu beleben (Spille et al., 2022) und besser kennenzulernen. Ein darauf aufbauendes Ziel ist es, diese neu gewonnene Lebendigkeit in den Alltag mitzunehmen und dadurch das Wohlbefinden zu steigern sowie die Gesundheit zu fördern. Beim Gesicht kommt noch ein weiterer sehr wichtiger Aspekt hinzu: Die Belebung des Körpers und insbesondere der Mimik hat einen positiven Einfluss auf die Kommunikation.

Die Technik des »Berührens, ohne zu berühren« soll nachfolgend zunächst am Gesicht vorgestellt werden. Hierbei geht es darum, eine Körperregion in einem ersten Schritt durch Selbstberührungen zu beleben und empfindungsfähig zu machen. Dieser ersten Belebung folgt in einem zweiten Schritt ein von innen kommendes sehr feines Bewegen, das starke neurophysiologische und psychomotorische Auswirkungen hat und das Spüren verstärkt. Die Qualität der inneren Empfindungen ähnelt dabei der äußerlichen Selbstberührung (▶ Übungen 3.2.6).

Am Kopf befinden sich die Sinne für Hören, Sehen, Schmecken und Riechen sowie das Gleichgewicht. Unsere Augen werden heute durch visuelle Medien und schnell wechselnde optische Informationen besonders stark gefordert und sind oft überanstrengt. Diese Überforderung geht häufig mit Verspannungen der Stirn und der Schläfen einher und verursacht Kopfschmerzen. Manchmal versuchen wir unwillkürlich, uns mit spontanen Selbstberührungen zu entspannen: Wir reiben die Augen, massieren die Schläfen oder legen das Gesicht in die Hände. Diese Unterbrechungen dienen nicht nur der Entspannung der Gesichts- und Nackenmuskulatur, sondern auch der Erholung des überlasteten Nervensystems.

Auch durch Anspannen der einen oder anderen Muskelgruppe der mimischen Muskulatur können die wie ein Spinnennetz miteinander verbundenen Gesichtsmuskeln aktiv betätigt werden. Dies ist keine direkte Selbstberührung mit den Fingern, es kann sich jedoch ähnlich anfühlen, denn die feinen mimischen Bewegungen gehen mit feinen Empfindungen einher, und die Einheit von Motorik und Sensorik wird dabei gut erfahrbar.

Deutlich wird hierbei, wie eng Muskeln, Empfindungen und Gefühle miteinander verbunden sind. Dieser Zusammenhang ist neurologisch erklärbar, denn die mimische Muskulatur ist sehr vielfältig mit unterschiedlichen Arealen des Gehirns verbunden. Besonders bedeutsam ist die Verbindung der Augen zum limbischen System, jener Region im Gehirn, die unsere Gefühle maßgeblich reguliert (▶ Übungen 3.2.9; 3.3.11).

Vor diesem Hintergrund ist auch nachvollziehbar, warum eine bewusst aufgesetzte entspannte oder freundliche Mimik in einen entspannten oder freundlichen emotionalen Zustand versetzen kann. Dieser Vorgang wird in Psychophysiologie und Sportmedizin Muskel-Geist-Verbindung (englisch *muscle mind connection*) genannt. Dies wird als ein Bottom-up-Prozess (von unten nach oben) verstanden, kann aber auch umgekehrt werden: von Geist zu Muskel (englisch *mind to muscle*) bzw. *top down* (von oben nach unten) (Taylor, Goehler, Galper, Innes u. Bouguignon, 2010). Wir können uns also mental in einen entspannten und sicheren Zustand versetzen, indem wir z. B. an eine schöne Landschaft oder angenehme Begebenheit denken, und diese Gedanken, Erinnerungen oder inneren Bilder werden sich nach kurzer Zeit in unserem

Gesicht widerspiegeln. Wir erleben die positiven »alten« Gefühle aus den erinnerten Momenten wieder.

Kein Lebewesen hat so viele Muskeln im Gesicht wie der Mensch: Es sind 97, die alle – bis auf den »schlanken Muskel« (Musculus procerus, oberhalb der Nase zum Naserümpfen) – paarig angelegt sind (Diogo u. Santana, 2017). Diese große Anzahl macht deutlich, wie wichtig die Mimik – als aktive und als passive mimische Kompetenz – für unsere menschliche Kommunikation ist: Eine lebendige Mimik zeigt Gedanken und Gefühle (aktive Kompetenz) und wird für andere lesbar. Die Fähigkeit, die Mimik anderer Menschen zu lesen (passive Kompetenz) wird durch die eigene lebendige mimische Ausdrucksstärke begünstigt. Beide Fähigkeiten sind auf das Engste miteinander verbunden und lassen sich durch Selbstberührungen im Gesicht wunderbar trainieren.

Bewusstes Erleben der Sinne

Es gibt viele sinnliche Selbstwahrnehmungen: Neben Anschauen und Bewegen könnten wir an der Hand lecken und sie schmecken oder an ihr riechen. Wir können sie berühren und Tasterfahrungen machen. Zudem gibt es auch ein inneres Tasten, ein Spüren des Körpers ohne äußere Berührung. Diese Form der Selbstwahrnehmung wird »Propriozeption« genannt. Die Sinne nach innen auf sich selbst zu richten, zielt darauf ab, sich deutlich zu spüren und sich des eigenen Selbst zu vergewissern, ohne darüber nachdenken zu müssen.

Die Fähigkeit zu bewusster innerer Selbstwahrnehmung ist eine optimale Voraussetzung dafür, gesund zu bleiben, denn es besteht die Möglichkeit, körperliche oder seelische Störungen frühzeitig zu erkennen und zu beheben. Zur Schulung der Propriozeption gibt es zwei primäre Wege, um inneres Tasten zu schulen: berühren (von außen) und bewegen (von innen), aber auch spüren, ohne zu berühren und ohne zu bewegen.

Das persönliche Leben und das Überleben der Menschheit hängen vorrangig von zwei Dingen ab: von Ernährung und von Fortpflanzung, also von Essen und Trinken und von Sexualität. Damit wir beides gern und immer wieder tun, wendet die Natur einen Trick an: Sie verbindet das biologisch Notwendige mit dem Sinnlichen. Sowohl beim Essen als auch bei Berührungen und beim Sex haben wir meist angenehme Gefühle, lustvolle Empfindungen und Befriedigung – unabhängig davon, ob wir es zusammen mit einer anderen Person oder allein erleben.

Selbstberührung ist immer an sinnliche und meist auch an lustvolle Empfindungen gebunden. Schon früh entdecken Babys als erstes Spielzeug ihre Zehen und Finger. Etwas später werden die Geschlechtsorgane gefunden, mit denen wir gern ein Leben lang »spielen«. Ob und wie deutlich wir diese Selbstberührungen wahrnehmen, wie wir sie erleben und bewerten, ist eine andere Frage. Die »Reinheit« sinnlicher Empfindungen wird durch Erziehung schon früh von Normen, Bewertungen und Verboten überlagert. Aufforderungen wie »Fass da nicht hin«, »Hände aus der Hose«, »Greif dir nicht ins Gesicht«, »Hände weg vom Mund« und »Die Haare nicht berühren« verursachen Scham und Ängste. Schnell werden wir dadurch im Zusammenhang mit Verhaltensweisen, die wir anfangs als »natürlich«, angenehm und lustvoll empfinden, verunsichert. So erfassen wir durch ausgesprochene – und noch mehr durch unausgesprochene – Maßregelungen, was unsere Eltern von uns wollen und was die Gesellschaft für richtig oder falsch, gut oder böse, erlaubt oder verboten hält.

Das Thema »Selbstberührung« wirkt stark irritierend. Das haben wir als Autoren auch bemerkt, wenn wir von unserem Plan erzählten, ein Buch darüber zu schreiben. Manche erstaunten Blicke verrieten, dass Selbstberührung schnell mit Selbstbefriedigung gleichgesetzt wird. Beides hat miteinander zu tun, denn beides ist sinnlich und lustvoll, aber es ist nicht das Gleiche. Sie liegen nahe beieinander, wenn wir beide vor dem Hintergrund einer langen Tradition christlich-kirchlich geprägter Körper-, Lust- und Sexualfeindlichkeit sehen. Die Auswüchse dieser zerstörerischen Leibfeindlichkeit zeigt z. B. der Film »Das Weiße Band« (2009) von Michael Haneke: Der protestantische Pastor bindet seinem jugendlichen Sohn vor dem Schlafengehen beide Hände fest an die Bettkante, damit er nicht unter die Decke greift und sich berühren bzw. onanieren kann. Als Symbol für ihr tugendhaftes Verhalten und ihre »Unschuld« lässt der Vater seine Kinder am Tag ein weißes Band tragen.

Nicht alle Leser:innen haben derart schlimme Erfahrungen gemacht, aber wir alle haben eine ganz persönliche Geschichte mit Sinnlichkeit, sexueller Stimulation und Solosexualität und Selbstberührung. Vielleicht ist sie uns unter die Haut gegangen oder steckt uns noch in den Knochen. Es ist gut, sich daran zu erinnern, denn unsere Beziehung zum eigenen Körper hängt wesentlich davon ab. Sind die eigenen Erfahrungen und Erinnerungen nicht angenehm, können neugierige, achtsame und freundliche Selbstberührungen, die wir in der Gegenwart machen, zu neuen und positiven Empfindungen und Erfahrungen führen. Selbstberührung ist immer sinnlich, denn viele tausend Sinneszellen sind daran beteiligt. Was eine Person genau wahrnimmt und wie sie es bewertet, ist individuell (Tab. 3).

Tabelle 3: Unterscheidung objektiver Qualitäten (z. B. weich – hart, warm – kühl, trocken – feucht, glatt – rau)

Unterscheidungsbereich	Bewertungsstufen		
Empfindung	angenehm	nichts	unangenehm
Vertrautheit	vertraut	weniger vertraut	unbekannt
Lust	lustvoll	erotisch stimulierend	neutral

Beeinflussen des Körperinneren

In einem lebendigen Körper gibt es viel Bewegung, denn ein lebendiger Organismus ist ein bewegter und sich bewegender, z. B. Atemschwingung, Herzschlag, Verdauung, Blutfluss. Das Leben ist gefährdet, wenn diese vitalen Prozesse behindert oder eingeschränkt werden. Wenn sie aufhören, tritt Erstarrung ein, und das bedeutet den Tod.

Alle Biorhythmen sind primär Bewegungen. Viele davon sind spürbar, auch wenn sie äußerlich nicht sichtbar oder nur sehr klein sind. Damit verbunden sind Veränderungen in Lage, Raum, Form und Tonus sowie das Gleiten von Gewebestrukturen aneinander. All das ist spürbar, denn wir berühren uns dabei selbst: Die Lunge gleitet beim Atmen an den inneren Wänden des Brustkorbs entlang, das dehnbare Gewebe der Lunge sowie die unteren Verästelungen des Bronchialbaums verändern ihre Länge und Spannung, die Rippen spreizen sich ein wenig und ziehen sich wieder zusammen.

Wir wissen bereits, dass diese fungierenden, nichtintentionalen Aktivitäten lebenserhaltend sind und wir darüber nicht nachdenken müssen. Es liegt in unserer Natur, dass wir nicht bemerken, was funktioniert. Sobald jedoch etwas nicht mehr reibungslos läuft, fällt es uns auf – manchmal kaum spürbar, manchmal als lebensbedrohlichen Alarm. Dann sind wir gefordert, das reibungslose Funktionieren rasch wiederherzustellen.

Eine zentrale Absicht der intentionalen Selbstberührung ist es, lebenserhaltende Prozesse, innere Bewegungen und innere Berührungen immer deutlicher wahrzunehmen und mit ihnen vertraut zu werden. Das hat mehrere Vorteile:
- Es macht uns mit unseren physiologischen Vorgängen vertraut, und wir können die »Rufe der Natur« hören: Hunger oder Sättigung, Frieren oder Schwitzen, Harndrang, Durst. Wir bemerken rechtzeitig, wenn etwas »nicht stimmt«, und sind in der Lage, Gegenmaßnahmen einzuleiten.
- Gute Kenntnisse und feine Wahrnehmungen des Körpers sind eine starke Motivation, den eigenen Körper zu pflegen und gesund zu halten – mit

wertvoller Nahrung, ausreichend Bewegung und einem Gespür für Aktivität und Ruhe.
- Durch Selbstzuwendung und intentionale Selbstberührungen werden wir mit unserem physiologischen Körper und lebendigen Organismus vertraut. Wir bekommen ein »Gefühl« und ein Bewusstsein für unsere biologische Existenz. Diese ist an den materiellen Körper gebunden. Er ist die Basis für alle höheren Funktionen und ermöglicht z. B. Fähigkeiten wie Fühlen, Denken, Erinnern, Planen.

Wenn wir gelernt haben, unsere inneren Prozesse und Bewegungen deutlich zu spüren, können diese Wahrnehmungen wieder in den Hintergrund des Bewusstseins rücken. Mit dieser verfeinerten Sensibilität haben wir bessere Voraussetzungen, gesund zu bleiben, als wenn wir nichts oder nur wenig spüren. Wir können die Verantwortung für unseren Körper nun vermehrt in die eigenen Hände nehmen und müssen sie nicht gleich Ärzt:innen bzw. dem medizinischen System übergeben. Intentionale Selbstberührung ist somit ein emanzipatorischer und wirkungsmächtiger Impuls zur eigenverantwortlichen, persönlichen Gesundheitsentwicklung (▶ Übungen 3.2.11).

Ausnutzen der »Doppelgesichtigkeit« von Selbstberührung

Wir sind zugleich Subjekt und »Objekt« unserer Wahrnehmungen, in Personalunion bewegen und spüren wir uns und nutzen dabei unser sensomotorisches Potenzial. So haben Berührungen zwei Richtungen: von der tastenden Hand zum Rumpf oder Kopf und auch in die andere Richtung vom Kopf oder Rumpf zur Hand. Wir bemerken, wie die Fingerkuppen tastend über die Augenlider oder unsere Handinnenseiten über die Haare gleiten. Zugleich spüren wir uns an den berührten Körperregionen und werden dort aufmerksamer und empfindungsbewusster. Wir bemerken Druckunterschiede und das Tempo der Berührungen und stellen fest, dass dabei Gefühle und Erinnerungen auftauchen können. Wir begreifen uns. Mit dem Entdecken unterschiedlicher Körperregionen und der Erfahrung verschiedener Oberflächen, Temperaturen, Bewegungen und Konturen bilden sich im Gehirn innere Bilder, Repräsentationen von uns selbst. Diese wichtige Funktion kann durch Selbstberührung in einzigartiger Weise erzielt werden.

Die komplexen und hochdifferenzierten Möglichkeiten haben wir im Laufe unserer Entwicklungsgeschichte, der Phylogenese, erworben. In permanenter Auseinandersetzung und Anpassung an die Umwelt haben wir Schmerz- und Chemorezeptoren, Druck- und Thermosinneszellen entwickelt. Sie garantieren die Grundfunktionen unseres Lebens und dienen dazu, uns an die jeweiligen

Umweltbedingungen anzupassen. Besonders viele dieser Rezeptoren befinden sich in der Haut (z. B. Milz, 1992, 2019; Milz u. Varga, 1998). Als Körpergrenze und größtes Sinnesorgan ermöglicht sie zugleich An- und Abgrenzung.

Hier erfolgen feinste Regulationen zwischen den inneren physiologischen Systemen und der äußeren Welt. Auch unter der Haut gibt es viele Sinneszellen, mit denen wir differenziert wahrnehmen können. Jeder Zentimeter unseres Körpers, jede Zelle unseres Organismus ist sensibel und belebt. Der Mensch ist ein »totales Sinnes- und Handlungsorgan« (Petzold, 1996, S. 196).

Die allgemeine phylogenetisch erworbene Ausstattung muss im Lauf der individuellen Entwicklung, der Ontogenese, genutzt und fein eingestellt werden. Diese Lern- und Entfaltungsprozesse beginnen bereits pränatal in der Gebärmutter, in der die Phylogenese wie im Zeitraffer nachgezeichnet wird. Nach der Geburt erfolgen individuelle Ausprägungen in den Prozessen der Anpassung und Auseinandersetzung mit der Umwelt und den jeweiligen Sozial- und Lebensbedingungen. Dabei bilden wir auch eigene Formen der Selbstberührung aus, die uns nur selten bewusst sind. Oft dienen sie der Beruhigung oder dem Verreiben von Schmerz. Auch emotionale und mentale Irritationen, Störungen und das Erleben von Stress führen zu Selbstberührungen. Sie dienen der Selbstregulation und können Unwohlsein in Wohlbefinden verwandeln.

Zahlreiche unwillkürliche Selbstberührungen begleiten emotionale Stimmungslagen wie Nachdenklichkeit, Verunsicherung, Sorge, Trauer oder Müdigkeit. Dazu gehören Gebärden, mit denen wir den Mund, die Augenpartie oder das ganze Gesicht bedecken und den Kopf stützen sowie Gesten, mit denen wir das Kinn, die Nase oder die Stirn berühren. Gefühle der Freude, der Begeisterung oder des Erstaunens sind ebenfalls häufig von Selbstberührungen begleitet: Vor Glück klatschen wir uns auf die Schenkel oder in die Hände oder fassen uns ungläubig an den Kopf. In der Kommunikation mit anderen Menschen treten Selbstberührungsgesten meist bei Verlegenheit oder Scham auf. Wir können uns aber auch verführerisch über die Haare streichen oder die Lippen lecken und damit einer anderen Person eine Botschaft senden, ohne dass uns selbst bewusst wird, was wir da tun (Grammer, 2005, bes. S. 57–63).

2.2 Idiopraxie: Definition, Prinzipien und Ziele

2.2.1 Dimensionen und Arbeitsweisen der Idiopraxie

Als intentionale Selbstberührung bezeichnen wir alle mit Bewusstsein und Absicht ausgeführten Berührungen des eigenen Körpers, die darauf ausgerichtet sind, sich selbst eigenverantwortlich und selbstwirksam zu begreifen und als Körper-Seele-Geist-Einheit mit der eigenen Natur in Verbindung zu kommen. Oberstes Ziel ist es dabei, mithilfe von freundlicher Selbstzuwendung und achtsamer Selbstberührung im eigenen Körper ein vertrautes Zuhause zu finden – mit allen Sinnen, mit differenziertem Empfindungsbewusstsein, mit lebendigen Gefühlen und mit wachsendem Interesse.

Das Einzigartige an der Praxis der intentionalen Selbstberührung, die wir Idiopraxie nennen, liegt darin, dass eine Person sich selbst mit »doppelgesichtigen« Selbstberührungen erlebt: Sie ist berührendes und berührtes Subjekt in Personalunion. Das bietet besondere Möglichkeiten und viele Vorteile: Die Selbstberührungen werden in eigener Verantwortung und in zirkulären Rückkopplungsprozessen von Berühren und Spüren, Handeln und Wahrnehmen gestaltet. Irritationen, die durch Fremdberührungen verursacht werden können, sind damit ausgeschlossen. Umgesetzt werden kann auf diese Weise das primäre und handlungsleitende Prinzip der Idiopraxie – eine von Neugier und Wohlwollen getragene freundliche Selbstzuwendung, die Selbstvertrauen und Sicherheit schenkt und Stress und Schmerzerleben zeitweise aussetzt.

Bei der Selbstberührung unterscheiden wir zwischen Orten, Formen und Parametern sowie Handlungs- und Erlebnisweisen der Selbstberührung (Tab. 4).

Tabelle 4: Dimensionen der Idiopraxie

	Dimension der Idiopraxie	Funktion, Ziele
Orte	anatomisch-geografische Dimension	Die gewählten Orte folgen biologisch-anatomischen Gesichtspunkten. Es geht darum, den gesamten Körper in allen Regionen und Strukturen systematisch und möglichst vollständig kennenzulernen und zu erleben.
Formen und Parameter	handwerklich-technische Dimension	Hierbei geht es darum, unterschiedliche Berührungsmöglichkeiten kennenzulernen und am eigenen Leib zu erproben.
Handlungs- und Erlebnisweisen	individuelle und kreativ gestaltete Dimension	Ziel ist es, das eigene Handeln zu schulen und das Erleben zu differenzieren. Dabei werden individuelle Bedürfnisse, Vorlieben und Abneigungen sowie der persönliche biografische Hintergrund von Berührungserfahrungen einbezogen und mit den Orten und Parametern der Selbstberührung in Beziehung gesetzt.

Wir differenzieren in der Idiopraxie die stimulierende, explorative, relaxive, kurative und die integrierende Arbeitsweise bzw. Zielrichtung (Tab. 5). Die Übergänge zwischen den unterschiedlichen Arbeitsweisen – belebend, erkundend, regulierend, heilend und integrierend – und den individuellen Handlungs- und Erlebnisweisen sind fließend.

Tabelle 5: Arbeitsweisen und Zielrichtungen der Idiopraxie (IP)

IP-Arbeitsweise	Art der Selbstberührung	Ziel
stimulierende IP	belebende Selbstberührungen	Wecken von »schlafenden« Körperregionen; Beleben und Erleben
explorative IP	tastende, erforschende Selbstberührungen	Erkunden, Entdecken, Benennen
relaxive IP	tonisierende und regulierende Selbstberührungen	Spannungsausgleich
kurative IP	lindernde und tröstende Selbstberührungen	Selbstannahme, Selbstfürsorge
integrierende IP	Integration der zuvor differenzierten Regionen und der unterschiedlichen Sinneswahrnehmungen durch Selbstberührung	Wiederaneignung »verlorener« Körperregionen; Integrieren positiver und negativer Gefühle; Wecken bzw. Überschreiben von Erinnerungen; Re-integration, Coping und Heilung

Idiopraxie kommt in pädagogischer, gesundheitsfördernder, erlebnisfördernder, pflegerischer und therapeutischer Ausrichtung zur Anwendung. Sie kann in Einzelsitzungen oder in Übungsgruppen vermittelt werden. Das zentrale übergeordnete Fernziel aller Anwendungsformen ist die Befähigung dazu, sich selbst jederzeit und in eigener Verantwortung kompetent berühren zu können.

2.2.2 Handlungsleitende Grundlagen zur Methode der Idiopraxie

In der Welt der Selbstberührung sind wir mit der Idiopraxie keineswegs die Pioniere. Schon seit Jahrhunderten nutzen Menschen die heilende Kraft der Berührung, um Körper und Geist in Einklang zu bringen.

Dies gilt z. B. für das Strömen, Jin Shin Jyutsu (z. B. Millspaugh et al., 2021; Petelkau, 2012; Searls u. Fawcett, 2011), eine traditionelle japanische Methode, die die Energiebahnen des Körpers durch gezieltes Handauflegen harmonisiert, oder die Breema-Selbstberührung (z. B. Ehl-Wilhelm u. Schneider, 2002), eine sanfte Kunst, die den Körper durch behutsame Bewegungen nährt und das Gleichgewicht zwischen unseren physischen und emotionalen Zuständen wiederherstellt. Auch die Esalen-(Selbst-)Massage nach Dean Marson (esalen.org) taucht tief in die Gewebe ein, löst Verspannungen und fördert die Beweglichkeit, während die Faszienmassage mit Rollen das Bindegewebe gezielt bearbeitet, um Schmerzen zu lindern (z. B. Arend, 2020). Bodypercussion (z. B. Cubasch, 1997, S. 60–63; Moritz, 2013) verwandelt den Körper in ein rhythmisches Instrument, und die Progressive Muskelrelaxation (z. B. Hainbuch, 2021; Bühler, 2017) bietet eine strukturierte Methode zur Entspannung. Gebetshaltungen wie die gefalteten Hände aus religiösen spirituellen Traditionen, Mudras als symbolische Hand- und Fingerhaltungen (z. B. Christiansen, 2024; Teixeira, 2020), Akupressur (z. B. Ty-Kisera, 2021; Wagner, 2020), Shiatsu-Selbstmassage (z. B. Sievers u. Loh, 2015) und das therapeutische Klopfen, Tapping, (z. B. Ortner, 2014) sind weitere Beispiele für die Vielfalt der Selbstberührungstechniken.

Während viele dieser Techniken spezifische Punkte oder Handhabungen betonen, legt die Idiopraxie Wert auf eine freie und ganzheitliche Annäherung an den Menschen. Sie geht über die physische Berührung hinaus und integriert emotionale und kognitive Aspekte, um eine tiefgreifendere Wirkung zu erzielen. Die Methode unterstützt den Menschen dabei, sich selbst zu entdecken und zu heilen. Diese umfassende Herangehensweise unterscheidet die Idiopraxie von anderen Selbstberührungsmethoden und macht sie zu einem einzigartigen Werkzeug in der Welt der Körperarbeit.

Die intentionale Selbstberührung stellt eine hilfreiche Fähigkeit dar, die mühelos und jederzeit mithilfe dieses Buchs und weiterführender Seminare erlernt und angewendet werden kann. Dennoch differenzieren wir die Anwendung für Praktizierende aus der Psychotherapie sowie anderen körpertherapeutischen Bereichen und bezeichnen die intentionale Selbstberührung im therapeutischen Kontext als Idiopraxie.

Idiopraxie meint den Einsatz bzw. die Anleitung zu bewusster und zielgerichteter Selbstberührung im leibtherapeutischen Zusammenhang. Durch das Gewahrwerden alltäglicher Selbstberührungen, durch angeleitete Selbstberührungssequenzen und das Erlernen eigener heilsamer Selbstberührungen, können positive Effekte auf Gesundheit erzielt, die Verbindung von Selbst, Körper und Geist gestärkt sowie Selbstheilungskräften gezielt aktiviert bzw. behandelt werden. Das Besondere liegt in der Rückkopplungsschleife, da die Person zugleich Berührende und Berührte ist. Wahrnehmung und Handlung werden in feinsten Abstimmungen auf eine unvergleichliche Weise koordiniert, sodass auf individuelle Bedürfnisse spezifisch eingegangen werden kann (▶ Übungen 3.2.11).

Bevor nun verschiedene Anwendungsdimensionen der Selbstberührung dargestellt werden, möchten wir einige handlungsleitende, theoretische Grundlagen zur Methode vermitteln. In der Idiopraxie gehen wir von einem ganzheitlichen Menschenbild aus, bei dem der Mensch als Körper-Seele-Geist-Einheit verstanden und behandelt wird. Die unterscheidbaren Bereiche dieser Einheit – Körper oder Seele oder Geist – lassen sich nur theoretisch unterteilen, im Vollzug des Lebens ist eine Person immer *ganz*. In der Praxis der Selbstberührung bedeutet dies: Wir fördern ein Bewusstsein dafür, dass differenzierende und integrierende »Körperarbeit« immer zugleich auch Arbeit an den Gefühlen und am Verstand ist und dem Erleben und der Bewusstheit der Ganzheit dient.

Des Weiteren gehen wir in unserer Arbeit davon aus, dass menschliches Leben von zwei grundlegenden Beziehungsdimensionen geprägt ist: von der Beziehung zu sich selbst und von der Beziehung zur Mit- und Umwelt. Beide sind untrennbar miteinander verbunden und beeinflussen sich gegenseitig. Idiopraktische Körperarbeit zielt darauf ab, dass es – für das individuelle Wohlergehen wie auch für ein verträgliches soziales Miteinander – von herausragender Bedeutung ist, zuerst zu lernen, mit sich selbst in Kontakt zu sein, gut auf sich selbst zu achten und freundlich mit sich umzugehen. Das bedeutet, die persönliche Körper-Seele-Geist-Existenz sorgsam zu pflegen und eigene Bedürfnisse spüren und befriedigen zu können. Wer dies lernt und in tägliches Handeln umsetzt, schafft optimale Voraussetzungen dafür, auch mit der Mit- und Umwelt sorgsam, freundlich und friedlich umzugehen und sie so zu gestalten, dass die Strukturen der Arbeits- und Lebenswelt das Leben der Individuen nicht beschädigen und keine vermeidbaren Probleme oder Krankheiten verursachen.

Diese anthropologisch-ethischen Metaziele und Gesundheitskonzepte (Kennzeichen der Integrativen Therapie; Leitner u. Höfer, 2020) lassen sich in ganzheitlichen pädagogischen und therapeutischen Verfahren realisieren, wie beispielsweise in der Integrativen Therapie (IT, Gründer: Hilarion G. Petzold; bes. Petzold, 2003) oder in der Themenzentrierten Interaktion (TZI, Gründerin: Ruth Cohn; bes. Cohn, 2021). Cohn, selbst Pädagogin, Psychologin und Therapeutin sowie Begründerin der TZI und des Institute for Living-Learning, betonte die fließenden Übergänge zwischen erzieherischem, (sozial- und heil-)pädagogischem und therapeutischem Handeln (Cohn, 2021). Diese Sichtweise macht verständlich, dass liebevolle Erziehung und gute Pädagogik spätere Therapie überflüssig machen und warum Therapie im späteren Leben immer auch nachträgliche Erziehung ist.

Auch wir gehen in der Idiopraxie von diesen Verbindungslinien zwischen Erziehung, Pädagogik und Therapie aus. Zusätzlich möchten wir die Bedeutung herausragender Erlebnisse, sogenannter Aha-Ereignisse bzw. Erfahrungen vitaler Evidenz, hervorheben. Dabei handelt es sich um Momente, bei denen ein Mensch sich zugleich auf der körperlichen, geistigen und gefühlsmäßigen Ebene angesprochen fühlt und tief berührt wird. Sie wirken belebend und bleiben in Erinnerung. Ihre verändernde Kraft entfaltet sich vor allem dann, wenn sie mit dem eigenen Körper zu tun haben und aus eigener Wirkmacht entstehen.

Die folgenden vier Anwendungsbereiche und Zielfelder der Idiopraxie möchten wir bewusst machen und ins konkrete Handeln überführen:

Bewusstsein für Selbstberührung entwickeln und Kenntnisse gewinnen. Erstes Ziel ist es, Selbstberührung aus dem Dunkel des Unbewussten ins Licht des Bewusstseins zu heben und Übersehenes sichtbar zu machen. Dazu ist es lediglich erforderlich, die alltäglichen Erscheinungsformen von Selbstberührung wahrzunehmen. Ergänzend dazu werden Informationen zum Phänomen vermittelt (Kap. 1 und 2). Damit sind Neugier und Interesse geweckt, und bisher Unbeachtetes wird künftig mehr beachtet. Dieses Gewahrwerden ist ein erster Veränderungsschritt.

Alltägliche Selbstberührung bzw. natürliche Idiopraxie bewusst machen. Selbstberührung geschieht im Alltag überwiegend unbewusst und beiläufig. Idiopraxie verfolgt die Absicht, dieses zur menschlichen Natur gehörige Verhalten bewusst zu machen und spürend zu erleben. Dies ist sinnvoll, denn Selbstberührung ist von großem Wert für unser Wohlbefinden. Je mehr Bewusstheit (Wissen) und Bewusstsein (Empfindung) wir über diese Zusammenhänge haben, desto mehr findet achtsame Selbstberührung statt, die dem Erhalt der Gesundheit dient.

Idiopraxie als intentionale Selbstberührung für pädagogische Kontexte praktizieren und erlernen. Intentionale Selbstberührung ist die bewusste und absichtsvolle Anwendung und systematische Vermittlung von Selbstberührung in unterschiedlichen erzieherisch-pädagogischen Kontexten: im familiären Alltag, im schulischen Rahmen, in der Ausbildung von Personen, die in Pädagogik, Psychologie, Heilpädagogik, Pflege oder Medizin mit Menschen arbeiten. Vor allem geht es darum, sich mit dem eigenen erfahrbaren Leib und dem wissenschaftlichen Körper vertraut zu machen, Kenntnisse zu Berührung und Selbstberührung zu gewinnen und unterschiedliche Berührungsmöglichkeiten im Zusammenhang mit deren Anwendungspotenzialen für unterschiedliche Zielgruppen zu erlernen.

Idiopraxie als therapeutische Selbstberührung. Therapeutische Idiopraxie ist die zielgerichtete Anwendung von Selbstberührung als Intervention in einem therapeutischen Kontext. Jede Selbstberührungsmaßnahme muss im Prozess eines Behandlungsverlaufs in Bezug zur Indikation und Zielsetzung auf die persönliche Situation von Patient:innen zugeschnitten sein und überprüft werden. Die Wirksamkeit der Idiopraxie als therapeutische Maßnahme wird sich auf diese Weise künftig in der individuellen Praxis bewähren und in klinischen Studien erweisen müssen (▶ Übungen 3.2.12; 3.2.13).

2.2.3 Nutzen der Idiopraxie für die einzelne Person

Heilsame Selbstfürsorge

Die positiven Auswirkungen ergeben sich durch Emotionsregulation, Reduktion von Gefühlen sozialer Isolation, Stärkung des Sicherheitsgefühls und der Geborgenheit. Sie ist eine heilsame Selbstfürsorge auf psychischer und körperlicher bzw. leiblicher Ebene. So kann beispielsweise eine Linderung von körperlichen Schmerzen durch Selbstberührung erreicht (z. B. Kammers et al., 2010) und einfach therapeutisch eingesetzt werden, z. B. durch das Reiben eines schmerzenden Muskels oder das Massieren der Stirn bei Kopfschmerzen. Selbstberührungen können den Spiegel des Stresshormons Cortisol senken, indem sie das parasympathische Nervensystem aktivieren, das für die Beruhigung des Körpers nach der »Kampf-« oder »Flucht«-Reaktion verantwortlich ist (Dreisoerner et al., 2021). Sie können den Spiegel des Wohlfühlhormons Oxytocin erhöhen und so zu einem Gefühl der Entspannung und Ruhe führen. Für Menschen, die mit Stress, Ängsten oder Depressionen zu kämpfen haben, kann dies besonders hilfreich sein. Idiopraxie möchte diese oft unbewussten und spontanen Handlungen ins Bewusstsein heben und aktiv in die persönliche und therapeutische Behandlung integrieren.

Verbesserung der Selbstregulierung

Als wichtiger Wirkmechanismus der Selbstberührung wird angenommen, dass die Selbstwahrnehmung verbessert und dadurch die Selbstregulierung erhöht wird. Durch eine verbesserte Wahrnehmung mittels regelmäßiger haptischer und taktiler Reize werden Neuronen in motorischen und sensorischen Hirnarealen gebildet und stärker vernetzt. Menschen mit einem guten Selbstbezug zum eigenen Körper können durch die Praxis der Selbstberührung den eigenen Körper und die Gefühle besser wahrnehmen. Auf Basis dieser Wahrnehmung können konkrete Einschätzungen des eigenen Zustands getroffen und ein Gefühl der Kontrolle über das eigene Wohlbefinden erlangt werden. Im Zuge der bewussten Wahrnehmung, der anschließenden Einschätzung und der darauf abgestimmten Handlungen wird die Selbstwirksamkeit aktiviert. Denn indem die eigene Befindlichkeit erkannt, treffend bewertet und die Handlungsweise an den eigenen Bedürfnissen ausgerichtet wird, sorgen wir für unser Wohlergehen – dies entspricht im Wesentlichen dem Konzept der Selbstwirksamkeit.

Die Integration von Selbstberührung in die täglichen Routinen kann somit zu einer verbesserten Selbstakzeptanz und Selbstwertschätzung führen, weil sie die Aufmerksamkeit auf den eigenen Körper und die persönlichen Bedürfnisse lenkt. Dies kann sich positiv auf das Selbstbild und das Selbstvertrauen auswirken, indem es ein Gefühl der Eigenverantwortung und Selbstfürsorge fördert (▶ Übungen 3.2.11).

Verbesserung von Haptik und Taktilität

Ein zusätzlicher vorteilhafter Aspekt der Selbstberührung liegt in der Verbesserung haptischer und taktiler Fertigkeiten, die die kognitiven Fähigkeiten in allen Lebensphasen zu steigern vermögen. Insbesondere durch die Bildung neuer Neuronen und Verbindungen können Selbstrepräsentation und Handlungskompetenz erweitert werden (u. a. Schiepek, 2006; Damasio, 2013, bes. S. 262–272). Untersuchungen (z. B. Dinse, Wilimzig u. Kalisch, 2008; Voelcker-Rehage u. Godde, 2010) zufolge helfen regelmäßige manuelle körpertherapeutische Behandlungen die Differenzierungsfähigkeit und Feinmotorik bewahren, selbst angesichts der natürlichen Verringerung der neuronalen Flexibilität im Alter (Kalisch, Tegenthoff u. Dinse, 2008). Kontinuierliches Lernen und beständige Anpassung an Neues können dabei unterstützen, die kognitiven Fähigkeiten langfristig zu erhalten und somit altersbedingte Erscheinungen zu reduzieren oder sogar teilweise aufzuheben. Auch Dauer und Häufigkeit solcher Anwendungen und Fertigkeiten beeinflussen deren Effektivität maßgeblich (Überblick bei Grunwald, Weiss, Müller u. Rall, 2022). Je früher damit begonnen wird, desto stärker vermögen die positiven Auswirkungen in Erscheinung zu treten; doch ist es nie zu spät, da wir bis ins hohe Alter lernfähig bleiben.

Positiv wirkt sich hier auch der niederschwellige Zugang von Selbstberührung als Intervention in der Psychotherapie aus, denn jeder Mensch wendet bereits irgendeine Form der Selbstberührung zur Selbstregulation an, wenn auch meist unbewusst. Dass keine spezielle Ausrüstung oder Ausbildung erforderlich ist, um durch Berührungen selbstwirksam zu werden, macht Idiopraxie zu einer bequemen und kosteneffektiven Option für Menschen, die unabhängig von ihrem Alter Unterstützung für ihre psychische und körperliche Gesundheit suchen.

Individuelle Anpassbarkeit

Abhängig von psychischen sowie körperlichen Bedürfnissen und Vorlieben Einzelner können die Anleitungen zur Selbstberührung individuell angepasst werden. Verschiedene Berührungen vermögen unterschiedliche Auswirkungen auf Körper und Geist zu haben, und es kann mit verschiedenen Techniken experimentiert werden, um herauszufinden, was die jeweilige Person als angenehm empfindet und für sich als hilfreich erfährt. Manche Menschen empfinden z. B. sanftes Streicheln oder Klopfen als besonders beruhigend, während andere festen Druck oder eine Selbstmassage bevorzugen. Die Entwicklung von individualisierten und passgenauen Interventionen steht bei der Idiopraxie im Zentrum. Gemeinsam mit den Hilfesuchenden können die Selbstberührungen für einen persönlichen Selbstbehandlungsplan erarbeitet werden, um dabei zu helfen, zukünftig selbst eigene Abläufe und Praktiken zu entwickeln.

Dabei muss die intentionale therapeutische Selbstberührung nicht als eigenständige Behandlung bestehen, sondern kann in unterschiedliche Therapieformen und persönliche Abläufe integriert werden, z. B. in verschiedene psychotherapeutische Verfahren, achtsamkeitsbasierte Anwendungen oder andere körperorientierte Verfahren. In der Praxis kann Selbstberührung in unterschiedlichsten Kontexten angewendet werden, bspw. in Einzel- oder Gruppentherapie, in Kombination mit Atemübungen, Meditation oder Yoga, aber auch als eigenständige Übung im Rahmen der Selbstfürsorge. Somit ist die Selbstberührung leicht zugänglich sowie individuell anpassbar. Zwar sind weitere Forschungen erforderlich, um die Wirkungen der Selbstberührung vollständig zu verstehen. Doch schon jetzt ist erkennbar, dass es sich um eine risikoarme und lohnende Intervention für Menschen handelt, die Unterstützung für ihre psychische Gesundheit suchen.

2.2.4 Nutzen der Idiopraxie in der Therapie

Voraussetzung: Empathie

Die Implementierung der Idiopraxie in die therapeutische Arbeit erfordert eine einfühlsame Herangehensweise seitens der Therapeut:innen. Um den Prozess der Selbstentdeckung und -heilung optimal zu unterstützen, bedarf es eines sicheren Raums für die Exploration von Selbstberührung, in dem sich die Klient:innen wohl und unterstützt fühlen. Dies setzt den Aufbau einer vertrauensvollen Beziehung zwischen Therapeut:in und Klient:in voraus, gekennzeichnet durch

Offenheit, Empathie und Wertschätzung. Darüber hinaus ist es wichtig, die Bedürfnisse und Grenzen einzelner Personen zu respektieren und auf individuelle Vorlieben und Empfindlichkeiten einzugehen. Die Therapeut:innen können Techniken und Übungen anleiten, die den Klient:innen dabei helfen, ihre Selbstberührung bewusst wahrzunehmen und ihre Fähigkeiten zu entwickeln. Hierbei ist es von Vorteil, wenn den Klient:innen ausreichend Zeit und Raum gegeben wird, um in ihrem je eigenen Tempo zu lernen und zu experimentieren. Durch die Schaffung einer unterstützenden und einfühlsamen Atmosphäre, die Spielraum für Neugier und Selbstexploration lässt, können sie in der therapeutischen Beziehung von den zahlreichen Vorteilen der Selbstberührung profitieren und so ihre psychische Gesundheit und ihr Wohlbefinden fördern.

Verbesserung therapeutischer Beziehungen

Therapeutische wie andere Beziehungen können durch die Selbstberührungen auf unterschiedliche Weise verbessert werden. So fördert Selbstberührung z. B. die Selbstwahrnehmung und das Selbstbewusstsein (s. 3.1), was wiederum das Verständnis und die Empathie für die eigenen Bedürfnisse und Emotionen steigert. Wer lernt, die eigenen Gefühle und Bedürfnisse wahrzunehmen, ist besser in der Lage, sie effektiv zu kommunizieren und auf die Bedürfnisse anderer einzugehen, was wiederum zu stärkeren und erfüllenden Beziehungen führen kann, denn eine verfeinerte Selbstwahrnehmung macht auch sensibler für die Wahrnehmung der Emotionen und Gefühle anderer. Je sensibler das eigene Innenleben erfasst wird, desto feinfühliger kann gelernt und erlebt werden, mittels Spiegelneuronen das Gegenüber zu »lesen«. Empathie und Einfühlungsvermögen werden durch Aktivierung der Selbstwahrnehmung trainiert. Zwischenmenschliche Kompetenzen, so die longitudinale Harvard-Studie zur Entwicklung Erwachsener (Waldinger u. Schulz, 2023), wirken sich direkt auf das eigene Stresserleben aus. Indirekt bewirkt Selbstberührung somit über die Verbesserung von Beziehungsfähigkeit einen positiveren Umgang mit Stress.

Bewusste Selbstberührung trägt aber auch direkt zum Abbau von Stress und emotionalen Spannungen bei. Dies wiederum erhöht die Stimmung und die emotionale Verfügbarkeit. Menschen, die sich emotional ausgeglichen und entspannt fühlen, sind eher in der Lage, aufmerksam und einfühlsam auf die Bedürfnisse ihrer Partner:innen und Freund:innen einzugehen und positive soziale Interaktionen zu pflegen. Durch die Vermittlung von Sicherheit, Geborgenheit und guter Selbstanbindung verringert Selbstberührung potenziell damit das Gefühl sozialer Isolation. Menschen, die sich sicher und geborgen fühlen, neigen dazu, offener und zugänglicher für andere zu sein, was wiederum zu stärkeren sozialen Verbindungen führt. Schließlich vermag das Erlernen von Selbstberührungstechniken dazu beizutragen, die Fähigkeit zu verbessern, zu berühren und berührt zu werden. Dies kann zu einer erhöhten Intimität in romantischen Beziehungen führen und das allgemeine Wohlbefinden in Freundschaften und familiären Beziehungen fördern. Insgesamt vermag die Praxis der Selbstberührung das soziale Wohlbefinden und die Qualität von Beziehungen zu bereichern, indem sie Selbstbewusstsein, emotionale Stabilität und die Fähigkeit zur Intimität fördert.

Ein hilfreiches Konzept für die zwischenmenschliche Berührung ist das Konsens-Rad (Martin, 2020, 2021; s. Abb. 2).

Seine besondere Qualität besteht in der Unterscheidung zweier grundlegender Dimensionen: einer horizontalen Achse, die beschreibt, wer gibt und wer bekommt, sowie einer vertikalen Achse, die klärt, wer handelt und wer empfängt. Daraus ergeben sich vier verschiedene Grundpositionen menschlicher Interaktion:
– Dienen (»Ja, ich bin bereit«): Ich handle, um jemand anderem etwas zu geben.
– Nehmen (»Darf ich ...?«): Ich handle, um mir selbst etwas zu nehmen.
– Erlauben (»Ja, du darfst«): Ich lasse andere handeln, damit sie selbst etwas bekommen.
– Empfangen (»Würdest du ...?«): Ich lasse andere handeln, um selbst etwas zu empfangen.

Zentral ist hierbei die Unterscheidung zwischen der Handlungsebene (wer tut etwas?) und der Intention bzw. Nutzenrichtung (für wen ist es?). Diese differenzierte Betrachtung ermöglicht es, auch intime oder körpernahe Begegnungen klarer einzuordnen, Grenzen wahrzunehmen und Zustimmung zu reflektieren. Der Kreis bietet damit eine präzise Orientierung, um Verantwortlichkeiten und Wünsche zu klären – sowohl bei körperlicher Berührung als auch in nichtkörperlichen Kontexten.

Ergänzt wird das Modell durch sogenannte Schattenseiten, die auftreten, wenn keine klare Zustimmung (Consent) vorhanden ist. Im oberen linken Quadranten (»Ich handle und gebe«) kann die Schattenseite in ein Übermaß an Selbstaufgabe kippen. Mögliche Risiken sind Selbstausbeutung, ein Helfersyndrom oder ein Verhalten, das dem Muster von Märtyrer:innen oder Sklav:innen gleicht. Die Grafik verdeutlicht dies mit Begriffen wie: sich verausgaben, mehr geben, als man will oder kann, sich aufdrängen oder mehr geben, als gewollt wird. Im oberen rechten Quadranten (»Ich handle und bekomme«) liegt die Schattenseite im übergriffigen oder grenzverletzenden Verhalten. Wenn die Handlung nicht auf einem klaren Konsens beruht, kann sie zu Formen von Aneignung oder Gewalt führen – etwa in Gestalt von Überfall, Diebstahl, Vergewaltigung oder Krieg. Im unteren linken Quadranten (»Andere handeln und ich gebe Erlaubnis«) zeigt sich die Schattenseite in mangelnder Abgrenzung. Wer hier unreflektiert erlaubt, läuft Gefahr, zu tolerieren, zu ertragen oder sich selbst aufzugeben. Die Grafik benennt dies mit Begriffen wie: unklare Grenzen, Fußabtreter:in, Opferrolle. Im unteren rechten Quadranten (»Andere handeln und ich bekomme«) besteht die Gefahr, in eine Haltung der Passivität oder Erwartungshaltung zu verfallen. Schattenseiten sind hier unter anderem emotionale oder materielle Abhängigkeit, das Ausnutzen anderer, Anspruchsdenken, Faulheit oder die Rolle eines/einer »Sklaventreiber:in«.

Das Modell basiert ursprünglich auf der Praxis von Berührungsübungen, lässt sich aber auf viele andere Lebensbereiche übertragen, in denen Menschen handeln, geben, nehmen oder erlauben.

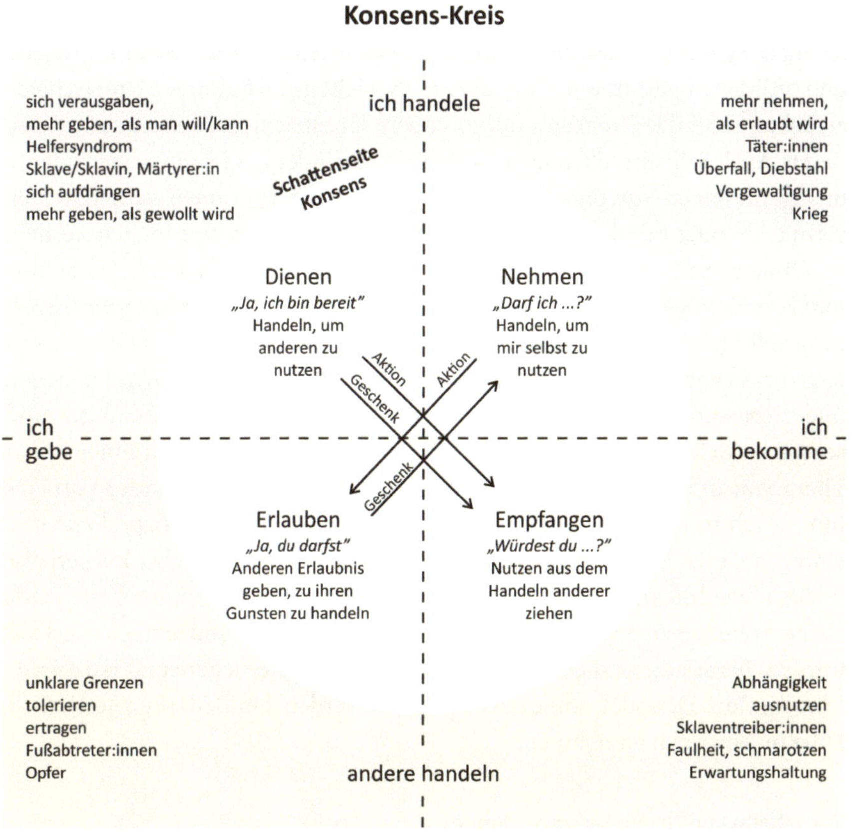

Konsens-Kreis

ich handele

sich verausgaben,
mehr geben, als man will/kann
Helfersyndrom
Sklave/Sklavin, Märtyrer:in
sich aufdrängen
mehr geben, als gewollt wird

Schattenseite Konsens

mehr nehmen, als erlaubt wird
Täter:innen
Überfall, Diebstahl
Vergewaltigung
Krieg

Dienen
„Ja, ich bin bereit"
Handeln, um anderen zu nutzen

Nehmen
„Darf ich ...?"
Handeln, um mir selbst zu nutzen

Aktion — *Aktion*
Geschenk — *Geschenk*

ich gebe — — — — — — — — — — — — — — *ich bekomme*

Erlauben
„Ja, du darfst"
Anderen Erlaubnis geben, zu ihren Gunsten zu handeln

Empfangen
„Würdest du ...?"
Nutzen aus dem Handeln anderer ziehen

unklare Grenzen
tolerieren
ertragen
Fußabtreter:innen
Opfer

Abhängigkeit
ausnutzen
Sklaventreiber:innen
Faulheit, schmarotzen
Erwartungshaltung

andere handeln

Abbildung 2: Konsens-Rad (eigene Darstellung nach Martin, 2020). »Der Kreis präsentiert Konsens (eine Vereinbarung). Innerhalb des Kreises wird etwas gegeben und etwas empfangen. Außerhalb des Kreises (ohne Vereinbarung) ergibt dieselbe Handlung Schattenseiten« (Martin, 2020).

Durch das klare Repräsentieren dieser unterschiedlichen Aspekte können alle, aber vor allem intime zwischenmenschliche Berührungen differenziert und eigene Grenzen klar definiert werden.

Potenzielle Risiken

Bei der Anwendung von Selbstberührung als Intervention in der Psychotherapie sollten wie bei allen Interventionsformen einige potenzielle Risiken beachtet werden. Das Anleiten von Selbstberührungen, die tendenziell als unangemessen bewertet werden, gilt es zu vermeiden. Diese Grenze kann mit dem Konsens-Rad hervorragend besprochen und eingehalten werden. Gerade im interkulturellen Austausch muss beachtet werden, dass Selbstberührung kulturell ein sensibles und unterschiedlich bewertetes Thema ist, denn verschiedene Kulturen haben unterschiedliche Einstellungen zu Berührungen. Was in einer Kultur als angebrachtes Zeichen der Affektion gilt, kann in einer anderen als unpassend und ordinär eingestuft werden. Daher ist es wichtig, auf kulturelle Unterschiede zu achten und die Grenzen und Vorlieben der einzelnen Personen zu respektieren. Auch Selbstberührungen, die Unbehagen oder Leid verursachen oder in unangemessenen bzw. öffentlichen Umgebungen vorgenommen werden, sollten vermieden oder mit den Patient:innen bzw. Klient:innen besprochen werden.

Obwohl Selbstberührungen hilfreich sein können, ersetzen sie nicht eine umfassendere psychotherapeutische oder ärztliche Behandlung. Selbstberührung soll nicht als alleinige Bewältigungsstrategie verwendet, sondern als weiterer und eventuell essenzieller Anteil in bestehende Coping-Mechanismen integriert werden. Gerade bei bestehenden psychischen Erkrankungen und schweren Belastungen raten wir, die Idiopraxie gemeinsam mit einem:einer Therapeut:in zu erkunden, da die Behandlung bei entsprechender Vorbelastung rasch in verdrängte Erinnerungen führen oder starke körperliche und emotionale Reaktionen auslösen kann. Zudem sollten zunächst körperliche Risiken, wie Infektionen oder Verletzungen, die durch bestimmte bestehende Hauterkrankungen bereits vorhanden sind, berücksichtigt und ärztlich abgeklärt werden. Insgesamt ist die Selbstberührung jedoch eine sichere und risikoarme Intervention. Dennoch sollte daran gedacht werden, bei Bedarf professionelle Hilfe in Anspruch zu nehmen.

Vorbehalte von Psychotherapeut:innen

Eine Sorge von Psychotherapeut:innen gegenüber der Verwendung von Selbstberührung als Intervention könnte darin bestehen, dass Idiopraxie als »unprofessionell« oder außerhalb der Grenzen traditioneller therapeutischer Techniken wahrgenommen wird. Hier hängt es stark von der eigenen therapeutischen Orientierung ab, ob körperorientierte Interventionen überhaupt in das Repertoire aufgenommen werden. Leibtherapeutische Ansätze der Psychotherapie, die sich in vielen unterschiedlichen Therapierichtungen und -interventionen bereits abzeichnen, weisen jedoch mit quantitativen und qualitativen empirischen Ergebnissen (Überblick bei Petzold, 1996) nach, dass der Einbezug des Körpers eine wesentliche Rolle bei der Behandlung von psychischen Erkrankungen haben kann (Überblick bei Baer, 2017, S. 242–286). Es ist ausreichend belegt, dass die Psycho↔Somatik eine wechselseitige Beziehung ist und sich Körper und Geist gegenseitig beeinflussen (Bohus u. Kapfhammer, 2012). In diesen Kontext stellt sich die Idiopraxie bzw. die intentionale Selbstberührung.

Notwendigkeit weiterer Forschung

Da es bereits viele Hinweise für positive Auswirkungen gibt, sollte die Selbstberührung künftig vertiefend beforscht werden. Trotz zahlreicher Studien zu Fremdberührung (z. B. Gazzola et al., 2012; Mohr et. al, 2017; Sehlstedt et al., 2016; Sorokowska et al., 2021; Yoshida et al., 2020) wurde die absichtliche Selbstberührung (im Gegensatz zur unabsichtlichen; z. B. DiMercurio, Connell, Clark u. Corbetta, 2018; Müller et al., 2019; Rahman, Mumin u. Fakhruddin, 2020) in empirischen Studien bisher kaum fokussiert (Ausnahmen, z. B. Hara et al., 2015; Schütz-Bosbach, Musil u. Haggard, 2009). Forschungen könnten sich auf die Motivation zur Selbstberührung oder zur Identifizierung von optimalen Techniken und Anwendungen von Selbstberührung in verschiedenen therapeutischen Kontexten konzentrieren, um eine gezieltere und effektivere Praxis zu ermöglichen. Langzeitstudien könnten dazu beitragen, die langfristigen Auswirkungen von Selbstberührung auf das psychische Wohlbefinden und die Lebensqualität besser zu verstehen. Weitere Forschungsarbeiten sind erforderlich, um die Wirkmechanismen sowie die psychischen und somatischen Auswirkungen umfänglich zu ergründen und das Wissen über mögliche Vorteile und Risiken zu erweitern.

2.3 Anwendungsbereiche für Idiopraxie

Basierend auf aktueller Forschung (Überblick bei Müller, 2022a) und den bereits beschriebenen selbstregulativen Funktionen von Selbstberührung (2.1.1) während der individuellen Entwicklung von der vorgeburtlichen Ontogenese an kann Idiopraxie bei verschiedenen Störungsbildern und Mangelerscheinungen therapeutisch zur Anwendung kommen. Allein die Berührungsarmut, unter der z. B. ältere Menschen sowie jene mit Einschränkungen leiden, bietet bei deren Pflege ein weites Anwendungsfeld für die Idiopraxie, um Selbstanbindung und Selbstregulation zu fördern und ein Leben mit guter Lebensqualität zu ermöglichen. Bereits vorhandener Mangel an sozialen Interaktionen und körperlichen Berührungen wurde verstärkt, als im Zuge der Covid-19-Pandemie soziale Distanz gesetzlich verankert und bei Nichteinhaltung sanktioniert wurde (Pierburg, 2022; Überblick z. B. bei Steiner u. Veel, 2021). Obwohl es fraglich ist, ob der Begriff der sozialen Distanz passend war oder räumliche Distanzierung eine Alternative gewesen wäre, um zwischenmenschliche Kontakte angemessener zu erhalten, hat sich seitdem die Bedeutung von emotionaler und körperlicher Berührung im Bewusstsein vieler Menschen verankert. Mit der Idiopraxie möchten wir eine praktikable Möglichkeit zum positiven Selbstumgang für viele Menschen bereitstellen.

Darüber hinaus gibt es jedoch auch andere konkrete Erfahrungen wie Trauma, Gewalt, Missbrauch, Unfälle und Schmerzen, die sich stark auf Körperbild, Körperschema und den Umgang mit dem eigenen Körper auswirken können. Auch bei diesen Störungen können intentionale Selbstberührung und Idiopraxie, also die intentionale Selbstberührung im therapeutischen Kontext, eine gute und heilsame Unterstützung sein. Mit diesem Buch möchten wir einen Grundstein für die Entwicklung und Anwendung von Selbstberührung zur Förderung der psychischen Gesundheit und des Wohlbefindens legen. Wir hoffen, diese Methode zu einem sich rasch entwickelnden Feld zu etablieren. Die Anwendung der Idiopraxie sehen wir in drei Bereichen: Erziehung und Pädagogik, Heilpädagogik und Pflege sowie Therapie. Effektivität und Wirkmechanismen der Selbstberührung sind derzeit noch wenig erforscht, werden von uns in diesem Buch jedoch von der gut erforschten Fremdberührung und unserer eigenen Erfahrung abgeleitet. Die Anwendungsgebiete und konkreten Anwendungen verstehen wir als Anregungen und erste Impulse zur Integration in die unterschiedlichen Berufs- und Tätigkeitsfelder.

2.3.1 Erziehung, Pädagogik und Berufsausbildung

Der Anwendung von Selbstberührung in der Pädagogik kommt eine wichtige Rolle bei der Unterstützung der emotionalen, kognitiven und sozialen Entwicklung von Kindern und Jugendlichen zu. In körperbezogenen Ausbildungen bereichert intentionale Selbstberührung das zu erlernende Fachwissen um Erlebnisse und Erfahrungen, die am eigenen Leib gemacht werden können.

In der *Frühpädagogik* eingesetzt, bietet die Einbindung der Selbstberührung eine effektive Möglichkeit, die Entwicklung der Kinder frühzeitig auf eine sinnliche und spielerische Weise zu bereichern. Bereits in Mutter-Kind-Gruppen können Eltern angeleitet werden, gemeinsam mit ihren Kindern Übungen zur Körperwahrnehmung und Berührung durchzuführen. Spiele, Reime und Gebärdenlieder bieten zahlreiche Möglichkeiten zur gegenseitigen Berührung und zur Selbstberührung. Diese gemeinsamen Aktivitäten stärken die Bindung zwischen den Beteiligten, vermitteln den Kindern vielseitige Berührungserfahrungen und helfen ihnen, ein gesundes Verhältnis zu ihrem Körper zu entwickeln.

Im *Kindergarten* lässt sich Selbstberührung durch das Angebot von Bewegungsspielen sowie Übungen zur Körperwahrnehmung, Entspannung und Achtsamkeit integrieren. Die Kinder werden dabei geschult, auf ihre körperlichen und emotionalen Bedürfnisse zu achten und ihre Fähigkeit zur Selbstregulation zu verbessern. Dies vermag sie auch dabei zu unterstützen, soziale Kompetenzen wie Empathie und Zusammenarbeit zu entwickeln, indem sie lernen, die Grenzen und Bedürfnisse anderer zu respektieren.

In der *Schule* kann intentionale Selbstberührung dazu beitragen, dass Schüler:innen sich selbst differenziert wahrnehmen, ihre Emotionen regulieren und in stressigen oder herausfordernden Situationen ruhig und fokussiert bleiben. Der pädagogische Ansatz sollte dabei so gestaltet sein, dass er die Förderung von Selbstberührungen und die damit verbundenen Fähigkeiten in den Lernprozess integriert, um eine ganzheitliche und gesunde Entwicklung der Schüler:innen zu unterstützen.

Zur Anwendung von Selbstberührung in der Schule können Lehrer:innen verschiedene Methoden und Techniken einsetzen. Eine Möglichkeit besteht darin, Übungen zu Körperwahrnehmung, Achtsamkeit und Entspannung in den Unterricht einzubauen. Dies hilft den Schüler:innen, ein differenziertes Körperbewusstsein zu entwickeln und Selbstberührungskompetenzen aufzubauen. Dabei ist es wichtig, im Klassenzimmer eine offene und unterstützende Atmosphäre zu schaffen, in der sich alle wohl, sicher und motiviert fühlen, ihre eigenen Körper und Grenzen zu erkunden. Die Erfahrung der eigenen und fremden Grenzen durch körperliche Übungen ist als präventive Maßnahme zu verstehen, denn gerade in der Prävention von grenzüberschreitendem Verhalten werden Selbstwahrnehmung und verbale Differenzierung als wichtigste Aspekte genannt (Schubarth, 2020, S. 154–157).

Die Förderung von Selbstberührung in der *Pädagogik,* so sei betont, kann durch kreative und kinästhetische Aktivitäten einen Ausgleich zur fortschreitenden Digitalisierung der Alltagswelt und der damit verbundenen

Reduktion der Körperaktivität sein. Schüler:innen können ihre haptischen und taktilen Defizite ausgleichen, die durch die Fokussierung auf Computer, Smartphones und andere digitale Geräte bedingt sind. Zudem lassen sich hier auch durch digitale Medien wie virtuelle und erweiterte Realität (»Virtual Reality«, VR; »Augmented Reality«, AR) die Möglichkeiten zur Aktivierung von sensorischen und motorischen Fähigkeiten positiv einbeziehen (Jauch, 2019). Alternative Aktivitäten wie Malen, Zeichnen, Modellieren, Tanzen oder das Spielen von Musikinstrumenten sollten im Lehrplan erhalten und ausgebaut werden, um Variationen in der körperlichen Betätigung weiterhin zu fördern. Durch die Teilnahme an diesen Aktivitäten können die Schüler:innen ihre Handlungsspielräume und Selbstwahrnehmungsfähigkeiten ausbauen und gleichzeitig ihre Kreativität, Ausdrucksfähigkeit und Feinmotorik fördern.

Wesentlich für die Förderung von Selbstberührung in der Pädagogik ist die Zusammenarbeit mit Eltern und Erziehungsberechtigten. Sie sollten von Lehrer:innen einbezogen werden, um Informationen zur Bedeutung von Selbstberührung für die Entwicklung der Kinder zu erhalten und bei der Umsetzung von Selbstberührungsübungen und -techniken unterstützen zu können. Dabei muss auch ein Augenmerk auf die oft stark sexuelle Konnotation gesetzt werden. Während der Pubertät, einer Zeit großer körperlicher und emotionaler Veränderungen, kann die intentionale Selbstberührung eine besonders wichtige Rolle spielen, um Jugendlichen dabei zu helfen, ein gesundes Körperbewusstsein und Selbstwertgefühl aufzubauen. Gerade in diesem Zusammenhang ist es wichtig, Selbstberührung nicht nur im Kontext des Sexualunterrichts als Solosexualität zu thematisieren, sondern auch in anderen selbstfürsorglichen Kontexten. Dabei sollte beiden Aspekten ausreichend Aufmerksamkeit gewidmet werden. Dies kann dazu beitragen, Jugendlichen ein breiteres Verständnis für die Bedeutung und Vorteile von Selbstberührung zu vermitteln, und sie darin unterstützen, eine positive Beziehung zu ihrem Körper und ihren emotionalen Bedürfnissen aufzubauen. Eine derartige Zusammenarbeit mit den Eltern verstärkt das gegenseitige Vertrauen und erweitert die positiven Auswirkungen der Selbstberührung auf die emotionale, kognitive und soziale Entwicklung der Schüler:innen.

Schließlich ist es wichtig, die Lehrer:innenaus- und -fortbildung in Bezug auf Selbstberührung und ihre pädagogische Bedeutung zu stärken. Wenn Lehrer:innen die Möglichkeit erhalten, ihr Wissen und ihre Fähigkeiten in Bezug auf Selbstberührung und deren Anwendung in der Pädagogik zu erweitern, können sie ihre Schüler:innen hierin bestmöglich unterstützen. Durch die Integration von Selbstberührung in Lehrpläne und Lehrer:innenausbildungsprogramme werden Pädagog:innen besser darauf vorbereitet, diese Praktiken in ihren Klassenzimmern anzuwenden und die Vorteile für ihre Schüler:innen auszubauen. Fortbildungen und Workshops, die sich auf Selbstberührung, Körperwahrnehmung und Achtsamkeit konzentrieren, tragen dazu bei, dass Lehrer:innen sich in diesen Bereichen sicher und kompetent fühlen.

Insgesamt kann die Förderung der Selbstberührung in der Pädagogik eine wertvolle Ergänzung für die emotionale, kognitive und soziale Entwicklung von Kindern und Jugendlichen sein. Durch die Integration von Selbstberührungsübungen und -techniken in den Unterricht, die Zusammenarbeit mit Eltern und Erziehungsberechtigten, die Einbeziehung von kreativen und kinästhetischen Aktivitäten sowie die Verbesserung der Lehrer:innenausbildung in diesem Bereich tragen Lehrer:innen dazu bei, dass ihre Schüler:innen von den Vorteilen der Selbstberührung profitieren. Das kann wiederum dazu führen, dass diese kompetenter mit Stress und Emotionen umgehen, ihre sozialen Beziehungen verbessern und insgesamt ein gesteigertes Wohlbefinden erfahren.

In *Ausbildungen* von körperzentrierten und körpertherapeutischen Berufen erweitert und unterstützt die Vermittlung von Selbstberührungserfahrungen das Erlernen von anatomischem, physiologischem und funktionellem Wissen und Behandlungstechniken. Theoretisches und technisches Wissen wird in ein sensibles praktisches Verstehen überführt. Erlerntes wird nicht nur verstanden, sondern auch von innen her gespürt und erlebt. Das kommt der späteren Anwendung am Menschen im Berufsleben entgegen, denn dann kann auf dieses eigenleibliche Spüren zurückgegriffen werden. Das führt zu hoher Kompetenz, Resonanzfähigkeit und Sicherheit im Berühren und Behandeln.

Insbesondere berührende Berufe sollten nicht auf didaktische Konzepte verzichten, die Idiopraxie integrieren. Nahezu jede Berührung, die später an einer anderen Person ausgeführt werden soll, kann zuvor am eigenen Körper praktiziert und auf ihre Wirkung hin erlebt und überprüft werden. In professionellen Ausbildungssituationen ist es daher empfehlenswert, vor jeglicher Fremdberührung intentionale Selbstberührung zu praktizieren. Sie bildet eine tragfähige Basis für kompetente und optimale körpertherapeutische Fremdberührungen und trägt dazu bei, irritierende, verschlimmernde oder übergriffige Berührungen zu vermeiden.

2.3.2 Pflege von Menschen mit Beeinträchtigungen

Verbesserung der Körperwahrnehmung: Bei Menschen mit Einschränkungen und in der Pflege hat Selbstberührung noch ein weiteres Potenzial: Ein liebevoller Kontakt mit sich selbst kann ein wichtiger Bestandteil der Selbstfürsorge und Selbstheilung sein, insbesondere bei Menschen, die aufgrund ihrer Einschränkungen oder Pflegebedürftigkeit isoliert sind. Oft ist bei Menschen mit Beeinträchtigung vieles nicht möglich, doch eine sanfte oder kraftvolle Selbstberührung, die liebevoll und bewusst durchgeführt wird, kann bereits vieles bewirken.

Der liebevolle Kontakt mit sich selbst kann bei Menschen mit Einschränkungen ebenso wie bei gesunden Personen das Gefühl von Selbstwirksamkeit und Selbstakzeptanz fördern. Selbstberührungen helfen dabei, die Wahrnehmung des eigenen Körpers zu verbessern und das Bewusstsein für körperliche Empfindungen und Bedürfnisse zu schärfen. Dies vermag wiederum das Selbstvertrauen und das Gefühl der Kontrolle über den eigenen Körper zu stärken.

Da aufgrund von Isolation ein Berührungsmangel entstehen kann, sollten Berührungen in der Pflege besonders beachtet werden. Oft beschränken sich die Berührungen im Alltag auf hygienespezifische Handlungen. Die positiven Fremdberührungen sollten sich jedoch nicht nur auf funktionelle Berührungen wie Waschen oder Eincremen beschränken. Pflegende Angehörige und das Pflegepersonal sollten darauf achten, liebevolle Berührungen, wie etwa das Halten der Hand oder das Streicheln der Schulter, in ihre Pflegeroutine zu integrieren. Die Personen selbst können angeleitet werden, solche Berührungen mithilfe von – oft kurzen, beiläufigen – Selbstberührungen beim Duschen, Kämmen oder in anderen Lebensbereichen zu erweitern.

Zur Unterstützung von Menschen mit Einschränkungen und Pflegebedürftige können bei der Anwendung der Selbstberührung Einzel- und Gruppensettings genutzt werden. In Einzelsettings können Pflegepersonal und Therapeut:innen individuell auf die Bedürfnisse der betroffenen Person eingehen und gezielte Übungen zur Selbstberührung anleiten. In Gruppensettings wiederum können gemeinsame Aktivitäten zur Selbstberührung organisiert werden, bei denen mehrere Personen gleichzeitig ihre Selbstberührungsfähigkeiten entwickeln und voneinander lernen. Gruppenaktivitäten vermögen auch dazu beizutragen, das Gefühl sozialer Verbundenheit und gegenseitiger Unterstützung zu fördern, was insbesondere für Menschen mit Einschränkungen und Pflegebedürftige wichtig ist, die sich häufig isoliert fühlen. Solche Gruppensituationen können auch dazu ermutigen, sich über die emotionalen und psychischen Effekte des Berührungsmangels auszutauschen und hilfreiche Einsichten und Umgänge miteinander zu teilen.

Wie auch in der Arbeit mit anderen Personengruppen sollte die Anleitung zur Selbstberührung bei Menschen mit Einschränkungen immer auf die individuellen Bedürfnisse und Fähigkeiten der betroffenen Person abgestimmt sein. Dies kann die Anpassung der Übungen an die motorischen Fähigkeiten, die Schmerzgrenze und die körperliche Empfindlichkeit der Person betreffen.

Einbindung von Angehörigen in die Anleitung zur Selbstberührung kann dazu beitragen, ein unterstützendes Umfeld zu schaffen, und ist für Menschen mit Einschränkungen und Pflegebedürftige von großer Bedeutung. Bei den Vertrauenspersonen selbst kann die Mitwirkung an diesem Prozess das Verständnis für die Bedeutung und die positiven Auswirkungen von liebevollen Selbst- und Fremdberührungen im Alltag fördern. Darüber hinaus kann es Angehörige dazu motivieren, selbst mehr Achtsamkeit und liebevolle Fürsorge in ihren Umgang mit der pflegebedürftigen Person zu bringen. Regelmäßige Selbstberührungen können sowohl das körperliche als auch das emotionale Wohlbefinden steigern, die Selbstakzeptanz fördern und dazu beitragen, dass sich die betroffenen Personen besser mit sich selbst und ihrer Umgebung verbunden fühlen. Dies wiederum führt sie trotz ihrer Einschränkungen zu einem erfüllteren und selbstbestimmteren Leben.

Zusammenfassend hat die Förderung der Selbstberührung bei Menschen mit Einschränkungen und in der Pflege das Potenzial, das körperliche und emotionale Wohlbefinden der Betroffenen zu steigern. Durch Entwicklung und Übung von Selbstberührungsfähigkeiten kann die Lebensqualität langfristig verbessert und erhalten werden.

2.3.3 Pflege von älteren Menschen

Isolation überwinden. Die Pflege von älteren Menschen erfordert besondere Aufmerksamkeit und Sensibilität für ihre Bedürfnisse und Wünsche. In dieser Lebensphase sind Menschen mit wie ohne Einschränkungen oft mit Berührungsmangel konfrontiert, was insbesondere auf Altersisolation und generationenspezifische Haltungen zu (Selbst-)Berührung zurückzuführen ist. Dieser Mangel an körperlichem Kontakt kann zu einem erhöhten Bedürfnis nach liebevoller Fremdberührung sowie Selbstberührung und dem Wunsch nach einer tieferen Verbindung zu sich selbst führen.

Ältere Generationen sind mit sehr unterschiedlichen Vorstellungen und Normen bezüglich der Selbstberührung aufgewachsen. Viele von ihnen haben gelernt, dass Selbstberührung negativ konnotiert ist und sanktioniert wird. Dies hat dazu geführt, dass sie sich von ihrem eigenen Körper entfremdet fühlen und Schwierigkeiten haben, sich selbst liebevoll zu berühren. Dies könnte bei der Kriegs- und Nachkriegsgeneration des Zweiten Weltkriegs auch mit transgenerationaler Traumatisierung zusammenhängen, deren Auswirkungen nicht nur auf Europa begrenzt sind (zu Veränderungen von Selbstwahrnehmung und -berührungen aufgrund von Traumafolgen siehe 2.3.6).

Einen starken Einfluss auf Selbstberührung sowie körperbezogene Einstellungen älterer Generationen haben vor allem moralische Normen und gesellschaftliche Erwartungen. Familien und das weitere Umfeld haben das Gefühl vermittelt, der eigene Körper und dessen Bedürfnisse seien zu unterdrücken und zu ignorieren. Dazu gehören Botschaften wie »Hände aus der Hosentasche«, »Greif da nicht hin« oder »Daumen aus dem Mund«. Diese Normen erschweren es, liebevolle Selbstberührungen und autoerotische Handlungen positiv in das eigene Leben zu integrieren.

Im Gegensatz dazu wachsen jüngere Generationen mit weniger Sanktionierung der Selbstberührung auf. Allerdings haben sie ihre eigenen Herausforderungen in Bezug auf die Entfremdung vom Körper zu bewältigen: Die zunehmende Abhängigkeit von Technologie und sozialen Medien kann zu weniger Kontakt mit dem Körper führen, zugunsten einer Konzentration auf virtuelle Interaktionen. Diese können jedoch auch positiv angewendet werden, z. B. über videobasierte Gesundheits- und Sportanwendungen mit motorischen und sensorischen Interaktionsmöglichkeiten, die sich bei jungen wie auch alten Menschen unterstützend anwenden lassen.

Die Integration von Telemedizin und Onlinetherapie kann auch dazu beitragen, ältere Menschen, die eine eingeschränkte Mobilität oder keinen einfachen Zugang zu persönlicher Betreuung haben, mit Fachleuten zu verbinden, die sie bei der Entwicklung ihrer Fähigkeiten zur Selbstberührung unterstützen. So bot z. B. Peter Cubasch während der Covid-19-Pandemie Selbstberührung und Atemtechniken in regelmäßigen Onlinekursen an und erreichte dadurch Menschen, die sonst keine Möglichkeit zur Teilnahme an diesen Workshops gehabt hätten.

In der Pflege älterer Menschen ist es wichtig, Generationenkonflikte und unterschiedliche Erfahrungen bzw. Vorstellungen bezüglich Selbstberührung zu (er)kennen und zu respektieren. Dies ermöglicht es dem Pflegepersonal und den Therapeut:innen, individuell auf die Bedürfnisse der älteren Menschen einzugehen und sie in ihrem Prozess der Selbstentdeckung und Selbstberührung zu unterstützen. Die Bewusstheit über diese generationalen Unterschiede kann potenzielle Schwierigkeiten bereits im Vorfeld minimieren.

Daher ist die Schaffung eines sicheren und unterstützenden Raums bedeutsam. Er etabliert einen Rahmen, in dem die älteren Menschen ihre eigenen Vorstellungen und Erfahrungen bezüglich Selbstberührung erzählen und bearbeiten können. Manchmal wird es eine Zeit lang dauern, bis sie sich selbst liebevoll berühren und einen liebevollen Umgang mit sich selbst finden, um ihre körperliche und emotionale Gesundheit zu fördern.

Auch hier können Gruppenaktivitäten und -therapie ein hilfreicher Ansatz sein, um älteren Menschen die Möglichkeit zu geben, ihre generationenspezifischen sowie individuellen Erfahrungen und Ansichten bezüglich Selbstberührung zu teilen und voneinander zu lernen. Durch den Austausch von Erfahrungen können sie erkennen, dass sie nicht allein sind und Selbstberührung ein natürlicher und wertvoller Teil menschlichen Lebens ist.

Es ist wichtig, auch Familie und Freund:innen der älteren Menschen in den Prozess einzubeziehen. Durch die Information zu den Vorteilen von Selbstberührung und liebevoller Fremdberührung kann ein unterstützendes Netzwerk aufgebaut werden, das ihnen Sicherheit und Geborgenheit gibt, wenn sie ihre eigenen Berührungserfahrungen erforschen.

Überwindung von Tabus und Stigmas der Selbstberührung sind wesentliche Bestandteile bei der Förderung von Selbstberührung und liebevoller Fremdberührung im Allgemeinen und besonders bei älteren Menschen. Offenes Thematisieren und Aufklären kann dazu beitragen, die negativen Stereotypen und Vorurteile abzubauen, die viele Menschen daran hindern, sich selbst liebevoll zu berühren und die Vorteile dieser Praxis zu nutzen.

2.3.4 Trauerarbeit

Der trauernde Körper

Trauerarbeit ist ein wichtiger Aspekt im Heilungsprozess, wenn wir einen geliebten Menschen verlieren. Selbstberührung kann eine bedeutende Rolle dabei spielen, den Schmerz zu bewältigen und uns wieder mit der verlorenen Person zu verbinden. Durch die bewusste Selbstberührung lassen sich Erinnerungen an die Berührungen und den körperlichen Kontakt, den wir mit der verstorbenen Person geteilt haben, wiederbeleben und in unser gegenwärtiges Erleben bringen.

Die Fähigkeit, durch Selbstberührung die Fremdberührung im memorativen Leib (Petzold, 1996, S. 116) wieder hervorzurufen, ermöglicht es uns, die Verbundenheit und Liebe zu der verlorenen Person zu spüren, auch wenn sie physisch nicht mehr bei uns ist. Diese Verbindung kann dabei helfen, die Trauer besser zu verarbeiten und die Erinnerungen an die gemeinsam verbrachte Zeit wertzuschätzen. Dies funktioniert vor allem beim Verlust von Personen, mit denen ein liebevoller Umgang sowie zärtliche Berührungen im Alltag geteilt wurden. Selbstberührung kann als Ressource dienen, um die imaginative Kraft zu nutzen und mit der verlorenen Person in Kontakt zu treten. Die Konzentration auf die körperliche Empfindung, die die Berührung hervorruft, vermag eine emotionale Nähe zu der verstorbenen Person und eine tiefere Ebene des Selbstbewusstseins zu bewirken. Dies unterstützt auch das gegenwärtige Ich, indem die nährende Qualität vergangener Berührungsinteraktionen wieder bewusst und erlebbar wird.

Trauer körperlich verarbeiten

Die Verwendung von Selbstberührung in der Trauerarbeit ist nicht dazu gedacht, den Verlust oder die Trauer zu leugnen oder zu vermeiden, sondern bietet vielmehr eine Möglichkeit, mit diesen Emotionen umzugehen und sie zu verarbeiten. Selbstberührung kann dabei helfen, Schmerz, Sehnsucht und Trauer anzuerkennen und zugleich die Liebe und Verbundenheit wertzuschätzen, die wir für die verstorbene Person empfinden (▶ Übung 3.2.14).

Die Integration von Selbstberührung in die Trauerarbeit kann zusammen mit Therapeut:innen oder Trauerbegleiter:innen erfolgen, die den Prozess unterstützen und anleiten. Das Teilen von Erfahrungen und Empfindungen im therapeutischen Kontext hilft dabei, Trauer zu bewältigen und eine neue Verbindung mit der verlorenen Person aufzubauen, um letztlich inneren Frieden und Heilung zu finden.

2.3.5 Depression

Fremdberührungen, so zeigen Studien, können in Form von Massagen bei Patientengruppen mit Depression positive Effekte haben (Überblick bei Müller, 2022a, S. 293). Insbesondere bei sekundären Depressionssymptomen vermag Massagetherapie die Heilung von psychischen Erkrankungen positiv zu beeinflussen (Moyer, Rounds u. Hannum, 2004). Auch bei Patientinnen mit primärer Depression wurden signifikante Effekte durch regelmäßige Massagen festgestellt, z. B. wiesen schwangere Frauen, die vier Monate lang zweimal pro Woche von ihrem Lebenspartner massiert wurden, signifikant geringere Depressions- und Angstwerte auf (Field, Diego, Hernandez-Reif, Schanberg u. Kuhn, 2004). Von Ganzkörpermassagen profitierten ebenfalls ambulante Patient:innen mit leichten bis mittelgradigen depressiven Störungen sowie solche in stationärer psychiatrischer Akutbehandlung (Arnold, Müller-Oerlinghausen, Hemrich u. Bönsch, 2020). Für eine Ermittlung von optimaler Häufigkeit, Art und Dauer der Massageanwendungen sowie von kumulativen und langfristigen Effekten und für den Nachweis der Wirksamkeit von Massagen im Vergleich zu psychotherapeutischen und pharmakologischen Interventionen sind weitere Untersuchungen notwendig. »Bis gesicherte Befunde vorliegen, können Massagen unterstützend und ergänzend […] eingesetzt werden« (Müller, 2022a, S. 294).

Selbstberührung kann ebenfalls, insbesondere im Rahmen einer therapeutischen Intervention, positive Auswirkungen auf Menschen mit Depression haben. Durch die Berührung des eigenen Körpers können Patient:innen eine tiefere Verbindung zu sich selbst aufbauen und sich bewusst werden, wie sie sich in ihrem Körper fühlen. Dies vermag dazu beizutragen, körperliche Symptome der Depression wie Müdigkeit, Schmerzen und Spannungen zu reduzieren und gleichzeitig das Gefühl der Selbstwirksamkeit und Kontrolle über die eigenen Körperempfindungen zu erhöhen. Da zudem bei Depression Körperschema und -bild verzerrt sein können, neigen die Patient:innen dazu, ihren Körper und ihre Körperwahrnehmungen negativ bzw. kritisch zu bewerten, und empfinden sich z. B. als weniger attraktiv, schwach oder ungeschickt. Die bewusste Berührung des eigenen Körpers hilft dabei, eine positive Beziehung zum eigenen Körper aufzubauen und das Körperbewusstsein zu stärken. Durch Selbstberührung können Patient:innen lernen, ihren Körper bewusster wahrzunehmen und positive Empfindungen mit ihm zu verknüpfen (▶ Übungen 3.1.3; 3.1.4; 3.1.6).

Selbstberührung bietet sich als vielversprechende Ergänzung in der Therapie von Depressionen an. Verschiedene Ansätze wie z. B. achtsames Atmen, Körper-Scan und sanfte Berührungen können den Patient:innen helfen, sich mit ihrem Körper und ihren Emotionen zu verbinden. Diese Techniken vermögen dazu beizutragen, Stress und Angst zu reduzieren und ein Gefühl der Ruhe und Gelassenheit zu fördern. Es ist wichtig, zu betonen, dass Selbstberührung allein nicht ausreicht, um eine Depression zu behandeln, aber sie kann eine wirksame Ergänzung zu anderen Therapiemethoden wie Psychotherapie und Medikation sein.

2.3.6 Posttraumatische Belastungsstörung

Die Posttraumatische Belastungsstörung (PTBS) ist eine Reaktion auf traumatische Ereignisse und außergewöhnlich bedrohliche Situationen. Die Symptome können Wiedererleben des Traumas, sozialen und emotionalen Rückzug und Übererregungssymptome wie Schlafstörungen und Konzentrationsstörungen umfassen (Überblick bei Schäfer et al., 2019). Die Behandlung erfolgt durch eine Auswahl oder Kombination aus sprachbasierter Psychotherapie, Konfrontationstherapie und medikamentöser Behandlung (▶ Übungen 3.1.4).

Massagetherapie kann bei einigen Patienten mit PTBS unterstützend wirken, aber es gibt bisher nur wenige Studien zur Wirkung von Entspannungsmassagen bei Patient:innen mit PTBS (Überblick bei Müller, 2022a, S. 296 f.). Die wichtigsten Bedingungen für Massagebehandlungen bei PTBS sind Sicherheit, Einvernehmen und Kontrolle (S. 296). Es muss eine »sichere Umgebung geschaffen werden, in der der Patient [...] mitbestimmen kann, welche Körperteile berührt werden oder wann Pausen erforderlich sind« (S. 296). Nach Massagen zeigte sich bei Kindern ein gesenkter Cortisolspiegel (Reynolds u. Richmond, 2008), bei Kriegsveteranen eine Verbesserung der Symptomatik (Field, Sauvageau, Gonzales u. Diego, 2020) und bei Frauen, die Opfer von sexuellem Missbrauch geworden waren, eine signifikante Abnahme der dissoziativen Symptome (Price, 2007).

Klopftherapie (»Tapping« oder EFT – Emotional Freedom Technique) rückt bei der Behandlung von PTBS zunehmend in den Fokus der Aufmerksamkeit (Überblick bei Müller, 2022a, S. 298f.) als eine traumafokussierte Intervention mit imaginierter Exposition und (Selbst-)Berührungen. Klopfende Berührungen an verschiedenen Bereichen des Körpers in festgelegter Geschwindigkeit, Reihenfolge und Häufigkeit führen in Kombination mit der Erinnerung an vergangene belastende Situationen zu einer »geteilte[n] Aufmerksamkeit« (S. 298): »Es wird ein physiologischer Zustand erzeugt, der inkompatibel mit den fehlangepassten konditionierten Reflexen der PTBS ist [...], wodurch die starke und negative Emotionalität der Erinnerungen reduziert wird« (Müller, 2022a, S. 298, unter Bezug auf Feinstein u. Church, 2010; Landin-Romero, Moreno-Alcazar, Pagani u. Amann, 2018).

Zusammenfassend können körpertherapeutische Maßnahmen wie Massagetherapie und Klopftherapie mit (Selbst-)Berührungen als zusätzliche Unterstützung bei der psychotherapeutischen Behandlung von PTBS-Patienten betrachtet werden. Die Bedingungen während der Behandlungen sollten jedoch sorgfältig überwacht werden, um sicherzustellen, dass Patient:innen keine Überforderung oder Destabilisierung erleiden.

2.3.7 Aufmerksamkeitsdefizit-/Hyperaktivitätsstörung (ADHS)

Menschen mit einer Aufmerksamkeitsdefizit-/Hyperaktivitätsstörung (ADHS) haben oft Schwierigkeiten, Aufmerksamkeit und Impulse zu regulieren. Wenn Ablenkbarkeit sowie unkontrollierte Impulse zu Frustration, Stress und Überforderung führen, erweisen sich Berührungen, insbesondere Selbstberührungen, als hilfreich, um zu beruhigen und zu stabilisieren.

Massagetherapie kann positive Effekte auf die ADHS-Symptomatik haben. So zeigten bei Erwachsenen klassische bzw. schwedische (Khilnani, Field, Hernandez-Reif u. Schanberg, 2003) und Tunia-Massagen (Chen et al., 2019) signifikante Verringerungen von Hyperaktivität, Ängstlichkeit und Tagträumen bzw.

Unaufmerksamkeit. Bei Kindern, deren Mütter unter Anleitung Fußmassagen durchführten, wurden schon nach vierwöchiger Intervention signifikant geringere Symptome auf drei der fünf ADHS-Symptomskalen (Gedächtnis- und Aufmerksamkeitsdefizite, Verantwortung und Organisation, Kooperation mit anderen) festgestellt (Asadi, Shakibaei, Mazaheri u. Jafari-Mianaei, 2020). Kurze Massagen können somit ADHS-Symptome bereits reduzieren. Schließlich lassen sich mit Druckstimulation (Gewichtsdecken; ausführlich Müller, 2022a, S. 304–306) Schlafdauer und -qualität fördern (Grandin, 1992; Ekholm, Spulber u. Adler, 2020) sowie Aufmerksamkeitsleistungen verbessern (Buckle, Franzsen u. Bester, 2011; Lin, Lee, Chang u. Hong, 2014).

Selbstberührungen könnten daher ebenfalls positive Auswirkungen auf die ADHS-Symptomatik haben. Durch das Drücken, Halten oder Streichen von Körperregionen mit der eigenen Hand können sich Personen selbst beruhigen bzw. regulieren und die Symptome von Unruhe und Reizbarkeit verringern. Neben den positiven Auswirkungen auf die ADHS-Symptomatik trägt Berührung wie bei allen anderen Symptomatiken auch hier grundsätzlich dazu bei, Stress abzubauen und das allgemeine Wohlbefinden zu steigern. Berührungsinterventionen, so sei hier erneut betont, sind jedoch kein Ersatz für andere Therapien wie psychotherapeutische Verfahren oder medikamentöse Behandlungen, sondern stellen vielmehr eine Ergänzung dar.

2.3.8 Autismus-Spektrum-Störungen (ASS)

Massagetechniken wirken sich auf Menschen mit Autismus-Spektrum-Störungen (ASS) ebenfalls positiv aus (Überblick bei Müller, 2022a, S. 300–304). Bei Kindern mit Autismus führten wiederholte Massagen z. B. zur Verbesserung von kommunikativen und sozialen Fähigkeiten (Lee, Kim u. Ernst, 2010), von Autismussymptomen und taktilen Auffälligkeiten (Silva, Schalock, Gabrielsen u. Horton-Dunbar, 2016), von auffälligen sensorischen Reaktionen (Silva u. Schalock, 2012) sowie von Schlafqualität und Schlafdauer (Silva, Cignolini, Warren, Budden u. Skowron-Gooch, 2007). All diese Ergebnisse legen nahe, dass Massagetechniken dazu beitragen können, die Symptomatik bei Autismus-Spektrum-Störungen zu verbessern. Um die Effekte von Berührungsbehandlungen gegenüber anderen Interventionen genauer bestimmen zu können, müssten jedoch Vergleichsstudien durchgeführt werden.

Selbstberührung wurde bisher noch nicht in Studien zur Behandlung von Autismus-Spektrum-Störungen untersucht. Allerdings sollten berührungsgestützte Interventionen auch hier nicht als Ersatz für andere Therapien angesehen werden. Autismus-Spektrum-Störungen erfordern eine umfassende, multidisziplinäre Behandlung, die auf die individuellen Bedürfnisse der zu behandelnden Person zugeschnitten ist. Behandlungsformen, die Berührungen ins Zentrum stellen, können jedoch dazu beitragen, das Wohlbefinden von Personen mit Autismus-Spektrum-Störungen zu verbessern und ihre Symptome zu lindern.

Hierbei spielt die stressreduzierende Wirkung von Selbstberührung eine große Rolle, zudem kann sie das Gefühl sozialer Verbundenheit und Unterstützung verstärken, was besonders für Menschen von Vorteil sein kann, die sich isoliert oder von anderen getrennt fühlen. Dieses Gefühl der Verbundenheit und Unterstützung kann wiederum zu einer Verbesserung der psychischen Gesundheit und des Wohlbefindens führen. Es sei hier aber auch ausdrücklich darauf hingewiesen, dass Autist:innen in vielen Fällen gar nicht das Bedürfnis nach sozialen Kontakten und dadurch auch Fremdberührungen haben. Viele Autist:innen mögen es nicht, wenn man sie berührt, und sei es nur ein Händeschütteln. Wer sich bewusst zurückzieht, fühlt sich also nicht zwangsläufig isoliert. Für diese Personen kann Selbstberührung eine Möglichkeit sein, Berührung generell auf eigene Art auszuleben. Sie muss also kein »Ersatz« oder eine »Verbindung« sein. Selbstberührung kann hier durchwegs eine stressreduzierende Wirkung haben und idealerweise androhende Meltdowns abschwächen oder gar verhindern.

2.3.8 Schizophrenie-Spektrum-Störungen (SSS)

Schizophrenie ist eine komplexe psychische Erkrankung, die sich durch eine Vielzahl von Symptomen äußert, darunter auch negative Symptome (DGPPN, 2019, S. 14–18). Die negative Symptomatik der Schizophrenie umfasst eine Reihe von Defiziten, die sich in emotionaler Verarmung, sozialem Rückzug und einer generellen Reduktion von Motivation und Aktivität äußern (Tebartz van Elst, 2022, S. 54 f.). Diese oft hartnäckigen Symptome können die Genesung erheblich erschweren und beeinträchtigen die Lebensqualität und die funktionellen Fähigkeiten der Betroffenen erheblich (Thoma, 2019, S. 11–13). Die Behandlung der Negativsymptome erfordert spezialisierte Ansätze, da sie oft therapieresistent sind.

Ein vielversprechender Ansatz zur Behandlung der negativen Symptomatik und zur Förderung der Genesung in nichtpsychotischen Phasen ist die Kombination von körperzentrierter Psychotherapie und dem Progressiven Therapeutischen Spiegelbild (Überblick bei Dammann u. Meng, 2013). Die körperzentrierte Psychotherapie (Geuter, 2023) nutzt den Körper als Medium zur Veränderung psychischer Zustände und ermöglicht es, biografische Erkenntnisse und Einsichten zu gewinnen. Sie basiert auf der Annahme, dass körperliche und psychische Prozesse wechselseitig miteinander verbunden sind und über den Körper gezielt beeinflusst werden können (Kern, 2015, S. 48).

Das Progressive Therapeutische Spiegelbild, ein integraler Bestandteil der Tanz- und Bewegungstherapie (Benedetti u. Peciccia, 1994), spielt dabei eine zentrale Rolle. Diese Methode umfasst das therapeutische Spiegeln, bei dem Therapeut:innen die Bewegungen der Patient:innen nachahmen, um Empathie und Vertrauen aufzubauen. Studien zeigen, dass diese Technik bei Patient:innen mit Schizophrenie besonders effektiv ist, da sie hilft, eine nonverbale Kommunikationsebene zu etablieren und die oft stark eingeschränkte Empathiefähigkeit zu fördern (Böttcher, Lütscher u. Müller, 2010, S. 225).

Hier möchten wir anregen, Idiopraxie ergänzend zu anderen körperzentrierten psychotherapeutischen Interventionen einzusetzen. In nichtpsychotischen Phasen und zur Behandlung negativer Symptome könnte Selbstberührung helfen, das Körperbewusstsein zu stärken und das Gefühl von Selbstkohärenz und -kontrolle zu fördern. Durch gezielte Berührungstechniken können Patient:innen lernen, ihre Emotionen besser wahrzunehmen und zu regulieren, was wiederum zu einer Reduktion von Apathie und Anhedonie beitragen kann.

Die Behandlung von Schizophrenie, insbesondere der negativen Symptomatik, erfordert aus unserer Sicht eine integrative und multimodale Herangehensweise. Die Kombination von körperzentrierter Psychotherapie, Progressivem Therapeutischem Spiegelbild (Böttcher et al., 2010; Kühn, 2014) mit Idiopraxie bietet eine vielversprechende Erweiterung, um die Lebensqualität von Patient:innen in nichtpsychotischen Phasen zu verbessern und ihnen zu helfen, ein erfüllteres und funktionaleres Leben zu führen.

Praktische Anwendung der Idiopraxie

3 Übungen zur Idiopraxie

Nach der Darstellung einer ersten Wissensgrundlage zum Thema Selbstberührung möchten wir nun ein grundlegendes Handwerkszeug vermitteln, das bei jeder Form der Selbstberührung angewendet werden kann: für verschiedene Körperregionen (3.1), für besondere Selbstberührung (3.2) und zusammengefasst in zwölf Grundübungen (3.3). Dabei geht es um »technische« Möglichkeiten, wie Menschen sich selbst berühren, und um die Stellen, an denen sie sich berühren. Im Konzept der Idiopraxie sind Techniken und Orte des Berührens nicht von der Intention der Selbstberührung und von der Qualität des Erlebens zu trennen.

Eine Berührung an einem bestimmten Körperteil kann bei verschiedenen Menschen völlig unterschiedlich wirken und erlebt werden. Auch wenn Anatomie und Physiologie für alle gleich sind, ist die Wirkung immer individuell. Bei der Vermittlung des Handwerkszeugs geht es somit von Anfang an darum, keine »neutralen« Techniken zu erlernen, sondern die Berührungsweisen und Berührungsorte stets in unmittelbarer Resonanz mit dem eigenen Erleben zu erproben.

Ein weiterer Schritt besteht darin, Erfahrungen und Empfindungen genau wahrzunehmen, Unterschiede zu bemerken und mit Worten – in Gedanken oder laut ausgesprochen – zu beschreiben. Das hilft, eine differenzierte »Leibsprache« zu entwickeln. Die Versprachlichung ist ein integraler Bestandteil der Idiopraxie, als die Fähigkeit, passende Worte zu finden, mit denen ich über meinen Körper, meine Empfindungen und meine Gefühle reden und mich anderen mitteilen kann.

3.1 Übungen für verschiedene Körperregionen

Nachfolgend stellen wir ausgewählte Themen und mögliche Vorgehensweisen der idiopraktischen Arbeit vor. Damit zeigen wir modellhaft sowohl eine mögliche Reihenfolge der Berührungsorte als auch unterschiedliche methodische Vorgehensweisen mit Anregungen zur Selbstberührung auf.

Im systematischen Aufbau laden wir dazu ein, zuerst jene Orte zu berühren, die leicht erreichbar sind, die schnell wahrgenommen werden können und deren Berührung tendenziell eher wohltuend ist. Erst im weiteren Verlauf geht es darum, versteckte, intime Leibesregionen oder auch »kritische« und schmerzende Stellen zu berühren. Es ist nicht vorhersagbar, welche Berührungen an welchen Orten welche Empfindungen, Gefühle und Erlebnisse auslösen. In der Idiopraxie lernt die sich berührende Person, sich entspannt in eigener Verantwortung und freundlich zu berühren.

Die ersten Selbstberührungsübungen steuern verschiedene Körperregionen an und machen sie dem Erleben zugänglich. Im weiteren Verlauf werden diese »Leibinseln« (z. B. Schmitz, 2018, S. 119) in komplexeren Zusammenhängen erlebbar. So gestaltet sich die »Landkarte des Körpers« immer vollständiger und bunter, bis später auch tiefere Körperschichten sowie Gewebestrukturen angesprochen und innere Räume sowie Organe erreicht werden können. Dabei führen die taktil-haptischen Erfahrungen zu gut ausgeprägten Projektionsfeldern im Gehirn, bis irgendwann der gesamte Körper in seiner Lebendigkeit wahrnehmbar ist.

Mentale Repräsentanzen. Sie befinden sich in den somatosensorischen Gehirnarealen und sind die Voraussetzung dafür, dass auch in anderer Richtung geübt werden kann: vom Mentalen zum Realen. Ausgehend vom bewussten, mentalen Ansteuern (Achtsamkeit) einer Leibesregion über das Spüren der Region (Empfindung), ohne dass konkret Selbstberührung ausgeführt werden muss, führt dies schließlich zur real ausgeführten Selbstberührung oder Bewegung in folgendem Ablauf: Achtsamkeit, Empfindung, Bewegung/Selbstberührung.

Anthropologische Metaziele. Vor Antritt jeder idiopraktischen Reise hilft es, sich den Sinn und Zweck des Reisens zu verdeutlichen sowie die Ziele und die Grundhaltung zu überprüfen (anthropologische Metaebene): Es geht darum, sich zu spüren und lebendig zu fühlen, Lebensfreude zu erleben und Gesundheit zu entwickeln.

Ethische und sozialpsychologische Metaziele. Es wird darauf abgezielt, sich als eine wahrnehmungsfähige und handlungsbereite Person kennenzulernen, die selbstwirksam, eigenverantwortlich und freundlich mit sich und auch mit anderen umgeht.

Methoden und Wege (Praxis). Idiopraxie sollte so ausgeführt werden, dass die zuvor genannten Ziele erreicht werden können. Für die Praxis bieten sich verschiedene Wege an:

- *Bewegen,* denn Motorik ist untrennbar mit Sensorik verbunden (Sensomotorik, Motosensorik). Solange wir leben, ist der Körper in Bewegung, auch ohne willkürlich ausgeführte Bewegungen. Für die Praxis bedeutet dies: Wer das eigene Spüren verfeinern will, kann sich bewegen oder einfach nur auf die autonom ablaufenden Bewegungen des Körpers achten. Je differenzierter die körperlichen Empfindungen sind, desto leichter wird das gelingen.
- *Selbstberührung und Berührung,* denn das Tastsystem ist unser grundlegender Sinn. Innere und äußere Bewegung vermitteln fortlaufend Tasterfahrungen (Propriozeption). Auch Schmecken, Riechen, Hören und Sehen beruhen auf Tasterfahrungen. Selbstberührung ist zweiseitige, haptisch-taktile Selbsterfahrung von tiefster Wirksamkeit.
- *Bewegen und Berühren,* denn Bewegungen mit zeitgleich ausgeführter Selbstberührung – beispielsweise mit ruhig auf dem Körper liegenden Händen – führen zu komplexen multisensorischen Empfindungen und neuronalen Repräsentationen.
- *Mentales Üben,* denn auch rein mentales Berühren berührt und bewegt. Es kann die Ausführung einer Bewegung vorbereiten und ihre Qualität verbessern. Wenn diese unterschiedlichen Wege der Praxis genutzt werden, gestaltet sich das idiopraktische Üben abwechslungsreich und qualitätsvoll.

3.1.1 Hände

Selbstberührungen der Hände und mit den Händen ist ein anfängliches und häufig wiederkehrendes Thema in der Idiopraxie. Als unser primäres Handlungs- und Berührungsorgan sollen die Hände differenziert beweglich sein (der motorische Aspekt) und fein tasten können (der sensorische Aspekt). Diese Fähigkeiten werden durch achtsame Selbstberührung der Hände vorbereitet und verfeinert. Da den motorischen und sensorischen Fähigkeiten der Hände große Areale im motorischen und sensorischen Kortex zugeordnet sind, bewirken Selbstberührungen der Hände auch eine hohe nervliche Stimulierung und geistige Präsenz.

Die Feinheit und Beweglichkeit der Finger und Hände einerseits und die Attraktivität der äußeren Welt andererseits haben zur Folge, dass wir mit den Händen sehr aktiv sind. Vieles lädt zum Anfassen und Festhalten ein. Die neuen, überall verfügbaren Medien verführen uns zudem dazu, auch in jenen Momenten, in denen wir nicht handeln müssten, mit den Händen aktiv und manchmal ganz zerfahren zu sein, oft ohne es zu bemerken. Dadurch kommen wir kaum zur Ruhe und sind am Abend oft »fix und fertig«. Wer hält im Laufe des Tags schon einmal inne und besinnt sich auf seine Hände? Wer legt nach getaner Arbeit die Hände zufrieden in den Schoß? Selbstberührungen mit den Händen ermöglichen Innehalten und Sammlung, Ankommen und Verweilen bei sich selbst.

Auch in der Idiopraxie handeln wir überwiegend mit den Händen. Sie sind schnell und aktiv und fassen oft voreilig irgendwohin, ohne dass wir uns dessen bewusst sind. Deshalb beginnen viele Selbstberührungsübungen damit, innezuhalten und sich zunächst die Hände ins Bewusstsein zu rufen, um sie für die Berührungen bereit zu machen.

Meine Hände berühren und spüren sich
Lass beide Hände, wenn möglich mit geschlossenen Augen, zueinander finden. Spürst du den Kontakt? Lass spontane Berührungen entstehen.

Aktive und rezeptive Hand
Gib jeder Hand eine eigene Aufgabe: Eine Hand ist die aktiv berührende, die andere ist die passiv – oder besser: rezeptiv – berührte. Mach das über einen Zeitraum von zwei bis drei Minuten. Versuch wahrzunehmen, ob es einen Unterschied zwischen rechter und linker Hand und Körperseite gibt, bevor du die Seiten wechselst.

Zwiegespräch der Hände
Lass deine Hände eine Art Zwiegespräch führen: Mal redet die eine, und die andere hört zu, dann redet die andere; vielleicht reden auch beide gleichzeitig, oder beide schweigen zur gleichen Zeit, was einem Innehalten in Stille und Ruhe gleichkommt.

Bei dieser Übung kannst du einige »technische« Parameter der Berührung aufmerksam beobachten, beispielsweise den Druck oder das Tempo. Du kannst aber auch auf deinen Atem achten und auf deine Gefühle, die durch die Selbstberührungen ausgelöst werden.

Selbstbegegnung durch Selbstberührung mit den Händen
Führ die Hände bewusst zusammen, und entferne sie wieder voneinander. Wie erlebst du diese Übung?

Lass dir dabei viel Zeit: für die gefassten Hände, für den Weg des Auseinandergehens, für die sich öffnenden Arme und Hände und für den Weg des Wiederzueinander-Führens. Wie lange möchtest du deine Hände in der offenen Haltung belassen, und wann möchtest du sie in Selbstberührung wieder zusammenbringen? Kannst du in allen Phasen der Übung deinen Atem und aufkommende Gefühle, Gedanken oder Assoziationen wahrnehmen?

Multisensorische Wahrnehmung der Hand
Mit welcher Hand möchtest du diese Übung zuerst machen? Entscheide dich für eine, und halte diese Hand vor dich. Die andere Hand liegt entspannt und passiv auf dem Oberschenkel. Schau dir die vorgehaltene Hand an, ohne sie zu bewegen. Wie sieht sie aus? Du siehst jetzt deine Hand, kannst du sie auch spüren? Während du die Hand weiter anschaust, fängst du an, die Finger leicht zu bewegen. Du siehst nun die Bewegungen. Kannst du sie auch spüren? Ist es dir möglich, die bewegte Hand mit geschlossenen Augen zu spüren? Gelingt es dir auch, deine Hand zu spüren, wenn sie sich nicht bewegt?
Wechsle zur anderen Hand.

Selbstberührung der Hände
Halte deine Hände entspannt vor deinem Körper. Schau sie eine Weile an, und schließ dann die Augen. Kannst du deine Hände mit geschlossenen Augen spüren, die linke und die rechte Hand? Entscheide nun, noch bevor du etwas tust, welche Hand zuerst die aktiv handelnde sein soll und welche die rezeptiv empfangende. Wenn du dich entschieden hast, beginnt die aktive Hand die andere zu berühren.

Lass dir viel Zeit für diese Tast- und Berührungserfahrungen, für die taktilen und haptischen Erfahrungen. Wenn die Übung zu Ende geht, vergleiche beide Hände. Nimmst du Unterschiede zwischen links und rechts wahr, oder fühlen sich beide Seiten gleich an? Wechsle dann die Seiten, und mach abschließend eine Pause, in der beide Hände entspannt abgelegt sind und nichts tun.

Lass dann beide Hände erneut zueinanderfinden. Dabei ist nicht festgelegt, welche Hand die gebende aktive und welche die empfangende rezeptive ist. Es entwickelt sich ein Gespräch der Hände, bei dem du dich immer mehr in das Geschehen mehr spürend als machend einlässt. Die Rollen wechseln, und die Berührungsqualitäten wechseln. Die Hände liegen auch mal ruhig aneinander und kommen dann erneut in Bewegung.

Beende die Übung in deinem eigenen Tempo, und leg die Hände entspannt ab. Spür nach, und mach dir bewusst: Jetzt gebe ich Ruhe, handle nicht und lege nach getaner Arbeit die Hände einfach mal in den Schoß.

Wenn du wieder bereit bist, weitere Erfahrungen mit deinen Händen zu machen (bist du schon bereit dazu, oder möchtest du diese besondere Ruhe noch ein wenig auskosten?), lass deine Hände in verschiedenen Handfassungen zueinanderfinden. Du kannst die Hände falten, sie flach aneinander oder ineinander legen. Verweile in jeder Fassung, und leg deine Hände erst ab, bevor du eine neue Fassung findest. Wie unterscheiden sich die Berührungen? Spürst du den Unterschied zwischen getrennt abgelegten und zusammenliegenden Händen? Nimmst du einen Unterschied wahr, wenn die Hände aufeinander zugehen und sich wieder voneinander lösen?

Wenn du nach einer Ruhepause bereit bist, weiterzuüben, überleg eine Weile, welche Region deines Körpers du gern mit beiden Händen berühren möchtest. Lass dir ausreichend Zeit, diesen Ort deutlich zu spüren. Erst dann legst du die sensibel lauschenden Hände dorthin. Spürst du die Leibesregion unter deinen Händen, die Wärme und den Atem? Wo sind die Hände? Warum sind sie dort? Lass die doppelgesichtige Berührung wirken, ohne etwas zu tun oder erreichen zu wollen.

Selbstberührungen mit den Händen führen oft zu emotionaler Berührtheit, besonders dann, wenn wir uns offen, interessiert und liebevoll zuwenden. Feste Konzepte, vermeintliches Wissen, einengende Erwartungen und Befürchtungen oder routiniertes Abhandeln von Berührungstechniken nehmen den Berührungserfahrungen die Frische. Um das zu vermeiden, sollten Selbstberührungen Handlungen sein, bei denen potenziell immer die Möglichkeit besteht, sich in seiner Vollständigkeit und Unversehrtheit zu erleben. Mit dieser Grundeinstellung haben Selbstberührungen eine inspirierende, nährende und heilsame Qualität. Die nährende und stützende Qualität des Bodens kann eindrücklich erlebt werden, wenn wir uns unseren Beinen und Füßen zuwenden und sie durch Selbstberührung durchlässig und empfindungsfähig machen.

3.1.2 Beine, Knie und Füße

Berührung der Beine bietet sich oft für den Beginn der Selbstberührung an, weil sie gut erreichbar sind und an ihnen unterschiedliche Berührungsformen erprobt werden können. An den Oberschenkeln kann erfahren werden, wie unterschiedlich es ist, die Beine an der Oberseite, der Unterseite oder an der Außen- und Innenseite zu berühren. Auch die Wirkung von unterschiedlichem Druck und verschiedenen Streichrichtungen lässt sich erkunden. Beim Hinunterstreichen bis zu den Füßen wird der Rücken gedehnt und der Kreislauf angeregt. Damit wird dies zu einer Übung, die bis ins hohe Alter vital und beweglich hält.

Ganz andere Berührungsempfindungen und Tasterfahrungen werden beim Begreifen des Knies möglich. Hier gibt es viele Feinheiten zu ertasten: Haut, Knochen und Bänder, die Kniescheibe, den Gelenkspalt und die empfindliche Kniekehle. Beim Betasten des Knies wird besonders deutlich, dass es nicht darum geht, bestimmte Berührungstechniken anzuwenden, sondern neugierig und aufmerksam zu erkunden, welche Berührungen passend, angenehm und wirkungsvoll sind.

Die Füße sind anatomische und statische Meisterwerke, die uns perfekt durchs Leben tragen. Leider schenken wir ihnen nur sehr wenig Aufmerksamkeit. Mit intentionaler Selbstberührung ändert sich das, wenn wir die verschiedenen Bereiche und anatomischen Strukturen unserer Füße begreifen. Streichend, tastend, massierend und haltend unterscheiden wir die Fußgewölbe vom Fußrücken, die Zehen von der Ferse, die Knochen von Haut und Muskeln, und wir entdecken die Achillessehne. Nachdem der Fuß auf diese Weise belebt wurde, stellen wir ihn ab, als berührte er zum ersten Mal den Boden. Wie fühlen sich der Fuß und die Fußsohle nun an, und wie gestaltet sich der Kontakt zum Boden? Wie erleben wir die Füße, wenn wir aufstehen und sie das Körpergewicht tragen?

Oberschenkel

Streich mit beiden Händen über deine Oberschenkel. Finde ein Tempo, das es dir ermöglicht, genau zu spüren, wo die Berührung gerade stattfindet. Streich die Oberschenkel zuerst nur auf der Oberseite. Verlangsame und beschleunige die streichenden Berührungen und finde das für dich passende Tempo.

Variiere anschließend Druck und Richtung: Streich mit kräftigem Druck nach vorn zu den Knien und federleicht zurück zu den Leisten. Achte dabei auf die Atemreaktionen.

Mach es anschließend umgekehrt: federleicht vor und mit Druck zurück. Gibt es einen Unterschied in der Wirkung?

Streich dann mit leichtem Druck außen an den Oberschenkeln nach vorn und auf der Innenseite wieder zurück. Spürst du den Unterschied? Die Berührung an der Innenseite in Richtung Becken und Geschlechtsteile ist sehr intim.

Außen vor, um die Knie herum, und innen zurück, vielleicht auch mit geschlossenen Augen. Versuch es so zu machen, dass es für dich angenehm ist, und achte auch auf die für dich passende Dauer.

Knete und reib nun deine Beine, die Oberschenkel und die Waden. Greif belebend hinein in die Muskulatur. Die Selbstmassage fördert die Durchblutung und löst Gähnreflexe aus.

Klopf auch mit locker fliegenden Fäusten, und patsche mit den flachen Händen deine Beine, immer freundlich und ohne Schmerzen zu verursachen. Dann streiche beide Beine zart und verbindend hinunter und hinauf. Abschließend spürst du nach: Wie fühlen sich deine Beine nun an und wie die Hände?

Knie

Bevor du ein Knie berührst, gehst du mental an den Ort der Berührung. Wähl dafür das linke oder rechte Knie. Stell dir vor, das Knie mit den Fingerkuppen beider Hände neugierig zu erkunden. Wie wirkt diese mentale Vorbereitung bei dir?

Berühr dann mit beiden Händen tastend jedes Knie von allen Seiten, besonders zart in der Kniekehle, und spür die Konturen und Gewebe: Muskeln, Knochen, Sehnen, Gelenkspalt, Kniescheibe. Halte das Knie zuletzt ruhig mit beiden Händen umschlossen, und nimm dir Zeit, dein Knie zwischen deinen Händen zu spüren, dieses große und komplizierte Gelenk, das so wichtig für unsere Fortbewegung ist.

Bevor du die Seite wechselst, vergleich beide Knie, das berührte und das noch nichtberührte.

Füße

Nimm einen Fuß und leg ihn so über den Oberschenkel, dass es für dich bequem ist. Berühr den Fuß, streich, knete, taste, drück oder wring ihn. Mach dir dabei deutlich, wo du ihn gerade berührst: an der Ferse oder an den Zehen, am Rist (dem Rücken des Fußes) oder an der Fußsohle. Berührst du die Achillessehne, oder streichst du durch die beiden Fußgewölbe (das Längsgewölbe oder das Quergewölbe)?

Nimm dir ausreichend Zeit dazu. Am Fuß gibt es viel zu ertasten. Und dem Fuß, der sehr viel leisten muss und dich durchs Leben trägt, tut diese interessierte Zuwendung und freundliche Selbstberührung gut.

Halte den Fuß auch mal ruhig zwischen deinen Händen. So kann dir der Raum des Fußes deutlich werden: Du hältst dich selbst in deinem Fuß. Hast du ihm schon einmal solche Aufmerksamkeit zuteilwerden lassen? Mach dir bewusst, was deine Füße für dich leisten.

Beweg nun den gehaltenen Fuß mit deinen Händen, und mach dir die beweglichen Fußgelenke deutlich: Du bewegst das obere Fußgelenk auf und ab, das untere Sprunggelenk hin und her.

> Halte den Fuß dann wieder still zwischen deinen Händen. Die Hände sind nun inaktiv, aber sie spüren genau, was passiert, wenn sich jetzt der Fuß aktiv bewegt. Wie fühlt sich das an?
>
> Nun setz den Fuß so ab, als würde er zum ersten Mal den Boden berühren. Halte dazu das Bein am Unterschenkel unterhalb des Knies, beug dich ein wenig vor, und senk das Bein. Wie erlebst du den Kontakt der Fußsohle zum Boden? Wie fühlt sich dieser Fuß an, wenn du ihn mit dem anderen vergleichst?
>
> Wenn du bereit bist, lass den anderen Fuß an die Reihe kommen.
>
> Spür nun deine Füße am Boden, gelöst in den Hüftgelenken und in den Leistenbeugen. Gib mit den Füßen einen Druck zum Boden, mal links und mal rechts, mal zart und mal stärker. Bring auch die Außen- und Innenkanten sowie die Ferse und die Zehen in Kontakt mit dem Boden.
>
> Zieh dann die Fußgewölbe langsam hoch, halte die Spannung eine Weile und atme dabei weiter. Senk den Fuß dann wieder ab und lass ihn ganz lang werden. Wiederhol diese Bewegung einige Male.
>
> Wenn am Ende beide Füße wieder am Boden stehen, widme deine Aufmerksamkeit dem Kontakt zwischen deinen Fußsohlen und dem Boden und spüre genau. Lass dir ausreichend Zeit dafür. Ist es möglich, dass du gleichzeitig den Luftstrom des Atems in deiner Nase wahrnimmst, die Fußsohlen am Boden und den Luftstrom in der Nase?
>
> Beende die Übung, wie es für dich am besten passt: noch eine Zeit lang im Sitzen nachspürend oder aufstehend, die Füße mit deinem Gewicht belastend und bewusst ein paar Schritte gehend oder eine Weile liegend und ausruhend.

Ist es dir gelungen, gleichzeitig die Fußsohlen am Boden und die Nase zu spüren? War eine Verbindung zwischen den Füßen, der Nase und dem Atem wahrnehmbar? Wie hast du das erlebt?

Selbstberührung sensibilisiert nicht nur den Tastsinn, sondern auch den Atem. Tastsinn und Atem sind unsere feinsten Instrumente. Der Atem ist das feinere, denn er reagiert auf jeden Gedanken, auf jedes Gefühl, auf jede Bewegung und auf jede Berührung. Das wirst du auch beim Thema »Haut« erleben.

3.1.3 Haut

Die Haut ist unser größtes Sinnesorgan. Im Zusammenhang mit intentionaler Selbstberührung ist sie von herausragender Bedeutung, weil wir uns überwiegend mit der Haut und auf der Haut berühren, sie ermöglicht uns also in doppelter Weise vielfältige Empfindungen.

Der gesamte Körper und jedes Organ sind von Haut umgeben und dadurch von der Umgebung abgegrenzt. Abgrenzung ist immer zugleich auch Angrenzung. Wie vertraut sind wir mit unseren Grenzen und unserer Haut? Fühlen wir uns wohl in unserer Haut? Ist das Empfinden für die Haut erst einmal geweckt, können zarte Dehnungen die Wahrnehmung der Haut zusätzlich verfeinern und intensivieren. Ziel ist es, eine gute Spannung und Durchblutung der Haut zu erreichen. Dies führt zu Tiefenentspannung in den darunterliegenden Muskelschichten und zu einem Wohlgefühl.

Die Haut berühren

Streich mit den Händen den ganzen Körper ab. Beginn an den Wänden des Rumpfs: an der Vorderseite, an den Seiten mit den Achseln, und berühr mit besonderer Aufmerksamkeit auch deine Rückseite, denn die kommt oft zu kurz. Lass die Hände zwischendurch in einer Region liegen, beispielsweise auf der Nieren- und Lendengegend oder auf der Brust, und verweile dort so lange, bis die Atembewegung unter deinen Händen spürbar wird.

Streich dir nun liebevoll über die Schultern und die Arme hinunter bis zu den Händen. Geh weiter zum Hals und zum Kopf, und streich dir über die Haare. Komm abschließend zum Becken und zu den Beinen.

Wenn du den Eindruck hast, deinen Körper überall und ausreichend berührt zu haben, lass diese Selbstberührungen in Ruhe und Stille nachwirken und deutlich werden. Das Gehirn registriert und speichert neue Erfahrungen in ruhigen Momenten besonders gut, wenn kein neuer Input kommt.

Berühren, ohne zu berühren

Lass die Wahrnehmung zu deinen Körperwänden und zu deiner Haut gehen. Lass die Aufmerksamkeit überall dorthin gehen, wo du dich spüren kannst, und auch dorthin, wo du dich gern spüren würdest. Lass diese mentale Einstimmung so prägnant werden, dass du den Eindruck gewinnst, du würdest dich wie von allein zu bewegen beginnen.

Lass deinen Körper dann real in Bewegung kommen, immer von innen. Werde immer weniger Macher:in, sondern immer mehr Beobachter:in dieser Vorgänge.

Bei den Wahrnehmungen kannst du zwischen dem Beobachten der Bewegungen und der Empfindungen hin und her wechseln. Die Bewegungen sollten sich so anfühlen, als würdest du dich mit ihnen berühren.

Lass diese feinen Bewegungen allmählich zu Ende gehen, und spür dich abschließend in Ruhe und Stille. Wie nimmst du deinen Körper, deine Haut und deinen Atem nun wahr?

Manche Menschen fühlen sich nach dieser Übung in ihrer Haut so wohl und durchlässig, dass sie den Eindruck haben, sie atmeten nicht nur durch die Nase, sondern auch durch die Haut.

Belebt an Händen und Füßen und durchlässig in der Haut – dies alles kann Selbstberührung in kürzester Zeit bewirken. Wie fühlt es sich an, belebt und durchlässig zu sein, und wie bewertest du das? Mach dir bewusst, dass keine besonderen Bedingungen, Techniken oder Kompetenzen dazu erforderlich sind, diesen Zustand herbeizuführen. Innehalten und achtsam berührende Selbstzuwendung genügen, damit du bei dir ankommen und dich spüren kannst.

3.1.4 Kopf und Orientierung

Selbstberührungen am Kopf finden im Alltag häufig statt, aber wir bemerken sie nur selten. Bewusste, absichtsvolle Selbstberührung ist uns dort hingegen weniger vertraut. Der Kopf ist eine äußerst intime Region, und nur wenige Menschen lassen sich dort gern von anderen berühren, außer von vertrauten Personen. Der Kopf birgt und schützt unser Gehirn und ist der Ort unserer Sinnesorgane. Vorn befindet sich unser Gesicht, mit dem wir in Erscheinung treten und wo wir von anderen erkannt werden. Aus diesem Grund sind Selbstberührungen am Kopf »berührend« und wirkmächtig.

Orientierung ist ein fundamentales Bedürfnis für jedes Lebewesen. Der Kopf ist als Erfahrungsort der Orientierung besonders gut geeignet. Wenn wir ihn an allen sechs Seiten berühren (vorn und hinten, links und rechts, oben und unten), finden wir Orientierung am Kopf und darüber hinaus im gesamten Körper. Mithilfe unseres Körpers wiederum verorten wir uns im Raum. Selbstberührungen am Kopf können das Bedürfnis nach Orientierung befriedigen und den Orientierungssinn stärken.

Den Kopf mit seinen sechs Dimensionen begreifen
Streich zur Einstimmung und zur Sammlung behutsam über deinen Kopf, von oben über die Seiten zum Hals, über den Hinterkopf und über das Gesicht. Leg die Hände dann seitlich an deinen Kopf und halte ihn zwischen den Händen, ohne von den Händen zum Kopf oder vom Kopf zu den Händen zu drücken. Deine Hände geben ihm eine klare Auf- und Ausrichtung zwischen links und rechts.

Wenn du die Hände wieder wegnimmst, überprüfe, ob er gerade ausgerichtet bleibt. Nutz dazu das »Berührungsecho«, den empfundenen Nachklang deiner seitlichen Berührung.

Leg dann die Hände vorn und hinten an deinen Kopf, auf die Stirn und auf den Hinterkopf. Nutz auch hier die Berührung der Hände dazu, ihm wieder eine klare Auf- und Ausrichtung zu geben, sodass er sich nicht nach vorn oder nach hinten neigt. Nimm die Hände weg und nutz erneut das Berührungsecho, um deinen Kopf gerade ausgerichtet zu halten.

Leg nun eine Hand auf deinen Kopf und die andere unter das Kinn, und gib deinem Kopf von oben und unten Halt und Orientierung. Die Hände helfen nun bei der Auf- und Ausrichtung zwischen oben und unten. Lass wieder das Berührungsecho nachwirken, wenn du die Hände wegnimmst.

Du hast deinen Kopf an sechs Orten berührt: links und rechts, hinten und vorn, oben und unten. Er kann sich nun selbst ausrichten, ohne Berührung und mit minimalem Aufwand. Erkenn und korrigier habitualisierte Schiefhaltungen oder einen zu stark nach vorn hängenden oder nach hinten zurückgenommenem Kopf. Wenn der Kopf die richtige Position gefunden hat, sollte es sich für dich ganz leicht anfühlen, ihn aufrecht und frei zu halten.

In einem weiteren Schritt geht es nun darum, die am Kopf erlebten Orts- und Orientierungserfahrungen auf deinen Körper zu übertragen und in den Raum auszuweiten. Diesen Teil der Übung kannst du im Sitzen oder im Stehen ausführen.

Den Körper im Raum begreifen

Leg zuerst die entspannt gestreckten Arme seitlich an deinen Körper, ohne Druck, nur zart im Kontakt mit deinen Seiten, und verdeutliche dir deine linke und rechte Körperseite. Mach dir bewusst: Mit dem linken Arm berühre ich meine linke Körperseite und mit dem rechten Arm meine rechte Körperseite. Spür beide Seiten und dich dazwischen.

Leg dann eine Hand auf deine Vorderseite, auf die Brust oder auf den Bauch, und die andere Hand auf deine Rückseite, wo du bequem hinkommst. Spür deine Vorderseite und deine Rückseite und nimm dich räumlich zwischen vorn und hinten wahr.

Werd dir nun deiner Fußsohlen am Boden bewusst, der untersten Ebene deines Körpers. Spür dein Gewicht und die Schwerkraft und lass dich vom Fußboden tragen. Leg dann beide Hände übereinander auf den höchsten Punkt deines Kopfs: unten der Boden und oben deine Hände, dazwischen du. Lass dann die Arme gelöst neben dem Körper hängen und spür dich eine Weile so stehend, ausgespannt zwischen Himmel und Erde.

Das Empfinden für deine Körpergrenzen und die sechs Seiten ermöglichen dir, Asymmetrien im Körper zu erkennen und Schritt für Schritt Symmetrie herzustellen. Zudem erleichtert dir ein Bewusstsein für deine Körpergrenzen, dich im Raum zu orientieren. Damit geht es nun weiter.

Kopf und Körper im Raum verorten
Leg beide Hände wieder auf deinen Kopf, spür die Berührung zwischen Schädeldach und Handinnenseite, keine Seite drückt oder schiebt die andere. Heb dann mit einer langsamen Bewegung die auf dem Kopf liegenden Hände empor, führ sie nach oben und auseinander und bleib dabei mit deinen Füßen deutlich im Bodenkontakt, nach oben offen und weit, nach unten sicher geerdet. Führ die Hände wieder zurück auf deinen Kopf und wiederhol diesen Bewegungsablauf einige Male, achtsam und im langsamen Tempo. Lass die Hände abschließend wieder entspannt neben deinem Rumpf hängen.

Leg die Hände nun an deine Körperseiten und orientier dich nach links und rechts, zunächst nur mental, ohne dich zu bewegen. Beweg dann den rechten Arm langsam nach rechts und folg dieser Richtung mit deiner Aufmerksamkeit. Der Körper bleibt zunächst in seiner Position, und der Kopf schaut dabei weiter geradeaus. Wenn der rechte Arm wieder an deine rechte Körperseite zurückgekehrt ist, geh mental auf die andere Körperseite und beweg dann den linken Arm nach links. Wechsle dann zwischen links und rechts. Wenn der Körper leicht mitgehen will, erlaub es ihm. Mach alle Bewegungen bewusst, in langsamem Tempo und mit klarer seitlicher Ausrichtung. Am Ende der Übung hängen beide Arme wieder entspannt links und rechts neben deinem Rumpf.

Leg nun eine Hand auf deine Vorderseite und die andere auf deine Rückseite, spür dich zwischen hinten und vorn. Lass dich dann im Wechsel von der vorderen Hand leicht nach vorn führen, ohne deinen Standpunkt aufzugeben, und von der hinteren Hand nach hinten, ohne das Gleichgewicht zu verlieren.

Wahrscheinlich bemerkst du, dass du nach hinten weniger Orientierung und Sicherheit hast als nach vorn. Das ist bei allen Menschen so, wir haben stärkere und schwächere Seiten. Um mehr Sicherheit im Körper, im Raum (und auch im Leben) zu gewinnen und besser orientiert zu sein, ist es sinnvoll, sich zunächst am eigenen Körper mithilfe von Selbstberührungen auszurichten. Für das Gleichgewichtsgefühl und zur Erhöhung der Sturzsicherheit ist es nützlich, die schwächeren Seiten vermehrt zu trainieren: hinten mehr als vorn, links mehr als rechts (für Linkshänder:innen umgekehrt), unten mehr als oben. Überprüf abschließend deine Position und deine Aufrichtung noch einmal, mit offenen und auch mit geschlossenen Augen: Spürst du deine sechs Körperseiten? Wie fühlst du dich im Raum verortet?

Absichtliches Berühren, Begreifen, Handeln und die Selbstverortung in den sechs Richtungen und im Raum vermitteln auf der Basis haptisch-taktiler Körpererfahrungen grundlegende Orientierung und Sicherheit. Das Tastsinnessystem ist daran zentral beteiligt. Aber wir tasten nicht nur mit den Händen, sondern mit dem ganzen Körper und auf sehr spezielle Weise auch mit dem Mund.

3.1.5 Mund

Noch bevor wir mit den Händen (be-)greifen, erkunden wir mit der Mundregion die Um- und Mitwelt. Alles, was in den ersten Lebensmonaten ergriffen wird, führen die Hände reflexartig zum Mund. Oberfläche, Temperatur, Konsistenz und Geschmack eines Objekts werden mit Zunge und Lippen ertastet und geprüft. Auf diese Weise sammeln wir basale Grunderfahrungen über die Elemente, aus denen die Welt gemacht ist, und prägen sie uns ein.

Beim Trinken und Essen, Saugen, Kauen und Schlucken kommen weitere Berührungs- und Bewegungserfahrungen hinzu. Bei der Nahrungsaufnahme zerlegen Kiefer, Zähne, Zunge, Gaumen und Lippen in einem bewegten Zusammenspiel die Bestandteile der Nahrung. Die Lebensmittel werden dabei geknetet, mit Speichel versetzt und zuletzt geschluckt. Die Zunge prüft die Nahrung auf Geschmack und Konsistenz. Zugleich tastet sie ab, ob sich ungenießbare Bestandteile wie eine Gräte, ein Haar oder ein Pfefferkorn im Speisebrei befinden. Diese werden aussortiert, damit sie nicht in die Verdauungsorgane gelangen. Während dieser Vorgänge finden verschiedenartige Bewegungen und Selbstberührungen statt, die wir in der Regel nicht bemerken.

Beim Sprechen wiederum denken wir natürlich nicht an die vielfältigen Bewegungen und komplexen Selbstberührungen, die zur Lautbildung erforderlich sind, sondern an das, was wir mitteilen wollen, und die Person, die adressiert ist. Unsere Freude am Sprechen und die Genauigkeit der Artikulation können gesteigert werden, wenn wir auf die Vorgänge in der Mundregion achten. Beim Sprechen und Singen beginnen die Selbstberührungen bereits in der Tiefe des Kehlkopfs an den Stimmlippen. Oben im Rachen und im Mundraum kommt es zu weiteren meist sehr kurzen Selbstberührungen von Zunge, Lippen, Gaumen und Zähnen. So bilden wir auf unterschiedliche Weise Verschlusslaute

(Plosive: b, p, d, t, g, k), Reibelaute (Frikative: f, w, s, sch), Fließlaute (Liquide: l, r) und Klinglaute (Nasale: m, n). Zur Bildung der Vokale tritt die Formung des Rachen- und Mundraums, des sogenannten Ansatzrohrs, in den Vordergrund, und die Selbstberührungen sind weniger wichtig.

Mundhöhle und Mundwerkzeuge sind im gesamten Leben von größter Bedeutung, denn sie dienen nicht nur dem Erkunden der Welt, der Nahrungsaufnahme und dem Sprechen, sondern auch dem Austausch von Zärtlichkeiten. Die für Motorik und Sensorik von Mund und Zunge zuständigen Gehirnareale sind besonders groß (s. Abb. 1 in 1.1.3). Das weist auf die Wichtigkeit dieser Region für unser Leben hin.

Bei allen genannten Vorgängen finden zahllose, überwiegend unbewusst ablaufende Selbstberührungen statt. Bewusstheit und Empfindungsfähigkeit im Mundraum sowie eine fein abgestimmte Kooperation der Sprech- und Mundwerkzeuge fördern nicht nur den Appetit und die Verdauung, sondern verbessern auch die Artikulation. Mit intentionaler Selbstberührung werden diese Bewegungen und Funktionen deutlich ins Bewusstsein gehoben. Dadurch werden sie besser verfügbar und differenzierter. Zugleich haben die Bewegungen und Selbstberührungen von Lippen, Zunge und Mund eine entspannende Wirkung, da sie über die Hirnnerven direkt mit dem autonomen Nervensystem verbunden sind und uns in einen zufriedenen parasympathischen Zustand versetzen.

Saugen, Daumen lutschen, Stimme explorieren, essen, schlucken, küssen, sprechen – all dies findet in der Mundregion statt. Die meisten Menschen erleben diese Leibesregion und die genannten Aktivitäten als lustvoll, und das nicht nur in der frühen Kindheit, die Freud (2012, bes. S. 81–111) als die »orale Phase« bezeichnete, sondern lebenslang.

Den Mund explorieren 1

Beginn damit, dass du deine Aufmerksamkeit in die Mundhöhle lenkst, ohne etwas zu verändern. Kannst du die Mundhöhle wahrnehmen? Wo befindet sich die Zunge? Wird der Speichelfluss bereits stärker? Erkunde nun mit der Zungenspitze den Mundraum: die Zähne, den Gaumen, die Zwischenräume. Versuch auch, die Zunge nach hinten zu rollen, sie nach oben an den Gaumen oder die Zungenränder an die Zähne zu pressen.

Nach Beendigung der Übung lass dir Zeit, die Nachwirkungen zu spüren. Vielleicht bemerkst du Auswirkungen auf den Speichelfluss und die Atmung. Bist du ruhiger und entspannter geworden?

Den Mund explorieren 2
Lenk deine Aufmerksamkeit auf die Mundhöhle. Gibt es dort bereits Selbstberührungen, ohne dass du etwas tust? Ertaste die Mundhöhle von innen mit der Zunge. Wie können Zunge und Lippen einander berühren? Welche Möglichkeiten der Selbstberührung entdeckst du mit deinen Zähnen? Berühr mit der Zunge, den Lippen, den Zähnen die Haut deines Unterarms.

Selbstberührungen beim Lautieren
Sprich verschiedene Laute und beobachte, wo diese entstehen und welche Selbstberührungen zu ihrer Entstehung erforderlich sind: Konsonanten »sch«, »ch« oder »f«, »t«, »k« oder »b«, »ts« oder »pr«, »r« oder »l«, »m« oder »n« sowie Vokale wie »a«, »i« oder »ö«. Sprich nun einzelne Worte, Reime, »Zungenbrecher«, deinen Namen, ein Gedicht, oder sprich in einer Fantasiesprache.

3.1.6 Augen

Der Geschmackssinn ist einer unserer Nahsinne, die Augen hingegen gehören zu den Fernsinnen. Mit ihnen sehen wir, ohne etwas berühren zu müssen. Das lässt die Augen weit reichen und macht das Sehen blitzschnell. Mit ihnen regulieren wir auch soziale Nähe und Distanz, zeigen Zu- oder Abneigung.

In der Idiopraxie sind wir uns der herausragenden Bedeutung der Augen und des Sehsinns bewusst. Mit intentionalen Selbstberührungen wollen wir aber etwas anderes und noch mehr bewirken: Wir fassen die Augen konkret an, wir wollen sie differenziert wahrnehmen und gut spüren, um ihren Wert noch umfassender zu begreifen.

Selbstberührungen an den Augen und in der Augenregion sind sehr wohltuend und haben entspannende Wirkung. Für uns Menschen stellen die Augen den wichtigsten Sinn dar, wir sind visuelle Wesen. Im Alltag werden unsere Augen oft stark überfordert, da wir uns nicht nur visuell orientieren, sondern fast alle Tätigkeiten eine hohe visuelle Aufmerksamkeit erfordern. Zudem hantieren wir ständig mit lichtintensiven und kleinen visuellen Medien, die hohen körperlichen und damit auch geistig-emotionalen Stress verursachen. Die Folge davon sind oft Ermüdung, brennende Augen, Kopfschmerzen, Migräne und Nackenschmerzen. In der Idiopraxie wird der Berührung der Augen große Aufmerksamkeit geschenkt, denn Selbstberührungen können hier rasch und einfach wohltuende Effekte und tiefgreifende Regenerationsprozesse bewirken.

Die Augenhöhlen ertasten

Spür deine Augen, ohne etwas zu tun. Lass sie eine Weile offen, und schließ sie dann sanft.

Mit offenen Augen, mit geschlossenen Augen: Was ist der Unterschied? Bemerkst du die Beruhigung, die der Lidschluss bewirkt? Die geschlossenen Augen müssen nichts beobachten oder kontrollieren, sie können ausruhen. Davon profitiert auch dein Gehirn (die Sehnerven und der visuelle Kortex), das für einige Augenblicke nichts verarbeiten muss.

Lass die Augen, wenn möglich, bis zum Ende dieser Übung geschlossen. Beginn jetzt, die knöchernen Ränder deiner Augenhöhlen zu ertasten, an der Stirn und an den Jochbeinen sowie links und rechts an den inneren und äußeren Augenwinkeln.

Achte darauf, dass du nicht auf die Augen drückst, sondern nur auf die knöchernen Ränder der Augenhöhlen, die deine Augen schützen. Wie stark du drückst, entscheidest du selbst. Verschieb auch mal die Haut, die die Jochbeine und den Stirnknochen bedeckt, dehn sie leicht nach innen oder nach außen. Bemerkst du die Wirkung? Gibt es Atemreaktionen? Leg dann die Hände entspannt ab und spür deine Augen und die Augenregion.

Wird dir der Unterschied zwischen den harten Knochen der Augenhöhlen und den empfindlichen, gut geschützten Augen in den Höhlen deutlich? Können die Augen schon ein wenig entspannen?

Die Augen berühren

Streich nun mit den Fingerkuppen beider Ringfinger zart über deine oberen Augenlider, einige Male von innen nach außen, mal von außen nach innen, und dann wieder von innen nach außen, sehr zart, ganz ohne Druck, Haut auf Haut. Mach es so, dass es zu einer angenehmen und entspannenden Erfahrung wird.

Streich auch einige Male über die unteren Augenlider. Leg dann die Hände wieder ab und nimm dir Zeit, die Auswirkungen dieser achtsamen Selbstzuwendung wahrzunehmen.

Wie spürst du deine Augen, dein Gesicht? Kommen die Gedanken zur Ruhe, wird dein Kopf leer? Bemerkst du auch deinen Atem und die Berührung der aus- und einströmenden Luft in der Nase und der Kehle? Fühlst du die Entspannung? Ruhe und verweile in diesem aufgabenfreien Zustand.

In unserer stark visuell ausgerichteten Welt ist wichtig, den Augen regelmäßig kurze Erholungspausen zu gönnen. Wenige Sekunden genügen: Ruhig in die Ferne blicken, einen Baum betrachten, die Augen bewusst schließen oder zart über die Lider streichen. Das sind kurze, aber erholsame und gesundheitsfördernde Auszeiten für Augen und Gehirn. Alle Selbstberührungen in der Augenregion bewirken ein feines Empfindungsbewusstsein für dieses kostbare Sinnesorgan.

Das »Palmieren« ist eine bewährte Methode zur Entspannung der Augen und des Gehirns und wurde schon vor über hundert Jahren von Bates (2019) praktiziert. Als Palmieren (von englisch *palm* für den Handteller) wird das behutsame Bedecken mit den eigenen Handschalen bezeichnet. Mit dieser einfachen Art der Selbstzuwendung können sich die Augen rasch entspannen, kaum etwas ist angenehmer, einfacher und wirksamer. Das behutsame Betasten der Ränder der Augenhöhlen mit wechselndem Druck entspannt die Augen und die Haut um die Augen ebenfalls. Diese Entspannung breitet sich rasch über das ganze Gesicht aus.

Palmieren

Nähere die Hände langsam deinem Gesicht und schließ dabei die Augen. Nimmst du den warmen Atem und die Strahlungswärme wahr? Bemerkst du, wie es dunkler wird, bevor es zur Berührung kommt? Entfern dann deine Hände wieder und nähere sie dem Gesicht erneut an. Lass beide Handschalen schließlich behutsam über deinen Augen zum Liegen kommen. Zusammen mit den Augenhöhlen bilden sie nun zwei dunkle und warme Höhlen, in denen die Augen entspannen können. Lass die Selbstberührung eine Weile wirken und warte, bis Augen, Stirn und Schläfen beginnen, sich zu entspannen. Wenn du bereit bist, die Hände wieder zu lösen, ziehst du sie sehr langsam und bewusst vom Gesicht ab. Spürst du die kühle Frische auf der Gesichtshaut?

Mit dem absichtlichen Berühren der Augenregion, dem bewussten Schließen der Augen und dem eindeutigen Jetzt-nichts-sehen-Wollen fahren wir verschiedene neuronale Aktivitäten herunter. Das denkende Gehirn (Neokortex) und das fühlende Gehirn (limbisches System) überlassen dem fungierenden Gehirn (Stammhirn) die Bühne. Dadurch beruhigt sich die Atmung, die Haut entspannt sich, Wärme breitet sich im Körper aus, und im Magen oder Darm werden vielleicht Geräusche hörbar – alles Zeichen dafür, dass sich ein parasympathisches Wohlgefühl ausbreitet.

Du kannst nun dieses angenehme Daseinsgefühl eine Weile auskosten. Bemerkst du deinen Atem? Möchtest du dich ihm aufmerksamer zuwenden? Wenn du dies tun möchtest, brauchst du nur an deine Nase zu denken und auf den Luftstrom zu achten. Dann bist du sofort mit dem Atem verbunden.

3.1.7 Nase

Selbstberührung an der Nase macht deren prominente Stellung mitten im Gesicht deutlich. Die äußere Nase mit Nasenrücken, Nasenspitze, Nasenflügeln und Nasenscheidewand kann ebenso spürbar gemacht werden wie die große, tief im Kopf verborgene Nasenhöhle. Zudem heben Berührungen an der Nase die Atmung ins Bewusstsein, denn die Nase ist das Tor des Atems. Hier beginnt der Atemtrakt, der über die Luftröhre bis in die Lunge reicht. Selbstberührungen an der Nase haben eine erfrischende und belebende Wirkung.

Die Nase berühren – Tor des Atems
Taste mit deinen Fingerkuppen die Nase: Streich von der knöchernen Nasenwurzel über das bewegliche Nasenbein und den Nasenrücken zur Nasenspitze und über die Nasenflügel zu den Wangen. Taste auch die Nasenscheidewand und die Bögen der Naseneingänge. Reib und beweg dann die Nase als Ganze, und lass dich spüren, wie sie sich anfühlt und wo sie ihren Platz im Gesicht hat. Lass dir die Bedeutung dieses wichtigen Organs mit seiner Doppelfunktion bewusstwerden: Riechorgan und Tor des Atems.

Die nachfolgende Übung empfehlen wir vor allem Personen, die Schwierigkeiten beim Atmen haben oder leicht in Atemnot kommen. Von besonders großem Nutzen ist sie für Menschen mit Angst- und Panikstörungen. Wenn die Übung oft trainiert wurde, kann sie im Notfall hilfreich angewendet werden.

Atemstrom und Atmung verändern
Mit kleinen Veränderungen an der Nase kannst du Einfluss auf deine Atmung nehmen und dir den Luftstrom verdeutlichen. Diese winzigen Eingriffe können eine starke Wirkung haben. Mach die Übungen daher sehr behutsam und nur kurz.
  Weite deine Naseneingänge, indem du die Nasenflügel zart zwischen Daumen und Zeigefinger hältst und ein wenig zur Seite und nach unten ziehst. Beobachte, wie sich das auf den Luftstrom und deine Atmung auswirkt.
  Verenge dann vorsichtig deine Nase, indem du Daumen und Mittelfinger einer Hand unterhalb der Nasenwurzel auf die Nase setzt und die Nasengänge minimal verengst. Achte darauf, keine Panik auszulösen. Es ist normal, wenn dein sympathisches Nervensystem bei dieser Übung anfangs mit einer »Alarmreaktion« reagiert, denn wenn die Atmung behindert wird und die Luft knapp zu werden scheint, könnte dies lebensbedrohlich sein. Mach dir bewusst, dass du diese

Übung bewusst ausführst, um deine Atmung besser kennenzulernen. Du selbst kannst das Maß der Verengung regulieren und die Übung jederzeit beenden. Wenn du ruhig bleibst und deiner Atmung vertraust, wirst du bemerken, dass dein Zwerchfell verstärkt zu arbeiten beginnt. Du spürst die kraftvolle Abwärtsbewegung dieses wichtigen Atemmuskels und wie deine Atmung mit der Zeit tiefer und ruhiger wird. Anstelle von Angst oder Panik entsteht ein Gefühl von Sicherheit und Vertrauen in deine funktionierende Atmung.

Die Aufmerksamkeit galt bisher der äußeren Nase und der Atmung. Wir haben auch eine große Nasenhöhle im Inneren des Kopfs. Sie ist fast so groß wie eine Faust und besteht aus drei Nasenmuscheln. Die eingeatmete Luft wird dort durch drei übereinanderliegende Wege geführt und streicht dabei an den warmen, feuchten und mit feinem Flimmerepithel besetzten Schleimhäuten entlang. Dabei wird sie entstaubt, erwärmt und angefeuchtet. Zudem wird die Luft in der obersten Nasenmuschel, wo sich die Sinneszellen für das Riechen befinden, auch geruchsgeprüft. Sollte sie giftig sein bzw. arg stinken, registrieren es die olfaktorischen Sinneszellen, die direkt mit dem Gehirn verbunden sind. Die Nase kann umgehend verschlossen werden, und keine schädliche Luft gelangt in die Lunge. All diese Funktionen deuten darauf hin, wie wichtig die Nasenatmung und eine systematische Atem- und Lufthygiene sind. Idiopraktische Nasenübungen steigern das Bewusstsein für die Nase, die Luft und die Atmung und tragen zu einer wirkungsvollen Gesundheitspflege bei.

Die Nasenhöhle entdecken

Leg beide Hände mit den Fingerkuppen auf der Höhe der Naseneingänge seitlich neben deine Nase. Gib dann eine sehr zarte Dehnung zu den Seiten und beobachte, wie sich das auf deine Atmung auswirkt und wo du den Luftstrom spürst. Auf dieser Höhe befindet sich die unterste der drei Nasenmuscheln. Leg dann die Finger auf Höhe der Nasenmitte seitlich neben deine Nase. Gib wieder eine zarte Dehnung über die Jochbeine zu den Seiten und beobachte die Atemreaktion. Auf dieser Höhe befindet sich die mittlere Nasenmuschel. Leg dann die Finger dicht nebeneinander auf Höhe der Augenbrauen auf deine Stirn, und gib eine zarte Dehnung zu den Seiten. Wie wirkt sich das auf deine Atmung aus? Wo bemerkst du jetzt den Luftstrom? Auf dieser Höhe befindet sich die oberste Nasenmuschel.

Abschließend kannst du die Dehnungen in beliebiger Reihenfolge wiederholen. Beobachte dabei, wie dein Atem reagiert und ob du bereits ein Empfindungsbewusstsein für deine Nasenhöhlen und den Strom der Atemluft bekommen hast.

Die Entdeckung der Nasenmuscheln ermöglicht es dir, eine verborgene und aus hygienischen Gründen sehr wichtige Körperhöhle dem Bewusstsein und dem Empfinden zugänglich zu machen. Zudem kannst du bei der Atembeobachtung erleben, wie der Atem dich mit der Welt verbindet. Auch das Gehör, dem wir uns nun zuwenden, ist ein Sinn, der dich mit der Welt sowie mit Raum und Zeit in Verbindung bringt.

3.1.8 Ohren

Selbstberührungen an den Ohren führen zu einem aufmerksamen Innehalten, zum Lauschen und zur Raumerfahrung. Sie bringen uns in einen Wahrnehmungsmodus, der einen kugelförmigen Raum eröffnet und uns ruhig werden lässt. Die Belebung der Ohren kann auch dazu führen, dass wir aufmerksam werden – die Wendung »die Ohren spitzen« deutet darauf hin. Ziehen wir behutsam an den Ohrenspitzen, lockt das den Atem in die Höhe und macht uns wach. Ziehen wir die Ohren zur Seite, stellt sich ein deutlicher Atemreflex auf der Ebene des Zwerchfells ein. Ziehen wir an den Ohrläppchen nach unten, so lockt das den Atem in die Tiefe und macht uns schläfrig. Diese Reflexe stellen sich früher oder später bei jedem Menschen ein, sie müssen nicht gelernt, sondern nur wiederbelebt werden.

Die Ohren beleben
Taste deine Ohren: die Muscheln, die Ränder, die Windungen und die Eingänge zu den Ohrgängen. Reib behutsam, bis sie warm werden. Leg die Hände entspannt ab und spür deine Ohren. Spürst du ihre Temperatur, ihre Form, ihre Lage an den Seiten des Kopfs und die zu den Seiten hin ausgerichteten Schalltrichter?

Rauschen des Lebens
Beweg nun deine zu Schalen geformten Hände langsam auf die Ohren zu, ohne diese zu berühren. Was geschieht dabei? Verändert sich der Klang? Kommt vielleicht ein Gähnreflex? Leg dann die Handschalen weich auf deine Ohren. Was hörst du? Vielleicht ein Rauschen? Das ist der Blutstrom. Berendt (z. B. 2021) nannte diesen Klang in seinen Hör-Seminaren das »Rauschen des Lebens«. Bemerkst du, in welche Stimmung es dich versetzt, wenn du zu lauschen beginnst und den Klang des Lebens wahrnimmst?

Ohren und Atmung
Zieh nun behutsam an den Ohrenspitzen und beobachte deine Atmung. Bemerkst du, wie dieser Impuls deinen Atem in die Höhe lockt und dich wach macht? Zieh die Ohren nun zur Seite. Wieder wird sich ein deutlicher Atemreflex einstellen, diesmal auf der Ebene des Zwerchfells. Zieh dann an den Ohrläppchen nach unten. Wie reagiert dein Atem nun? Er wird in die Tiefe gelockt, das macht uns ruhig und ein wenig schläfrig.

Wenn die Berührung der Ohren dich in eine entspannte Verbindung mit Raum und Zeit bringt, hast du vermutlich auch einen guten Kontakt mit dir selbst und fühlst dich sicher, verbunden und lebendig. Dieses grundlegende Lebensgefühl kann dir freundliche Selbstzuwendung und achtsame Selbstberührung bescheren. Das Gefühl von entspannter Sicherheit und ruhiger Gelassenheit sollte auch erhalten bleiben oder sich sogar noch steigern, wenn du dich nun einer heiklen Region zuwendest: deinem Hals.

3.1.9 Hals

Ein besonders sensibler Bereich des Körpers ist der Hals und dort vor allem die Kehle. Berührungen am Hals sind ein heikles Thema. Sind sie nicht passend, kann das bedrohlich wirken. Wenn wir unter Spannung stehen oder Angst haben, wird uns eng im Hals, der Blutdruck steigt und die Stimme versagt. Emotionen aller Art zeigen sich unüberhörbar am Klang der Stimme: Sind wir entspannt und sicher, ist unsere Stimme klangvoll, bei Unsicherheit oder Ärger verliert sie ihren natürlichen Klang.

Stimmige Selbstberührungen am Hals hingegen sind eine Wohltat. Dabei geht es zunächst darum, die kräftige hintere und seitliche Hals- und Nackenmuskulatur durch massageartige Berührung zu entspannen. Anschließendes behutsames Halten des Halses stellt ein Gefühl von Weite her, das für diese Region außerordentlich wichtig ist, denn hier führen auf engstem Raum lebenswichtige Organe hindurch: Luftröhre, Speiseröhre, Blutgefäße, Nervenbahnen und die Halswirbelsäule. Entspannung im Nacken und Weite im Hals befreien den vorderen Bereich des Halses, vom Kinn bis zur Drosselgrube und rund um die Kehle. Mit besonderer Behutsamkeit sind auch an der Kehle selbst Eigenberührungen möglich. Eine weite und entspannte Kehle erlaubt freie Atmung und führt zu einem angenehmen Lebensgefühl.

Den Hals weiten und die Kehle entspannen
Leg deine aufgewärmten Hände seitlich an den Hals und halte ihn eine Weile. Spür von den Händen zum Hals und vom Hals zu den Händen. Nimm den Raum deines Halses zwischen den Händen wahr. Er sollte weit sein und genügend Platz für Halsschlagadern, Luft- und Speiseröhre, Wirbelsäule, wichtige Nerven und weitere Gefäße bieten. Während du den Hals hältst, bist du auch mental präsent dort: Denk an diese gewünschte Weite, bis du sie von innen spürst. Mach kleine Bewegungen mit dem Kopf, um noch mehr Freiheit im Hals zu gewinnen. Lass den Kiefer ein wenig hängen, damit der Hals und die Kehle noch freier werden. Wenn du magst, kannst du auch leise summen und die feinen Vibrationen spüren, diese ganz spezielle Form innerer Selbstberührung. Lös nun die Hände, spür deinen weiten Hals und den Atem, der kühl und erfrischend durch den Rachen und die Kehle streicht.

Berühr dann behutsam die Vorderseite des Halses. Streich mit den Fingerkuppen neben der Luftröhre auf und ab, ohne jeglichen Druck, nur sehr zart über die Haut. Erlaub dir, dabei den Kiefer sinken zu lassen, damit auch der Kehlkopf sich senken kann. Achte auch auf deine Empfindungen und Gefühle und geh ruhig und freundlich mit dir um.

Der Hals ist die Verbindung zwischen Kopf und Rumpf. Mit diesem Wissen sollten wir immer darauf achten, ihn so zu halten, dass alle wichtigen Organe ihn ungehindert passieren können und er ein freier Durchgang ist.

3.1.10 Rumpf

Der Rumpf wird im Ayurveda, der traditionellen indischen Medizin, liebevoll als »Schatzkästchen« bezeichnet, denn er beherbergt mit den inneren Organen kostbare Schätze (Bögle, 2007, S. 165). Bei der Betrachtung seiner äußeren Form können wir bereits erahnen, wie es den inneren Organen wohl gehen mag.

Selbstberührung am Rumpf ist vielseitig und vielschichtig: Sie spricht nicht nur die Außenwände (Vorderseite, Rückseite und die Seiten) an, sondern auch die Innenwände und die inneren Organe. Während die äußere Ansprache sich positiv auf das Aufrichten, auf Haltung und Atmung auswirkt, vermittelt die innere Selbstberührung Kontakt zu den Organen und unterstützt deren Funktion.

Die Wahrnehmung dieser Orte und Vorgänge wird nicht immer gleich gelingen. Zur Erleichterung kann es hilfreich sein, sich mittels anatomischer Bilder über die verschiedenen Organe und deren Form und Lage im Brust- und

Bauchraum zu informieren. Es kann auch sein, dass Selbstberührungen, mit denen Herz, Lunge, Nieren oder Magen angesprochen werden, rasch wirken und tief berührend sind. In der Idiopraxie gestaltet jeder Mensch die Selbstberührung immer selbst. Die Zielsetzung, sich freundlich zu berühren, bleibt dabei richtungsgebend.

Der Rumpf besteht aus zwei großen Räumen: dem Brustraum mit Lunge und Herz sowie dem Bauchraum mit Magen, Darm, Nieren, Leber, Gallenblase, Bauchspeicheldrüse und Milz. In der Mitte des Rumpfs schwingt das Zwerchfell, der wichtigste Atemmuskel. Sein Auf und Ab belüftet die Lunge und fördert zugleich die Verdauung. Mithilfe von Selbstberührungen ist es möglich, ein Empfindungsbewusstsein für diese Vorgänge, Organe und Regionen zu bekommen.

Rumpfwände und ganzer Rumpf

Streich in sitzender Position an deinem Rumpf hinunter: vorn, seitlich und hinten. Streich auch einige Male hinauf. Bemerkst du einen Unterschied? Wende dich nun mit deinen Selbstberührungen einer Seite zu: zuerst der Vorderseite, von den Schlüsselbeinen über den Bauch bis hinunter zum Becken. Streich dann mit beiden Händen eine Rumpfhälfte und Rumpfseite, beginnend unter der Achsel, hinunter zum Beckenkamm. Bevor du zur anderen Seite wechselst, vergleich beide Seiten. Bemerkst du Unterschiede? Streich nun mit langsamen Bewegungen mehrfach deinen Rücken hinunter.

Lass abschließend die Hände eine Weile auf der Nierenregion liegen; dabei berühren die Handwurzeln die hinteren unteren Rippenbögen, und die Fingerkuppen zeigen nach unten. Lass die Hände dort so lange ruhig liegen, bis du den Wärmeaustausch zwischen Händen und Rücken sowie die Atembewegung spürst. Lös zu deiner Zeit die Hände behutsam ab und spür nach. Bemerkst du die Auswirkungen der Selbstberührungen? Hast du ein »Gefühl« für die vier Seiten und deinen Rumpf als Ganzen bekommen?

Leg deine Hände und Unterarme nun großflächig auf deine ganze Vorderseite. Die Hände und Arme liegen dort so lange, bis du wieder die Wärme und die Atembewegung spürst. Lass dann scheinbar ganz von allein deinen Rumpf mit sehr kleinen Bewegungen ins Schwingen kommen. Du hältst dich zart auf der Vorderseite und wiegst dich selbst, hin und her oder vor und zurück.

Der obere Bereich des Rumpfs, der Brustraum, beherbergt lebenswichtige Schätze: die Lunge und das Herz. Die inneren Organe können wir zwar nicht direkt anfassen, aber indirekt mit ihnen in Kontakt kommen, indem wir achtsam den Brustkorb berühren. Dazu ist es hilfreich, zunächst die einzelnen Rippen und deren Zwischenräume zu ertasten: vorn, seitlich und, wo es möglich ist, auch hinten. Wenn der Raum des Brustkorbs spürbar geworden ist, legen wir die Hände auf die Vorderseite des Brustkorbs und bemerken die Bewegungen, die mit jedem Atemzug einhergehen. Zugleich können wir ein Empfinden für die inneren Bewegungen der Lunge und das Pulsieren des Herzens entwickeln.

Selbstberührungen im Bauchraum und in der Nabelgegend sind sehr anregend und entspannend. Dies ist der Ort, an dem wir am Lebensbeginn über die Nabelschnur mit dem Organismus der Mutter in Verbindung standen und ernährt wurden. Der Bauchraum sollte weich sein und zwischen Mund und Magen eine entspannte Verbindung bestehen. Oft ist der Magen hochgezogen, wodurch eine entspannte Länge im Verdauungstrakt und Weichheit im Bauchraum sowie eine freie Atmung verhindert werden. Manchmal lassen sich wohltuende Veränderungen schon dadurch herbeiführen, dass die Hände entspannt auf den Bauch gelegt werden.

Ruhige Selbstberührungen am Unterbauch bewirken, dass der Atem in die Tiefe des Beckens gelockt wird. Wenn es gelingt, über die vorn aufgelegten Hände eine Beziehung zu den Innenseiten der Beckenschaufeln herzustellen, weitet sich dieser Raum, und die Bauchorgane können sich entspannt senken und ausbreiten.

Bauchraum, Brustraum und Mitte

Umstreich deine Rumpfmitte: vom Solarplexus und den vorderen Rippenbögen über die seitlichen Rippen nach hinten. Umarm dich dann in dieser Region mit den Händen und Unterarmen. Lass dir Zeit, die mit der Atmung einhergehenden Bewegungen unter deinen Armen zu spüren. Lass in dieser Region ein Kreisen entstehen. Er darf sich ausweiten und kann dann wieder zurückgehen.

Geh nun von der Mitte aus nach unten und streich über deinen Bauch. Unterscheide dabei, welche der drei »Bauchetagen« du gerade berührst: den Oberbauch mit dem Solarplexus, den mittleren Bauch um die Nabelgegend oder den Unterbauch über dem Schambein und zwischen den Leisten. Halte deinen Bauch in der einen oder anderen Etage, und schmieg dich mit dieser Region in die eigenen Hände. Darf dein Bauch sich beim Einatmen entspannt hervorwölben und beim Ausatmen wieder verschwinden? Wie vertraut ist er dir? Magst du ihn?

Leg nun deine Hände auf das Brustbein. Spürst du das Heben und Senken? Mach dir bewusst, dass unter deinen Händen im Brustkorb die Lunge und das Herz liegen. Ihr rhythmisches Pulsieren (etwa 15 Atemzüge und 60 Herzschläge in der Minute) findet ununterbrochen statt, solange du lebst, bei Tag und bei

Nacht, egal ob du es bemerkst oder nicht. Mit den aufgelegten Händen kannst du es nun deutlich wahrnehmen. Verweile an diesem Ort und in diesem Bewusstsein, solange du es brauchst. Atme frei weiter, wenn du die Hände wieder weggenommen hast.

3.1.11 Rücken und Schultern

An der Vorderseite unseres Körpers befinden sich wichtige Regionen, die wir schützen, denn sie sind intim und verletzbar: Gesicht, Hals und Kehle, Brust und Bauch sowie die Genitalgegend. Wenn wir uns in unserer Haut, in unserer Umgebung und vor allem im Zusammensein mit anderen Menschen wohlfühlen, öffnen wir uns gern in der Vorderseite und genießen diese Offenheit. Wenn aber Gefahr droht, krümmen wir uns zusammen. Dabei ziehen wir die Schultern hoch und spannen alle Muskeln an. Das ist ein lebenswichtiger Schutzreflex. Er kann uns aber auch Probleme bereiten, wenn es nicht gelingt, die angespannte Muskulatur wieder zu lösen und habitualisierte Schutzhaltungen aufzugeben. Wenn wir – oftmals ohne es zu bemerken – wie eine Schildkröte durchs Leben gehen, werden sich der Rücken und die Schultern früher oder später schmerzhaft melden.

In der Idiopraxie wollen wir Verspannungen vermeiden und dysfunktionale Haltungsmuster auflösen. Wir wollen Schmerzen lindern und problematische Entwicklungen am besten gar nicht erst entstehen lassen. Ziel ist es, den Rücken als Ort der Kraft und Lebendigkeit zu entdecken sowie Schultern und Arme als Organe der Freiheit zu benutzen.

Für viele Menschen ist der Rücken besonders berührungsbedürftig. Obgleich er mit Selbstberührung nur schwer zu erreichen ist, können wir idiopraktisch mit zahlreichen Möglichkeiten am Rücken arbeiten. An einigen Orten können wir ihn gut direkt berühren, an anderen nur indirekt, beispielsweise mit speziellen Bodenlagerungen oder an eine Wand gelehnt. Dazu werden wir einige Übungen vorstellen.

Bei idiopraktischen Berührungen am Schultergürtel geht es vor allem darum, schmerzfreie Beweglichkeit und eine gute Aufrichtung zu erzielen. Gelingt es, den Schultergürtel gut zu halten und dadurch den Brustkorb vom Gewicht des Schultergürtels zu entlasten, wird die Atmung frei, Hals und Kopf finden dann wie von allein in die anatomisch richtige Position, und uns gelingt eine würdevolle Aufrichtung.

Der Schultergürtel wird oftmals zu einer Problemzone, die ausstrahlende Schmerzen verursacht, wenn kein differenziertes Empfinden für die Haltung und die Bewegungen in dieser Region vorhanden ist und die dort verlaufenden

Blut- und Nervenbahnen gequetscht werden. Mit der Feinheit und Genauigkeit idiopraktischen Übens kann diese Region jedoch zu einer Wohlfühlzone werden.

Im Sessel sitzend
Setz dich in einen bequemen Stuhl oder Sessel, idealerweise lehnst du auch den Kopf an. Nimm mit deinem Rücken Kontakt zur Rückenlehne auf, lehn dich an, und spür den Rückhalt der Lehne wie eine Hand, die dich von hinten hält. Es braucht eine gewisse Zeit, diese hintere Stütze anzunehmen, denn meist sind wir es gewohnt, uns selbst im Rücken und in den Schultern zu halten, vor allem wenn unser Leben von Angst, Stress und hohen Belastungen geprägt ist.

Wenn die Berührung zwischen Lehne und deinem Rücken für dich deutlich zu spüren ist, achte auch darauf, ob du im Rücken Atembewegungen fühlen kannst. Denn uns entgeht fast immer die Wahrnehmung dafür, dass wir auch mit dem Rücken atmen.

Schmieg dich dann in unterschiedlicher Weise und sehr achtsam an die Rückenlehne: zuerst den mittleren Rücken, von dort hinauf zu den Schulterblättern und dann hinunter zum Lendenbereich. Wende dich auch minimal zur Seite, sodass mal die linke und mal die rechte Rumpfhälfte deutlicher zur Rückenlehne findet. Lass dir abschließend bewusstwerden, wie es sich anfühlt, wenn du mit dem gesamten Rücken mit der Lehne im Kontakt bist.

Idiopraktische Übungen am Boden sind gut dazu geeignet, dass du dein Gewicht abgeben kannst, die Schwerkraft spürst und dich vom Boden tragen lässt. Verschiedene Lagerungen bieten die Gelegenheit zum »Nichtstun«, also passiv zu bleiben und die Wirkungen sich entfalten lassen. Mach diese Übungen auf einer Matratze oder besser am Boden, denn ein harter Untergrund lädt dich ein, selbst weich zu werden. Achte bei allen Lagerungen darauf, dass sie sich angenehm anfühlen und der Kopf gut abgelegt ist. Die Beine können aufgestellt oder ausgestreckt sein. Wenn eine Lagerung sich nicht angenehm anfühlt, verändere sie so lange, bis sie passt, du dich wohlfühlst und entspannen kannst. Erst wenn es dir gut geht, kann sich die positive Wirkung entfalten.

Die Rückenhälften unterstützen
Leg zwei schmal gefaltete Decken parallel nebeneinander auf den Boden, und lass dazwischen einen etwa drei Zentimeter breiten Spalt. Leg dich mit deinem Rücken so auf den Boden, dass jede Rückenhälfte von einer Decke unterstützt wird. Die Wirbelsäule schwebt quasi über dem Spalt und kann entspannen.

Die Wirbelsäule unterstützen

Leg nun eine schmal gefaltete Decke (ca. zwei Handflächen breit) auf den Boden. Leg dich mit deiner Wirbelsäule auf die Decke und spür, wie dein Rücken in der Mitte von unten unterstützt wird. Lass dich tragen, und lass beide Rumpfseiten und die inneren Organe sich zu den Seiten und zum Boden hin entspannen.

Die Schulterblätter und die Beckenknochen unterstützen

Leg nun eine schmal gefaltete Decke (ca. zwei Handflächen breit) unter deine Schulterblätter und eine weitere unter deine Beckenknochen. Spür die Unterstützung an diesen beiden queren Rückenachsen, und lass den mittleren Rücken zwischen den Achsen entspannt zum Boden sinken.

Aufrecht an der Wand stehen

Nimm das am Boden erworbene neue Rückengefühl mit in den Stand und lehn dich leicht schräg an eine Wand. Jetzt kommt die Stütze für den Rücken nicht mehr von unten, sondern von hinten: Unten werden die Füße vom Boden gestützt, und von hinten stützt dich die Wand. Bleib eine Weile so stehen, bis es sich bequem anfühlt, bis du mehr und mehr entspannst, ohne zusammenzusinken, und den Eindruck gewinnst, du könntest »im Stehen schlafen«. Zum Abschluss der Übung geh mit den Fersen langsam zurück Richtung Wand, bis du frei stehst.

Den Schultergürtel erkunden

Übe nun im Sitzen weiter und setz dich mit entspannt hängenden Armen aufrecht auf einen Stuhl mit harter und gerader Sitzfläche. Stell dir vor, du hättest an den Schultern zwei nach vorn gerichtete Scheinwerfer, die geradeaus leuchten. Lass diese Scheinwerfer sich nun ein wenig aufeinander zu bewegen, beide Lichtkegel finden dabei zu einem einzigen Kegel zusammen. Führ dann die Scheinwerfer auseinander, bis sie wieder gerade nach vorn ausgerichtet sind. Lass aus dieser Position die Schulterscheinwerfer sich minimal zu den Seiten wenden. Spür dabei genau, wie sich diese Dehnung in deiner Brust und auf deinen Atem auswirkt. Es sollte sich nicht wie ein Ziehen anfühlen, sondern wie eine freundliche Einladung zur Öffnung. Führ die Schultern dann wieder zurück, und wiederhole diese Bewegungen sehr achtsam und im langsamen Tempo einige Male. Achte darauf, dass es keine gymnastische Dehnübung wird, sondern eine öffnende Atemübung.

Lass beide Schultern sich frei und spielerisch bewegen: vor und zurück, hinauf und hinunter, kreisend, synchron und asynchron, symmetrisch und asymmetrisch, mit sehr weichen Bewegungen. Es soll sich gut anfühlen. Lass die Bewegung zu Ende gehen und spür, ob du deine Arme entspannt hängen lassen kannst.

Schulterknochen tasten

Taste mit deinen Fingerkuppen die Schlüsselbeine, zuerst mit der rechten Hand das linke und dann mit der linken Hand das rechte Schlüsselbein. Ertaste es sehr genau: den schlüsselartig geformten Knochen, das eine Ende am Schultergelenk und das andere am Brustbein. Taste auch die Kuhlen unterhalb und oberhalb des Knochens. Lass die Arme dann wieder entspannt neben deinem Rumpf hängen und überprüf, ob beide Knochen nun deutlich in deinem Empfindungsbewusstsein präsent sind.

Gleite dann mit deinen Fingerkuppen über die Schulterhöhe hinweg zur Schulterblattkante, zuerst mit der rechten Hand zur linken und dann mit der linken Hand zur rechten Schulterblattkante. Ertaste die markante Knochenkante von der wirbelsäulennahen inneren Seite hin zum Schultergelenk. Lass die Arme wieder entspannt neben deinem Rumpf hängen und überprüfe, ob beide Knochenkanten nun deutlicher in deinem Empfindungsbewusstsein präsent sind.

Feinarbeit mit den Schulterknochen

Du hast jetzt vier wichtige Knochen des Schultergürtels kennengelernt – kannst du alle vier spüren? Achte zuerst besonders auf die beiden Schlüsselbeine und überprüf bzw. reguliere mit feinen Bewegungen, ob beide Knochen sich in einer horizontalen Ausrichtung zueinander befinden. Keines sollte schief stehen bzw. vor- oder zurückgezogen sein.

Wenn du hier eine harmonische Ausrichtung gefunden hast, schenke deine Aufmerksamkeit den beiden Schulterblattkanten. Überprüf oder reguliere mit feinen Bewegungen, ob beide Knochenkanten sich in einer horizontalen Linie zueinander befinden. Keine sollte schief stehen bzw. vor- oder zurückgezogen sein. Überprüfe nun die Beziehung des linken Schlüsselbeins zur linken Schulterblattkante und anschließend die Beziehung des rechten Schlüsselbeins zur rechten Schulterblattkante.

Versuche abschließend, alle vier Knochen bzw. die beiden horizontalen Querachsen (vorn die beiden Schlüsselbeine und hinten den beiden Schulterblattkanten) harmonisch aufeinander auszurichten. Sie sollten gefühlt etwa auf gleicher Höhe stehen. Wenn alles passt, wird sich ein Empfinden von Leichtigkeit im Schultergürtel und Freiheit im Atem einstellen. Der Schultergürtel ist nun frei, keine Last zieht ihn nach vorn auf den Brustkorb oder nach hinten auf die Rippen.

Schultergürtel und Brustkorb differenzieren

Leg nun beide Hände bequem auf den Oberschenkeln ab. Spür die Verbindung von den Händen über die Arme und die Schultergelenke zum Schultergürtel. Stabilisier ihn und halte ihn stabil. Lass dann unter dem Schultergürtel ein zartes Kreisen des Brustkorbs entstehen; dabei sind die Bewegungen der oberen Rippen sehr klein und die Bewegungen der unteren Rippen deutlich größer. Lass dieses Rippenkreisen nur so groß werden, dass es nicht zu einer Mitbewegung des Schultergürtels führt. Mach dir bewusst, dass du nun zwei unterschiedliche Bewegungsqualitäten in deinem Körper hast: Ruhe im Schultergürtel und Bewegung in Brustkorb.

Du kannst diese Übung auch umgekehrt machen: Halte deinen Rumpf und die Rippen ruhig, und beweg deinen Schultergürtel frei und nach Lust und Laune.

Wenn dir diese Differenzierung gelungen ist, achte gut darauf, dass du dieses Empfinden nicht mehr verlierst oder zumindest immer rasch wiederfindest. Dieser anstrengungslose aufrechte Halt im Rumpf und die Freiheit im Schultergürtel führen zu freiem Atem und zu einem angenehmen Lebensgefühl – das kann sogar ein Lächeln hervorzaubern.

Lächelnd im Leben stehen, mit entspanntem Nacken und leicht gehobenem Schultergürtel, mit klarem Blick und freiem Atem, mit weichem Bauch und offenem Herzen: Das ist eine Daseinsform, die wir mit Idiopraxie erreichen wollen und können. Jede liebevolle Selbstberührung trägt das Potenzial in sich, diesem Ziel näherzukommen, in besonderer Weise auch die Berührung und Belebung der Beckenregion.

3.1.12 Becken und Beckenboden

Die Berührung des Unterbauchs kann dazu führen, dass der Atem auf freundlich einladende Weise in die Tiefe des Beckens gelockt wird. Wenn über die aufgelegten Hände eine Beziehung zu den Beckenschaufeln hergestellt werden kann, weitet sich dieser Raum. Dann wird spürbar, wie sich die tiefen Bauchorgane entspannt ausbreiten.

Der Beckenboden ist im Sitzen mit den eigenen Händen gut erreichbar, indem wir eine Hand zwischen den Beinen hindurchschieben. Wenn wir eine

Weile so auf der Hand sitzen, spüren wir die Wärme und irgendwann auch die Atembewegung. Die schwingende Bewegung des Zwerchfells pflanzt sich über die Bauchorgane bis hierhin durch. Wenn wir die Hand wieder herausziehen, sind wir erstaunt, wie wach sich diese Region nun anfühlt.

Da der Beckenboden aus drei Muskelschichten besteht, lassen sich diese anspannen und wieder entspannen. So kann der Beckenboden trainiert und ein neues vitales Lebensgefühl gewonnen werden – von Frauen wie Männern.

Becken und Beckenboden

Setz dich mit leicht ausgebreiteten Beinen und schräg nach vorn gestellten Unterschenkeln auf deiner Sitzfläche nach vorne. Sitz auf dem Gesäß, nicht auf den Oberschenkeln. Leg nun die Hände ganz unten an deinen Bauch, die Kleinfingerkanten liegen dabei knapp über dem Schambein. Halte ihn eine Weile und spür, wie sich der Bauch mit jedem Einatmen ein wenig vorwölbt und beim Ausatmen wieder von allein verschwindet. Das ist eine natürliche Atembewegung, die sich frei entfalten sollte. Die Bauchdecke ist dabei weich und nur leicht gespannt.

Stell dir nun vor, im Unterbauch befände sich ein Ball, etwa in der Größe eines Gymnastikballs, der sich beim Ausatmen anstrengungslos nach innen, dabei aber nicht nach oben bewegt. Beim Einatmen entspannt sich der Bauch reflexartig, und der imaginäre Ball dreht sich wieder nach vorn. Die aufgelegten Hände begleiten und verdeutlichen diese natürliche, mit dem Atem verbundene Bewegung.

Lass dir Zeit dafür, dieses Geschehen aufmerksam zu verfolgen und immer anstrengungsloser ablaufen zu lassen. Es kann dir ein Raumgefühl für deinen tiefen, inneren Beckenraum und unteren Bauchraum geben und die Atembewegung (die natürliche Bauchatmung) an diesem Ort verdeutlichen. Lass die Übung zu deiner Zeit zu Ende gehen und komm anschließend in den Stand.

Den Beckenraum wahrnehmen

Im Stehen umstreich dein Becken mit aufmerksamen Berührungen. Taste die verschiedenen Gewebe – die Beckenkämme, das knöcherne Scham- und Kreuzbein, die weichen Leistenbeugen, den Unterbauch – und greif auch kräftig in die Gesäßmuskulatur bis hindurch zu den Sitzknochen.

Mach dir mithilfe der Berührungen das Becken und seine Lage im Körper bewusst: Es wird von unten in den Hüftgelenken von den Beinen gestützt, und nach oben geht es in den Rumpf über.

Leg nun deine Hände seitlich ans Becken. Jetzt spürst du die quere Achse des Beckens zwischen deinen Händen, das Becken in seiner Breite, von der einen

Seite zur anderen. Auf dieser horizontalen Ebene befinden sich die Hüftgelenke, die Drehachse zwischen Beinen und Rumpf.

Leg nun eine Hand vorn auf den Unterbauch und die andere hinten auf das Kreuzbein. Spür dich (mit entspannten Händen, Armen und Schultern) zwischen deinen Händen. Lass dir Zeit, in diesem tiefen Leibesraum anzukommen. Hier befinden sich der Darm, die Blase und deine inneren Geschlechtsorgane. Die aufgelegten Hände helfen dir, ein Gefühl für diesen Raum und die inneren Organe zu bekommen.

Lass dann in deiner Vorstellung diese Berührung sich mit der vorherigen seitlichen Berührung verbinden, und beginn den dreidimensionalen Raum deines Beckens zu bewegen, mit kleinen, langsamen und geschmeidig geführten Bewegungen. Sie helfen dir, dich in diesem Raum einzuleben. Lös die Hände behutsam ab, und lass die Bewegungen noch eine Weile weitergehen. Mach dir die Beweglichkeit im Becken und in den Hüftgelenken deutlich. Sei dabei gelöst im Kiefergelenk und weit in der Kehle.

Lass die Bewegungen zur passenden Zeit langsam ausklingen und spür noch eine Weile nach, in Ruhe und Stille stehend. Bist du noch präsent in diesem Raum? Wie fühlt er sich an?

Den Beckenboden beleben

Komm nun zum Sitzen, und nimm das »Becken-Gefühl« mit. Streich mit deinen Händen weich über den Unterbauch und um das Becken herum. Berühr auch die Leistenbeugen und die inneren Oberschenkel. Schieb nun eine Hand mit der Handfläche zwischen deinen Beinen hindurch hinauf zum Beckenboden, und setz dich auf deine Hand.

Dies ist eine für Erwachsene eher ungewöhnliche Haltung. Aber vielleicht erinnert sie dich an Kinderzeiten: Manchmal schieben Kinder intuitiv die Hände dorthin, wenn die Finger kalt sind, denn hier herrscht eine angenehme Körpertemperatur.

Lass deine Hand eine Weile dort liegen, eventuell musst du deine Haltung ein wenig verändern, damit in der Schulter keine Spannungen entstehen. Spürst du die Wärme? Ist dort Atembewegung? Lass dir Zeit, diese Atemschwingung zu spüren.

Es ist eine Schwingung, die vom Zwerchfell ausgeht. Sie breitet sich bis hierher aus, wenn du eine gut aufgerichtete Sitzposition findest. Versuch nicht, willkürlich dorthin zu atmen, sondern lass dir Zeit, bis die natürliche Atembewegung dort ankommt. Kleine Regulationen der Beckenhaltung können dabei helfen. Mit der Zeit wird die Atemschwingung dort immer deutlicher werden.

Zieh die Hand wieder heraus und spür, wie es sich nun anfühlt im Beckenboden: kühl, lebendig, unangenehm oder angenehm? Bleib mit deiner Aufmerksamkeit beim Beckenboden. Bemerkst du, dass er im Sitzen keinem Druck ausgesetzt ist und elastisch schwingen kann? Der Druck und das Gewicht deines Körpers kommen neben dem Beckenboden auf den beiden Sitzknochen an und werden dort der Sitzfläche übergeben.

Wenn du dein Gewicht auf der Ebene der Sitzfläche langsam nach links und rechts gleiten lässt, kannst du spüren, wie es sich von einem Sitzknochen zum anderen verlagert. Spürst du auch, in welcher Weise dabei der Beckenboden angeregt wird?

Lass die Bewegung zu Ende gehen und schieb nun die andere Hand zwischen den Beinen hindurch zum Beckenboden. Lass dir wieder Zeit, die Wärme und die Atemschwingung zu spüren.

Der Beckenboden besteht aus mehreren übereinanderliegenden Muskelschichten. Wenn du sie kontrahierst, wirst du eine deutliche Bewegung an deiner Hand spüren. Du kannst das rhythmisch machen (anspannen, loslassen, anspannen, loslassen) oder auch die Spannung langsam erhöhen, eine Weile halten und dann wieder lösen. Achte darauf, dass die Atmung dabei ungehindert weitergehen kann. Auf diese Weise trainierst du deinen Beckenboden und belebst diese äußerst vitale Region deines Körpers.

Beende die Übung zur rechten Zeit und spür, wonach dir nun ist: Noch eine Weile sitzen bleiben? Hinlegen und ausruhen oder umhergehen mit dem »Beckenboden-Gefühl«?

Vital, unbeschwert und mit offenem Herzen, in Freiheit und mit Freude zu leben, sind optimale Grundlagen dafür, sich lebendig und leistungsfähig zu fühlen, neugierig und kreativ zu sein, gesund zu bleiben oder wieder gesund zu werden. Mit freier Atmung, klangvoller Stimme, Bewegungsfreude und vitalem »Beckenboden-Gefühl« im Leben zu stehen, gibt dem Leben Schwung und ist lustvoll.

3.2.13 Erotische Selbstberührung

Wie alle Anregungen und Übungen zur Selbstberührung sind auch die sinnlich-erotisch ausgerichteten von freundlicher Selbstzuwendung getragen. Sie sollen dazu anregen, den eigenen Körper unbeschwert zu erkunden, angenehme Gefühle hervorzurufen und lustvolle Empfindungen auszulösen. Da erotische Selbstberührungen, sexuelle Stimulationen und Solosexualität jedoch oft mit

Scham und Ängsten besetzt sind, ist es besonders wichtig, auf eine angstfreie, wohlwollende, sinnlich anregende und möglichst heitere Atmosphäre zu achten. Dabei muss stets das Recht auf Freiwilligkeit, Privatheit und Selbstbestimmung gewährleistet sein. Eine gute sprachliche Einführung, die die Übungsangebote vorhersehbar macht und einen offenen, anregenden Sprachraum schafft, in dem jede Person sagen kann, was sie mag, helfen dabei, eine positive und gewährende Atmosphäre sowie eine hohe intrinsische Motivation zum Erproben der Übungen entstehen zu lassen.

Für manche Menschen mag es passend sein, sich die Übungen zunächst mental vorzustellen, um sie dann allein im privaten Rahmen fantasievoll und kreativ zu erproben. Andere Übungen (besonders »Sich selbst umarmen mit Heiterkeit und Lächeln« und »Lachcreme-Lachen«) sind hervorragend dazu geeignet, am Beginn oder zum Abschluss einer Übungsphase einen ermutigenden und heiter verbundenen Handlungs- und Beziehungsrahmen herzustellen.

Die nun folgenden Übungen zur sinnlich-erotischen Selbstberührung können allein und/oder im Rahmen einer Gruppe erprobt werden. Sie sind als einzelne Übungen oder auch im vorgestellten didaktischen Aufbau praktikabel und können und je nach Bedarf und Vorlieben verändert und ergänzt werden.

Höhlen, Kehlen und Beugen berühren

Unser Körper hat viele Höhlen. Es sind versteckte und intime Orte, die nicht jeder berühren darf und die wir auch selbst oftmals übersehen. Es gibt geschlossene Höhlen wie die Stirn-, Kiefer-, Bauch- und Brusthöhle, halboffene Höhlen wie die Mundhöhle oder die Vagina und offene Höhlen wie die Achselhöhlen, Armbeugen, Kniekehlen, Leistenbeugen oder auch die Handschalen.

Erlaub dir, diese Höhlen mit sanftem Druck zu ertasten und achtsam zu erkunden. In diesen gut geschützten, höhlenartigen Orten befinden sich wichtige Nervenbahnen, Lymphbahnen und Blutgefäße. Achte bei allen Berührungen auf deine Empfindungen und Gefühle und beobachte Atemreaktionen und Reflexe. Lass die Berührungen zu einer angenehmen Erfahrung werden.

Die Oberschenkel und Arme berühren

Nach dem Erkunden der Achselhöhlen bietet sich ein Berühren der Arme an. Streich mit zartem Druck über die Außenseite eines Arms vor zur Hand und auf der Innenseite zurück zur Schulter. Ändere auch die Richtung der Berührung. Spürst du den Unterschied? Was ist dir angenehmer? Die meisten Menschen erleben das Streichen der Innenseiten als intimer im Vergleich zu den Außenseiten.

Erkunde nun auch, wie sich Selbstberührungen an den Oberschenkeln anfühlen. Beginn mit einem Bein: Greif zuerst kräftig in die Oberschenkelmuskeln und belebe sie. Pack dann dieses große Muskelpaket und dreh es in beide Richtungen um den Oberschenkelknochen. Vergleich beide Seiten und spüre nach, bevor du das Bein wechselst.

Streich dann beide Oberschenkel außen entlang nach vorn, um die Knie herum und innen zurück zum Becken. Du kannst die Berührungsrichtung auch wechseln: innen vor und außen zurück. Was ist dir lieber? Spürst du eine erotisch stimulierende Wirkung? Erkunde (wenn du magst), in welcher Weise du die Selbstberührung an den Oberschenkeln ausführen musst, damit sie für dich erotisch stimulierend wirkt, variiere dabei Tempo, Richtung und Druck. Spür bei dieser Selbstberührung auch die Nähe zu deinen Genitalien. Berühr sie ebenfalls, wenn du Lust dazu hast.

Die Beckenregion und den Po berühren

Berühr nun deine Beckenregion: die Seiten des Beckens, den Unterbauch, das Schambein und die Leisten, die knöcherne Rückseite des Beckens und den weichen und warmen Beckenboden. Streich auch um die Rundungen deines Gesäßes, durch die Pofalte und über den Anus. Massier mit wechselndem Druck das Schambein, und verschieb die Haut über dem Schambein nach links und rechts sowie nach oben und unten. Welche Empfindungen und Gefühle löst das bei dir aus? Erlaub dir, die Berührungen so zu gestalten, wie sie für dich angenehm oder auch sexuell stimulierend sind.

Erogene Zonen finden und stimulieren

Finde nun deine erogenen Zonen, jene Körperregionen, an denen du selbst Lust und sexuelle Erregung auslösen kannst (oder auch eine andere Person bei dir). Diese Orte unterscheiden sich von Mensch zu Mensch. Für einige sind die Brüste und Lippen erogene Zonen, für andere die Ohrläppchen oder Zehen. Auch die Oberschenkel, der Po oder die Haare können als erogene Zonen erlebt werden. Lass dir viel Zeit, diese Orte zu finden und die dort passenden Selbstberührungen zu erproben. Bleib dabei neugierig und offen, und lass dich überraschen, ob und wie deine Selbstberührungen jetzt, genau in diesem Moment, wirken. Es kann jedes Mal anders sein. Halte dich dabei immer wieder frei von Erwartungen und Zielen, lass die Berührungen wohltuend, nährend und sinnlich sein.

Die Genitalien berühren

Erkunde nun deine Geschlechtsorgane. Berühr deine Geschlechtsorgane zur passenden Zeit und in einem geeigneten Rahmen, und erkunde sie mit unterschiedlichen Berührungsarten und -qualitäten: durch die Kleidung hindurch oder Haut auf Haut. Welche Empfindungen und Gefühle löst es bei dir aus, Schamlippen, Klitoris und Scheide oder den Hodensack mit den stets bewegten Hoden, den Penisschaft und die Eichel zu berühren?

Halte die verschiedenen Körperteile eine Weile, und lass dich dabei mit all deinen Gefühlen und Empfindungen in Kontakt kommen. Wie warm oder kalt ist es dort, wie feucht oder trocken, wie hart oder weich? Spürst du Veränderungen in der Durchblutung und Temperatur, in der Größe und Konsistenz? Verändert sich die Form? Kommen Lust und Erregung oder sexuelle Wünsche und Fantasien auf? Möchtest du dich jetzt sexuell stimulieren, eventuell bis zum Orgasmus, oder möchtest du andere Körperbereiche berühren?

Erlaub dir, dich in freundlicher und liebevoller Selbstzuwendung mit deinem Körper, deinen Genitalien und deiner Lust zu beschäftigen, so oft du möchtest. Sammle Wissen und Erfahrungen, wie du dich am besten stimulieren und sexuell befriedigen kannst. Entdeck deinen Körper, und leb deine Sinnlichkeit und Lust frei von Scham, Schuld und Angstgefühlen.

Die Entdeckung des eigenen Körpers kann und darf eine aufregende, berührende und lustvolle Reise sein, in jedem Lebensalter. Gib dir selbst die Erlaubnis dazu, und erwarte sie nicht von einer anderen Person. Wenn du mit deinem Körper vertraut bist und frei mit deiner Sinnlichkeit und Lust umgehst, wirst du das ausstrahlen und indirekt auch anderen erlauben, sich sinnlich und lustvoll zu spüren.

Manchmal braucht es Mut und das richtige Zeitmaß, um Selbstberührungen und Selbstliebe in der vollen Tiefe zu spüren. Dazu ist es hilfreich, sich immer wieder mal selbst zu halten und bis acht zu zählen. Ein schnelles, oberflächliches und resonanzloses Hinfassen und eine flüchtige (Selbst-)Umarmung werden auf diese Weise vermieden. Eine Berührung zu halten und bis acht zu zählen, ermöglicht ein wirkliches und wirksames »Ankommen« bei dieser Berührung.

Liebevoll ankommen solltest du in jeder Berührung, sowohl bei dir selbst als auch in geeigneten Berührungssituationen mit anderen Personen. Halte die berührende oder berührte Person, wenn du es für angemessen hältst, bewusst für ein paar Sekunden und zähle bis fünf oder wenigstens bis drei, und erlaub auch der anderen Person, dich eine Weile »fest« zu halten. Du wirst genau spüren, wann Begegnung und emotionale Berührung stattfindet. Probiere es mit der folgenden Übung bei dir selbst aus.

Sich selbst umarmen mit Heiterkeit und Lächeln
Umarm dich selbst an deinen Schultern. Leg die Hände um deine Schultern, und halte dich so eine Weile. Eng dich dabei nicht ein, sondern lade dich ein, weit im Brustraum zu werden, und atme tief durch. Beweg dich dann leicht drehend mit deinen Schultern und lächle dabei. Klopf dir auch mal auf die Schultern, und halte dich dann wieder an deinen Schultern. Was ist der Unterschied? Neig nun den Kopf zur einen und zu anderen Seite, und küss dich liebevoll angedeutet und laut schmatzend auf die Schultern.

Diese ein wenig Mut und Übermut erfordernde Übung kommt aus dem Lach-Yoga (Kataria, 2007, 2020; s. auch Cubasch, 2010). Sie wirkt Wunder und ist sehr befreiend. Es ist eine Form spielerischer Selbstberührung mit der Qualität von Selbstermutigung und Selbstbelohnung, die dazu einlädt, ein Thema wie hier die erotische Selbstberührung und sich selbst nicht todernst zu nehmen, sondern mit Heiterkeit zu erproben. Die spielerische Heiterkeit kann noch gesteigert werden mit der nachfolgenden Übung, ebenfalls aus dem Lach-Yoga.

Lachcreme-Lachen
Bei dieser Übung cremst du dich pantomimisch, wie mit einer Sonnencreme oder einer Bodylotion, überall am Körper ein und lachst dabei immer willkürlich und ganz ohne Grund laut.

Es ist ein erstrebenswertes Ziel, für sich allein und im Zusammenleben mit anderen, Heiterkeit, Lust, Sinnlichkeit, Erotik und Leidenschaft mit Freude zu erleben. Intentionale Selbstberührung kann und will dazu beitragen.

Die idiopraktische Reise führt nun zu weiteren interessanten Leibesregionen. Dazu begeben wir uns an weniger vertraute Orte und reisen nach innen.

3.1.14 Gewebe und Organe

Auch Gewebe und Organe können durch Selbstberührung angesprochen und dem Empfinden und Bewusstsein zugänglich gemacht werden. Je vielseitiger und feiner wir uns spüren, desto differenzierter und mannigfaltiger wird unsere Selbstwahrnehmung. Die erhöhte Feinfühligkeit hilft uns zu bemerken, wenn in unserem Körper etwas nicht stimmt und sich eine problematische Entwicklung anbahnt. Dann ist es möglich, aufbauend auf einer guten Sensorik und der Kompetenz zu feinen Regulationen, diese körperlichen, seelischen und geistigen Prozesse weg von einer krankmachenden hin zu einer gesundmachenden Entwicklung zu lenken. Dies ist eine wichtige salutogenetische (Antonovsky, 1997) und zugleich befriedigende menschliche Fähigkeit, die durch intentionale Selbstberührung gefördert wird.

Viele Menschen haben im Laufe ihres Lebens leider nicht die Gelegenheit, diese Fähigkeiten auszubilden. In einer auf Fitness, Leistungsfähigkeit und Schönheit ausgerichteten Zeit geht es vorwiegend um Muskeln (wir wollen stark und durchtrainiert wirken) und Haut (wir wollen jugendlich und schön aussehen). Selten beschäftigen wir uns mit dem Subtilen und dem Versteckten: den Sehnen, Gelenken oder Knochen – es sei denn, eine Krankheit oder ein Knochenbruch zwingt uns dazu. Noch seltener interessieren uns die inneren Organe und Gefäße, die wir im gesunden Zustand nicht spüren. Doch gerade diese vernachlässigten, nicht sichtbaren und nur schwerer erreichbaren Anteile unseres Körpers sind wichtig für sein reibungsloses »Funktionieren« und für eine ganzheitliche Selbstwahrnehmung.

Unser Körper ist mit zahllosen Sinneszellen ausgerüstet. Er ist das feinste Messinstrument, das es gibt, und wir können lernen, ihn überall zu spüren. Nutzen wir diese einzigartige Disposition, um gesund zu bleiben!

- Die *Knochen* geben unserem Körper Form und Stabilität. Die Fähigkeit, sie deutlich zu empfinden und bewusst zu bewegen, führt zu einer anstrengungslosen Aufrichtung und kraftsparenden Beweglichkeit. Mit bewussten Knochenbewegungen koordinieren wir spielerisch alle mit den Knochen zusammenarbeitenden Gelenke, Muskeln, Bänder und Sehnen.
- Die *Sehnen* gelten als die Kraftorte des Körpers. Ihr starkes Gewebe ist sehr belastbar und reißfest. Untersuchungen haben gezeigt, dass die Achillessehne als die stärkste Sehne im Körper mit 500 bis 1000 kg/cm^2 belastet werden kann (z. B. Tummer, 2020, S. 9). Sie ist damit stabiler als ein Stahlseil. Wenn es uns gelingt, ein Spürbewusstsein für die Sehnen zu entwickeln, gewinnen wir Zugang zu unserer Kraft.
- Die *Muskeln* sind ein kontraktiles Gewebe. Sie können sich zusammenziehen und auseinanderdehnen. Mit dieser Fähigkeit steuern sie mit Agonisten und Antagonisten und in diversen Muskelschlingen alle Bewegungen in komplexen Kooperationen. Dem Willen zugängliche Muskeln lassen sich leicht kontrahieren, bei unserem Willen kaum zugänglicher autochthoner Muskulatur im Nacken und entlang der Wirbelsäule hingegen ist es schwierig, die Anspannung wieder loszulassen. Aus diesem Grund neigen viele Menschen zu Verspannungen.
- Die *Gelenke* geben uns Beweglichkeit. Mit ihnen gestalten wir uns im Raum. Alle Gelenkbewegungen sollten sich frei anfühlen und Kopf und Pfanne

eines Gelenks geschmeidig aneinander entlanggleiten. Dies gelingt, wenn die Gelenke gut zentriert sind.
- *Gefäße* unterschiedlicher Art (Arterien, Venen, Lymphbahnen) sowie Nervenbahnen durchziehen unseren Körper in dreidimensionaler Ausdehnung. Sie sind empfindlich und sollten nicht gequetscht oder überdehnt werden, da sonst das lebenserhaltende Fließen und Strömen gestört oder unterbrochen wird.
- Die *Organe* liegen gut geschützt im Inneren unseres Körpers: das Gehirn geschützt von den Schädelknochen, Lunge und Herz vom Brustkorb und die Bauchorgane von den muskulären Wänden des Unterkörpers und den Beckenknochen. Auch wenn wir sie nicht direkt anfassen können, so lassen sie sich doch durch die Wände des Körpers hindurch ertasten oder mit einer »Berührung ohne Berührung« erreichen.

Empfehlung für die Praxis: Die Arbeit an den Geweben und Organen gilt in der Idiopraxie als fortgeschrittene Form intentionaler Selbstberührung. Vorausgehen sollten die Erprobung unterschiedlicher Praktiken des Berührens und die Ausdifferenzierung der Spürfähigkeit. Der Körper wird dann nicht als fremd empfunden, und mögliche Gefühle von Unsicherheit oder Angst haben sich in Neugier und Freude an der Entdeckung des eigenen Körpers verwandelt. Dann ist die Zeit reif, auch verborgene, weniger vertraute und nur schwer erreichbare Bereiche und Teile des Körpers und deren Funktion zu entdecken. Dies wird unbekannte Empfindungen und berührende Erfahrungen hervorbringen und zu frischen Erlebnissen und neuen Erkenntnissen führen.

Mit den nachfolgenden idiopraktischen Übungen wird von der Oberfläche in die Tiefe des Körpers gearbeitet. Mit jeder Schicht und mit jedem Organ, die bzw. das erreicht wird, verfeinert sich die Körperwahrnehmung. Wir möchten empfehlen, sich über einen längeren Zeitraum mit jedem einzelnen der folgenden Praxisbeispiele zu beschäftigen, bevor es zum nächsten weitergeht.

Mit Haut und Haar und Knochen

Streich mit deinen Fingern leicht über die Haut, so zart, dass du nur die Haare berührst. Wo überall gibt es behaarte Körperregionen, die du berühren möchtest? Nimm auch die Haare des Kopfs dazu.

Streich dann zart über deine Haut, ohne sie zu verschieben. Wie fühlt sich das an?

Leg jetzt deine Fingerkuppen ohne Druck auf die Haut, zuerst am Handrücken oder auf dem Unterarm, und verschieb sie mit minimalen Bewegungen, zuerst nur die oberste Hautschicht. Mach dir bewusst, dass deine Haut drei Schichten hat:

Oberhaut, Lederhaut und Unterhaut. Versuch, in verschiedenen Körperregionen jede dieser Schichten zu erreichen.

Mach dir bewusst, dass es überall in deinem Körper Häute gibt, die »Faszien«: oberflächliche Faszien, die dicht unter der Haut liegen und den ganzen Körper und die Extremitäten umgeben, tiefer liegende Rumpffaszien, die die Muskeln, Sehnen und Nervenfasern umhüllen, und viszerale Faszien, die die Körperhöhlen und inneren Organe umgeben. Sie sind alle miteinander verbunden und tragen wesentlich zu einer komplexen Wahrnehmung und einer aufrechten Haltung bei.

Mit Faszien-Bewusstsein bewegen

Lass mit diesem Wissen deinen Körper dehnend in Bewegung kommen. Geh dabei sehr langsam und zart vor, von außen immer mehr nach innen, bis am Ende dein ganzer Körper geschmeidig in Bewegung ist. Achte auf deinen Atem, dadurch werden alle Bewegungen und Empfindungen noch feiner.

Lass die Bewegungen langsam ausklingen und spür die Faszien, die weichen Gewebe und die Organe in dir. Sie geben dir in Bewegung und auch in Ruhe wichtige Informationen über den Zustand deines Körpers und können ein Körpergefühl von Schwingungsfähigkeit und Durchlässigkeit auslösen.

Mit Knochen-Bewusstsein bewegen

Mach dir nun mental bewusst, dass du Knochen hast. Welche Knochen könntest du mit Selbstberührung gut erreichen: ein Schienbein, eine Kniescheibe, einen Unterarmknochen, den Ellenbogen, die Fußknöchel oder den Kopf? Berühr dann einen ausgewählten Knochen mit deinen Fingerkuppen. Ertaste ihn mit zartem Druck, spür seinen Anfang, sein Ende und seine Form. Beobachte, ob sich dabei eine Wahrnehmung für diesen Knochen einstellt.

Geh dann weiter zu anderen Knochen und erkunde nach und nach auf diese Weise tastend die gesamte knöcherne Struktur deines Körpers. Berühr auch die Knochen, die in der Tiefe liegen. Finde den passenden Druck, um sie durch die Haut und die Muskeln hindurch zu erreichen.

Leg dich nun in Rückenlage auf den Boden und mach dir die »Knochen-Erlebnisse« nochmals bewusst. Lass sie wirken. Wie spürst du jetzt deinen Körper? Beweg dich dann, noch am Boden liegend, mit »Knochen-Bewusstsein«, indem du alle Bewegungen intentional aus deinen Knochen und nicht aus den Muskeln heraus entstehen lässt.

> Wenn du schließlich aufstehst und gehst, lass dich bewusst von deinen Knochen stützen und bewegen. Wie erlebst du jetzt dein Gewicht und die Schwerkraft, wie deine Aufrichtung und deine Bewegungen?

Der ganze Körper kann als ein Gefäß mit vielen Teilgefäßen betrachtet werden. Dazu gehören Brust- und Bauchhöhle, innere Organe, Arterien und Venen, Lymphbahnen und auch die Nerven. In allen strömt und fließt es, da wird gepumpt, gesaugt und geschoben. Ist es möglich, diese Bewegungen und die damit verbundenen inneren Berührungen wahrzunehmen?

Im Alltag richten wir unsere Aufmerksamkeit nicht darauf, und diese lebendigen Vorgänge bleiben uns verborgen. In der Idiopraxie hingegen wenden wir uns diesen Bewegungen und Berührungen bewusst zu und versuchen, sie immer feiner zu spüren. Schließlich können wir im Interesse unserer Gesundheit sogar Einfluss darauf nehmen. Ziel ist es, sich so zu halten und zu verhalten, dass die lebendigen Vorgänge im Körper nicht behindert oder gestört werden, sondern frei ablaufen können. Das betrifft die Atmung und den Blutfluss ebenso wie den Fluss der Lymphe und der Gehirnflüssigkeit, die elektrischen Impulse in den Nerven oder das Schieben und Pressen des Speisebreis im Magen und im Darm bis hin zu den Ausscheidungsvorgängen.

Du kannst die folgende Übung im Sitzen oder im Liegen ausführen. Im Liegen entspannt sich der Körper umfassender, und die inneren Vorgänge treten deutlicher hervor.

Inneres Strömen und Fließen – Atem und Pulsation

Bevor du beginnst, dich zu berühren, lass deine Aufmerksamkeit eine Weile zu deiner Atmung gehen. Hörst du das Strömen der Luft? Kannst du die mit dem Luftstrom verbundenen Berührungen in deiner Nase, in der Luftröhre und vielleicht sogar in deinen Bronchien und in der Lunge wahrnehmen?

Im Ruhezustand atmest du etwa 15-mal pro Minute. Mach dir bewusst, dass du beim Atmen die Luft beständig und ruhig hin- und herschiebst; du atmest nie vollständig aus, ein Rest an Luft bleibt immer in deiner Lunge. Versuch nun, das Pulsieren deines Herzens wahrzunehmen. In Ruhe schlägt es etwa 60-mal in der Minute. Herzschlag und Atemfrequenz stehen also in einem Verhältnis von etwa eins zu vier zueinander. Kannst du das beobachten?

Lass dir Zeit, das Pulsieren des Herzens wahrzunehmen. Vielleicht kannst du auch das Strömen des Bluts spüren. Wo spürst du es am deutlichsten? Leg dort deine Fingerkuppen hin, um es noch deutlicher zu tasten: an das Handgelenk, an die Halsschlagader oder auf die Leisten. Lass deine warmen Hände an den

Leistenbeugen lange und entspannt liegen, bis das Pulsieren deutlicher wird und der nährende Blutstrom sich immer freier strömend im Körper ausbreiten kann.

Sich spüren lernen, mit allen Organen und Geweben, mit Leib und Seele, ist eine Lebensaufgabe. Nicht nur weil es so viel zu entdecken gibt, sondern auch vor dem Hintergrund unserer Veränder- und Verletzbarkeit. Zahlreiche Einflüsse wie der persönliche Lebensstil, unsere genetische Disposition, Umwelt oder Schicksal wirken auf unseren Körper und unser Leben ein. In der Idiopraxie haben wir immer die Möglichkeit, Veränderungen zu bemerken und mit unseren idiopraktischen Kompetenzen darauf zu reagieren. Andere Entwicklungen wie Alterungsprozesse und die damit zusammenhängenden biologischen Veränderungen, Einschränkungen und Gebrechen nehmen ihren Lauf, ohne dass wir viel daran verändern können. Idiopraxie kann helfen, mit den Herausforderungen kompetent und gelassen umzugehen, sich immer wieder unter den veränderten Bedingungen auszubalancieren und das Bestmögliche aus der jeweiligen Lebenssituation zu machen, um eine optimale Lebensqualität zu erhalten. Insofern ist Idiopraxie ein Lebensbegleiter bis zum Schluss.

3.1.15 Idiopraktische Reise zum Gehirn

Können wir unser Gehirn berühren? Anfassen können wir es ebenso wenig wie unser Herz, die Lunge oder innere Häute. Aber wir können uns ihm mit unserer Aufmerksamkeit interessiert und angstfrei zuwenden und es dem Spüren näherbringen. In dieser Weise »begreifen« wir unser Gehirn durchaus. Haptisch-taktile und mentale idiopraktische Übungen ermöglichen, diverse Gehirnareale zu lokalisieren, das Gehirn besser kennenzulernen und sogar auf seine Funktionen Einfluss zu nehmen. Sie erlauben auch, die Aktivitäten verschiedener Areale des Neokortex bewusst herunterzufahren und die Gehirnwellen zu beruhigen und zu synchronisieren; dafür ist ein konkretes Anfassen nicht unbedingt erforderlich. Das kann dabei helfen, kurzfristig abzuschalten oder besser einzuschlafen. Im Sinne einer intentionalen Selbstregulation und ganzheitlichen Regeneration ist dies von außerordentlich hohem Wert und eine lohnende Aufgabe.

Die folgende Übungssequenz ermöglicht eine Reise zum Gehirn. Dabei geht es weniger darum, es in seiner Anatomie oder in seinen Funktionen genau kennenzulernen; dazu empfehlen wir die vielfältige neurobiologische und hirnanatomische Literatur (1.1.3). Vielmehr soll darauf abgezielt werden, auf das Gehirn neugierig zu werden, eine »großzügige« Vorstellung von ihm zu entwickeln und festzustellen, dass im Interesse der eigenen neurologischen und körperlichen Gesundheit sowie der emotionalen und geistigen Potenziale Einfluss darauf genommen werden kann.

Die idiopraktische »Gehirnreise« beinhaltet zwei längere Abschnitte: Zuerst werden das Großhirn und die Areale besucht, in denen visuelle, auditive, sensorische, motorische sowie mentale Prozesse ablaufen. Anschließend soll der Gehirnaufbau nach dem vereinfachenden Modell des »dreieinigen Gehirns« (Spektrum, 2000; MacLean, 1970, 1990) betrachtet werden. Es unterscheidet nach der Entwicklungsgeschichte grob drei Teile des Gehirns: als ältesten Teil das »protoreptilische« Gehirn (den Hirnstamm, der die Grundfunktionen des Lebens reguliert), als mittleren Teil das »paläomammalische« oder auch »fühlende« Gehirn (in dem viele Hormone wirksam sind, die Gefühle erzeugen wie z. B. Angst, Freude, Lust) und als jüngsten Teil das neomammalische oder »denkende« Gehirn (den Neokortex, der für Kognition und Logik zuständig ist).

Empfehlung für die Praxis: Jeder Abschnitt der Übungsreihe ist es wert, über einen längeren Zeitraum geübt zu werden, bis schließlich der gesamte Prozess möglichst ohne Einschlafen durchlaufen werden kann. Anfängliches Ermüden oder Schlafen ist kein Problem, es ist aber nicht das primäre Ziel dieser idiopraktischen Übung. Vielmehr geht es darum, durch Selbstberührung und Aufmerksamkeitslenkung die eigenen Gehirnaktivitäten kennenzulernen und intentional regulieren zu können. Dazu empfehlen wir, einzelne Übungsteile (z. B. die Übung »Augen und visueller Kortex«) isoliert zu praktizieren, insbesondere wenn sie eine beachtliche positive Wirkung zeigen. Es empfiehlt sich, die Übungen im Liegen zu praktizieren und gut darauf zu achten, dass der Kopf bequem und gut ausgerichtet abgelegt ist. Wer lieber im Sitzen übt, sollte über einen längeren Zeitraum anstrengungslos gut aufgerichtet sitzen oder bei Bedarf den Kopf und den Rücken anlehnen können.

Die Areale des Gehirns anfassen und verorten
Finde eine angenehme und spannungsfreie Position im Liegen oder Sitzen. Gib das Gewicht des Kopfs ab, damit Hals und Nacken sich entspannen können und die Atmung sich ausbreiten kann. Geh dann mit deiner Wahrnehmung zum Gehirn und mach dir seine beiden Hälften bewusst, die linke und die rechte Hemisphäre.

Leg nun deine Hände auf die Stirn, die Handwurzeln liegen dabei auf den Augenbrauen, und die Fingerkuppen zeigen zur Mitte des Kopfs. Unter deinen Händen befindet sich der präfrontale Kortex, unter der linken Hand der linke und unter der rechten Hand der rechte präfrontale Kortex. Nimm dir ausreichend Zeit, ein Empfinden und ein Bewusstsein für diese Gehirnareale entstehen zu lassen.

Lass nun beide Handwurzeln zu den Seiten gleiten, über die Schläfen hinweg zu den Ohren. In dieser Region deines Kopfs befinden sich links und rechts über den Ohren die Schläfen- oder Laterallappen. Lass in deinem Tempo ein Empfinden und ein Bewusstsein für diese Gehirnareale entstehen.

Wenn du von hier aus deine Hände ein paar Millimeter aufeinander zugleiten lässt, bis die Fingerkuppen sich berühren, befinden sich links und rechts unter den Fingern die Scheitel- oder Parietallappen. Nimm dir ausreichend Zeit, ein Empfinden und ein Bewusstsein für diese Gehirnareale entstehen zu lassen.

Wenn du mit deinen Händen eine Schale formst und deinen Hinterkopf hineinlegst, berührst du den Ort, an dem sich im Inneren deines Kopfs der Hinterhaupt- oder Okzipitallappen befindet. Lass in deinem Tempo ein Empfinden und ein Bewusstsein für dieses Gehirnareal entstehen. Leg nun die Hände wieder bequem neben deinem Körper ab, und mach dir bewusst, dass du soeben vier große Bereiche deines Großhirns kennengelernt und verortet hast.

Eine weitere und subtilere Möglichkeit, die vier Areale des Großhirns wahrzunehmen, besteht darin, das Gehirn aus der Peripherie bzw. aus der Aura des Kopfs anzusprechen. Halte dazu deine Hände so nah an den Kopf, dass die Strahlungswärme der Hände die Haut über dem angesprochenen Gehirnareal erwärmt. Lass dich durch die Empfindung der Wärme mit den angezielten kortikalen Arealen in Verbindung kommen. Leg danach die Hände ab und nimm wahr, wie du dich fühlst und dein Gehirn jetzt spürst. Lass die Hände während der folgenden Übung bequem neben oder auf deinem Körper liegen und reise nun mental weiter.

Gehirnfunktionen herunterfahren 1:
Augen und visueller Kortex

Lass deine Augen ruhig werden und spür den Luftstrom des Atems in deiner Nase. Drei der insgesamt zwölf Hirnnerven sind für die Augen zuständig. Bei sanft geschlossenen, entspannten und bewegungslosen Augen werden diese Hirnnerven nicht aktiviert.

Mach dir bewusst, dass am Ende beider Augenhöhlen die Sehnerven austreten und zum visuellen Kortex im Hinterhauptlappen gelangen: horizontal durch das Gehirn nach hinten verlaufend und sich auf dem Weg dorthin überkreuzend. Alle visuellen Eindrücke werden dort in komplexer Weise verarbeitet: Unterschiedliche Schichten sind für die Farb-, Gestalt-, Kontur- und Bewegungserkennung sowie Integrationsprozesse zuständig. Mach dir bewusst: Wenn du deine Augen schließt, keine visuellen Eindrücke hast und auch innere Bilder verklingen, kann dieser große Bereich deines Großhirns mitsamt allen am Sehen beteiligten Nerven zur Ruhe kommen. Damit beruhigst du einen sehr hohen Anteil an neuronaler Aktivität, der ausschließlich mit dem Sehen im Zusammenhang steht. Du ermöglichst deinem Nervensystem mit etwas so Einfachem wie dem Schließen der Augen und dem Beruhigen der Augenbewegungen eine sehr wohltuende Entspannung.

Gehirnfunktionen herunterfahren 2:
Ohren und auditiver Kortex

Leg deine Hände mit den Handwurzeln über die Ohren. Hier befindet sich unter den Handwurzeln jener Bereich deines Gehirns, der für das Hören zuständig ist: der auditive Kortex. Er versetzt uns in die Lage, Geräusche, Laute, Wörter und Sätze genau zu hören und zu differenzieren. Hier werden auch Erinnerungen und Assoziationen generiert, die mit Klängen, Geräuschen und Worten in Verbindung stehen.

Mach dir nun bewusst, dass du die Fähigkeit hast zu hören, aber erlaub dir jetzt, nicht so genau hinzuhören und das Gehörte nicht zu analysieren. Lass die wahrgenommenen Klänge und Geräusche so an dir vorübergehen, dass dein auditiver Kortex nicht aktiviert wird. Die Ohren sind mit Lidern nicht verschließbar wie die Augen, aber du kannst intentional weniger genau hinhören. So lässt du diese Gehirnregion ebenso zur Ruhe kommen wie zuvor die Augen und den visuellen Kortex.

Gehirnfunktionen herunterfahren 3:
Empfindungen und somatosensorischer Kortex

Schieb deine Hände ein wenig in Richtung Mittellinie des Kopfs und leg die Finger auf den Schädel. Jetzt liegen die Finger über dem somatosensorischen Kortex. Wie auf einer inneren Landkarte (siehe Abb. 1 in 1.1.3) sind hier alle Regionen, Glieder und Organe deines Körpers repräsentiert. Vielleicht spürst du irgendwo im Körper Spannungen, einen Schmerz oder die Atembewegung: Diese Empfindungen werden im somatosensorischen Kortex registriert. Auch zahlreiche andere Empfindungen, die unserer bewussten Wahrnehmung entgehen, werden hier unbewusst registriert und verarbeitet. Auch sie sind potenziell der Wahrnehmung zugänglich, wenn wir lernen, unseren Körper differenziert zu spüren. Im Moment aber liegst du ruhig und entspannt. Es geht jetzt nicht darum, irgendetwas im Körper genau zu beobachten oder zu spüren. Somit ist auch in diesem Gehirnareal nur geringe Aktivierung.

Gehirnfunktionen herunterfahren 4:
Stirnlappen und motorischer Kortex

Zieh deine Handwurzeln vor zu den Augenbrauen und leg die Finger über die Stirn und den vorderen Teil deines Kopfs. Hier befindet sich der für uns Menschen charakteristisch große präfrontale Kortex. Er ist u. a. zuständig für das Denken, Analysieren, Planen und Bewerten, aber auch für das Durchführen von Bewegungen. Unter deinen Fingerspitzen, an der Grenze zum somatosensorischen Kortex, dem Bereich des körpereigenen Spürens, befindet sich der für die Ausführung von Bewegungen zuständige motorische Kortex. Da du dich nun aber nicht bewegst, ist dieser Bereich nicht aktiviert. Erlaub dir, auch diesen Bereich deines Gehirns, der bei denkenden und handelnden Menschen sehr aktiv ist, zu entspannen und eine Weile zur Ruhe kommen zu lassen.

Gehirnfunktionen herunterfahren 5:
Integration und Kohärenz

Leg die Hände wieder bequem neben deinem Körper ab. Mach dir noch einmal bewusst, mit welchen Gehirnbereichen du dich gerade beschäftigt hast, wo sie sich befinden und welche primäre Funktion sie haben: Da sind die Hinterhauptlappen, zuständig für die Verarbeitung von visuellen Eindrücken, die Schläfenlappen, die auditive Eindrücke verarbeiten, der somatosensorische Kortex, der für die Wahrnehmung von körperlichen Empfindungen zuständig ist, und der präfrontale Kortex, der sich um das Planen und Durchführen von Bewegung und mentalen Prozessen kümmert. Du hast diesen Bereichen absichtsvoll erlaubt, weniger aktiv zu sein. Damit hast du deinem Neokortex eine Erholungspause ermöglicht und Einfluss auf die Gehirnwellen genommen. Sie sind langsamer geworden und vom höherfrequenten Beta-Bereich (14 bis 40 Wellen pro Sekunde) in den Alpha-Bereich (4 bis 14 Wellen pro Sekunde) übergegangen. Den Alpha-Zustand erleben wir normalerweise nur kurz vor dem Einschlafen oder unmittelbar nach dem Aufwachen. Es ist ein Zustand entspannter und regenerierender Wachheit.

Während der vorangegangenen Übungen warst du möglicherweise über einen längeren Zeitraum im Alpha-Zustand und hast ihn – ohne einzuschlafen – bewusst erlebt. Wie fühlst du dich jetzt? Bemerkst du eine angenehme neuronale Aktivität oder die Pulsation des Bluts in deinem Kopf? Wenn es sich wohlig anfühlt, haben sich deine Gehirnwellen nicht nur verlangsamt, sondern auch synchronisiert. Die verschiedenen Gehirnareale sind dabei in einen ähnlichen Schwingungszustand gekommen, eine neuronale Kohärenz ist entstanden. Diesen gesunden Zustand kannst du nun jederzeit wieder absichtsvoll herbeiführen.

Zwar ist die Theorie des dreieinigen Gehirns umstritten (z. B. Striedter, 2005), doch zur bewussten Wahrnehmung des eigenen Gehirns und einiger seiner wesentlichen Funktionen ist sie ausgezeichnet geeignet. Bei der nachfolgenden Übung geht es weniger um exaktes Wissen als um interessierte Selbstzuwendung, großzügiges Erleben und um alltagstaugliches idiopraktisches Handeln. Hier beginnt der zweite Teil der Gehirnreise.

Das dreieinige Gehirn begreifen

Spür deinen Kopf und mach dir den Neokortex unter deiner Schädeldecke bewusst. Du kennst inzwischen verschiedene Areale der Großhirnrinde sowie deren Funktionen und kannst deren Lage auch geografisch verorten. Du hast die neuronalen Aktivitäten des Sehens, Hörens, Spürens sowie des Bewegens und Denkens heruntergeregelt. In deinem Gehirn ist jetzt kein oder nur wenig neuronaler »Lärm«. Deine Gehirnwellen haben sich synchronisiert.

Geh nun mit deiner Aufmerksamkeit hinein in die Tiefe des Kopfs. Ungefähr in der Mitte zwischen links und rechts, vorn und hinten, oben und unten befindet sich der mittlere Teil deines Gehirns, das fühlende Gehirn mit dem limbischen System. Mach dir bewusst, dass du fühlen kannst und ein gefühlvoller Mensch bist. Frage dich, ob du im Moment ein Gefühl besonders deutlich wahrnehmen kannst. Erlaub dir dann, eventuell vorhandene Gefühle abklingen zu lassen, und finde in ein Grundgefühl heiterer Entspanntheit. In diesem emotionalen Zustand ist dein mittleres Gehirn entspannt und wenig aktiviert. Wie geht es dir mit entspanntem limbischem System, mit beruhigtem Neokortex und inaktiven Sinnen?

Geh nun mit deiner Aufmerksamkeit noch eine Ebene tiefer und komm zum Hirnstamm. Dieser befindet sich im unteren Bereich deines Gehirns und geht in jene Nervenstränge über, die im Wirbelkanal weiter hinab in den Körper führen. Hier im Hirnstamm werden alle lebenswichtigen Grundfunktionen geregelt, z. B. Atmung, Körpertemperatur, Blutdruck, Sexualfunktionen, Wach- und Schlafrhythmus sowie Reflexe wie Speichelfluss, Saugen, Schlucken, Gähnen. Spürst du die Temperatur deines Körpers, wie es in dir fließt und strömt, spürst du deinen Herzschlag und die Atembewegung? Vertraust du diesem lebenserhaltenden Teil deines Gehirns? Lass dir Zeit, mit deinem Hirnstamm und seinen Funktionen in Kontakt zu kommen. Kannst du dich seinen autonomen Aktivitäten entspannt und sicher überlassen?

Mach dir abschließend noch einmal bewusst, dass du dich deinem Gehirn mit Achtsamkeit und Empfindung zugewendet hast. Es ist dir mit seiner Anatomie, seiner Lage und seinen Aufgaben vertrauter geworden. Du hast intentional auf verschiedene Hirnfunktionen Einfluss genommen sowie dein Gehirn und damit dich selbst in einen entspannten, nährenden, gesunden und heilenden Zustand gebracht. Auf diese Weise hast du wichtige Fähigkeiten erworben und ein herausragendes Ziel der Idiopraxie erreicht.

Vertraut mit dem Gehirn und seinen komplexen Prozessen geht es zukünftig darum, das Nützliche und Brauchbare dieser gewonnenen Erkenntnisse und idiopraktischen Kompetenzen in den Alltag zu integrieren. Da hierin ein großes Potenzial eigenverantwortlicher Gesundheitspflege liegt, ist es eine lohnende Aufgabe. Gesundheit ist ein hohes Gut, aber das Leben selbst und die gefühlte Lebendigkeit sind noch höher zu bewerten, denn wir können Freude am Leben haben und uns lebendig fühlen, selbst wenn wir mit unheilbaren Krankheiten und Einschränkungen leben müssen. Idiopraktische Körperarbeit richtet den Fokus immer auf das Gesunde und fördert nährende und heilende Prozesse.

3.2 Übungen für besondere Selbstberührung

Als besondere Selbstberührungen bezeichnen wir jene Übungen, die sich nicht primär an einer anatomisch aufgebauten didaktischen Konzeption orientieren, sondern andere Aspekte idiopraktischen Handelns hervorheben. So wird beispielsweise mit der Trias ein grundlegendes Prinzip der Atemarbeit vorgestellt, das auch in der Idiopraxie zur Anwendung kommt (3.2.11). Einige Übungen thematisieren den Zusammenhang zwischen Atmung, Gähnen, Körperspannung und Selbstberührung (3.2.8 bis 3.2.10). Außerdem vermitteln wir die idiopraktische Methode des Körperdialogs (3.2.12), des Umgangs mit Schmerz (3.2.13) und den Zusammenhang von Selbstberührung mit Gefühlen sowie Erinnerungen (3.2.14). Dafür wird auch die Technik der Heatmap (3.2.15) vorgestellt, die visualisiert, an welchen Stellen des Körpers wir uns berühren und an welchen nicht.

Die Mehrzahl der Übungen (3.2.1 bis 3.2.7) besteht aus Anregungen zum umfassenden Verständnis von Selbstberührung. Dabei geht es um ein erfahrungsbasiertes Bewusstsein des Themas Berührung im anthropologischen Sinn und um die Selbstberührung im engeren praxeologischen Sinn.

3.2.1 Wahrnehmungslenkung

Wer sich entscheidet, die Aufmerksamkeit für einige Augenblicke von der äußeren Welt abzuziehen und auf den eigenen Körper zu lenken, kann unterschiedliche Arten von Berührungen bemerken: Objektberührungen, Selbstberührungen und innere Berührungen. In der nachfolgenden Übung geht es darum, das meist dominante Äußere in den Hintergrund treten zu lassen und unterschiedliche, weniger deutliche Berührungsformen wahrzunehmen und zu unterscheiden.

Jetzt berührt
Lehn dich bequem zurück, schließ die Augen und atme bewusst und langsam aus. Was spürst du? Möglicherweise bemerkst du die Kleidung auf deiner Haut, die Füße am Boden, das Gesäß auf der Sitzfläche, den Rücken an der Lehne, vielleicht eine Uhr am Handgelenk oder eine Brille auf der Nase. An den Kontaktstellen des Körpers mit diesen Dingen entstehen nun bewusste Objektwahrnehmungen.

Du kannst aber nicht nur die Orte der Berührungen, sondern auch verschiedene Qualitäten spüren: Fühlt sich das jeweilige Objekt warm oder kalt an, glatt oder rau, rund oder kantig, schwer oder leicht, weich oder hart? Empfindest du diese Berührungsqualitäten als angenehm oder unangenehm?

Bemerkst du auch Selbstberührungen? Vielleicht hast du die Beine übereinandergeschlagen? Hältst du die Arme verschränkt, stützt deinen Kopf mit der Hand, fasst dich ans Kinn oder an die Stirn? Nimm dir Zeit, um alle Selbstberührungen genau zu spüren.

Zu welchen Erkenntnissen kommst du, wenn du darüber nachdenkst, wo und warum du dich berührst? Ist es bequem, wärmt oder beruhigt es dich? Unterstützt es dich beim aufrechten Sitzen, oder hilft es dir beim Nachdenken, wenn du beispielsweise mit der Hand das Gesicht berührst?

Lass als Nächstes die »Doppelgesichtigkeit« der Selbstberührungen deutlich werden, bei der du spürende und berührende Person in Personalunion bist. Mach dir bewusst, dass diese Gleichzeitigkeit der wesentliche Unterschied zur Fremdberührung ist.

3.2.2 Mitschwingen

Atmung 1: Die Luft, die mich umgibt
Halt kurz inne und versuch, die Luft zu spüren, die dich umgibt: im Gesicht, an den Händen und Armen und besonders dort, wo nackte Haut von Luft umgeben ist. Wie fühlt sich die Luft an? Wie ist ihre Temperatur? Hat sie einen Geruch? Wedel mit den Händen durch die Luft oder fächele dir Luft ins Gesicht, um das unsichtbare Element deutlicher zu spüren.

Atmung 2: Die Luft in mir
Konzentrier dich eine Weile auf deine Nase und beobachte deine Atmung. Bemerkst du, wie die Luft kühl einströmt und erwärmt wieder ausströmt? Kannst du die warme Ausatmungsluft spüren, wenn du den Handrücken dicht unter die Nasenlöcher hältst? Dieser Luftstrom kann nicht nur auf der Hand und in den Nasengängen wahrgenommen werden, sondern auch in den Nasenhöhlen, im Rachen, in der Luftröhre und sogar in den tieferen Atemwegen und in der Lunge.

3.2.3 In der Seele berührt – Ergriffensein

Den Blick schweifen lassen
Lass deinen Blick schweifen, durch den Raum und zum Fenster hinaus. Finden deine Augen etwas, bei dem sie gern verweilen möchten? Betrachte dieses Objekt und spür, ob es innere Resonanz gibt. Atmest du freier? Lächelst du? Wirst du neugierig oder heiter gestimmt?

Schließ nun deine Augen und hör auf Geräusche und Klänge. Was hörst du? Was fällt dir ins Ohr? Gibt es auch bei diesen akustischen Wahrnehmungen eine innere Resonanz?

3.2.4 Selbst-, Fremd- und Objektberührungen

Das Bleistift-Experiment
Für dieses Experiment benötigst du einen Stift oder Kugelschreiber. Halte ihn so in der linken Hand, dass er parallel an deinem nach oben gestreckten Daumen liegt. Nimm dir Zeit, die Berührung zwischen Objekt und Hand sowie Daumen zu spüren und zu unterscheiden: Hand und Stift, Daumen und Stift, Ich und Objekt.

Streich nun mit dem Zeigefinger der rechten Hand am Stift entlang. Du berührst das Objekt und machst gleichzeitig mit dem Zeigefinger haptische Erfahrungen. Dabei kannst du verschiedene Qualitäten unterscheiden: glatt oder rau, rund oder eckig, warm oder kalt.

Streich nun mit dem Daumen der rechten Hand über den Daumen der linken Hand. Was spürst du jetzt? Mit dem streichenden rechten Daumen machst du nun haptische Berührungserfahrungen (ich werde berührt), am berührten linken Daumen hingegen taktile Erfahrungen (ich berühre). Du spürst dich also »doppelt«: aktiv berührend und rezeptiv berührt. Du erlebst die Doppelgesichtigkeit der Selbstberührung.

Streich abschließend mit Daumen und Zeigefinger der rechten Hand zugleich über deinen linken Daumen und den Stift. Welche Tast- und Berührungserfahrungen machst du nun?

Das Bleistift-Hand-Experiment mit Fremdberührung
Du hältst einen Stift in der Hand. Eine andere Person berührt mit dem Daumen deinen Daumen, beide spüren die Fremdberührung. Anschließend berührt die andere Person mit dem Zeigefinger den Stift, den du parallel zum Daumen hältst. Diese Berührung kannst du nicht wahrnehmen. Zuletzt berührt die andere Person mit Daumen und Zeigefinger gleichzeitig deinen Daumen und den von dir gehaltenen Stift: Eine Person erlebt Objektberührung und Fremdberührung zugleich, die andere Person spürt lediglich Fremdberührung.

Das Hand-Hand-Experiment mit Fremdberührung
Leg deine Hand mit der Innenseite an die Handinnenseite einer anderen Person. Gib keine Impulse, sondern lass die Hände ruhig aneinander liegen. Nimm dir Zeit, diese Berührung – es ist eine zwischenmenschliche, also eine »Fremdberührung« – zu spüren: die eigene Hand, die andere Hand. Spürst du Unterschiede in den Händen? Streicht nun abwechselnd mit Daumen und Zeigefinger der freien Hand über den eigenen und den »fremden« Daumen. Welche Berührungserfahrungen macht ihr beide nun?

3.2.5 Selbstregulation

Selbstberührung am Unterarm
Berühr mit den Fingerkuppen den Unterarm: die Außenseite und die Innenseite, die behaarte und die unbehaarte Haut. Was tasten die Fingerkuppen, und was spürt der Unterarm? Zwei unterschiedliche Empfindungen und Erfahrungsmöglichkeiten zur selben Zeit. Streich als Nächstes in verschiedene Richtungen, weg vom Körper und hin zu ihm. Verändere auch den Druck der Berührung. Nimm dir ausreichend Zeit, um dich dieser Erfahrung hinzugeben. Wie empfindest du die unterschiedlichen Berührungen – sind sie angenehm oder unangenehm? Versuch die Übung so auszuführen, dass du die Berührungen als angenehm empfindest.

Beiläufige und vertraute Selbstberührung

Entdeck die Selbstberührungen, die du im Alltag oft ausführst. Gibt es eine bestimmte Position oder eine Lieblingshaltung, bei der du dich selbst berührst? Versuch, diese zu finden, und nimm sie ein. Wie fühlt sich das an? Ist sie dir angenehm? Welche Funktion könnte sie haben, und bei welchen Gelegenheiten greifst du darauf zurück?

Findest du andere Haltungen und damit einhergehende Selbstberührungen, die ebenfalls zu deinem Selbstberührungsrepertoire gehören? Nimm auch diese ein, erspür sie von innen, und geh der Frage nach, welche Funktion sie haben könnten und wann du sie verwendest.

Gibt es Selbstberührungen, die dir helfen, zur Ruhe zu kommen oder gut einzuschlafen? Gibt es Haltungen und Selbstberührungen, die dir helfen, dich zu konzentrieren? Oder die du bei Unwohlsein, Schmerz und Unsicherheit einnimmst? Welche Selbstberührungen können deine Freude und dein Wohlbefinden unterstreichen?

Unvertraute Selbstberührungen

Diese Übung lässt deiner Fantasie und Kreativität freien Lauf. Probier unterschiedliche Haltungen und alle möglichen Formen der Selbstberührung aus. Du wirst bemerken, dass wir uns primär mit den Händen selbst berühren und dabei nur wenige Muster bevorzugen. Aber es gibt viele Möglichkeiten, sich selbst zu berühren. Halte eine Position für eine Weile und spür, wie sie sich anfühlt. Du wirst bemerken, dass du auf diese Weise unvertraute und originelle Haltungen und Berührungen finden kannst. Spielerisch erweiterst du dein Repertoire an Bewegungen und Selbstberührungen um neue Formen.

Körperpositionen und Selbstberührungen nachstellen

Betrachte Fotos mit Personen, die sich in besonderer Weise selbst berühren. Welche Fotos sprechen dich an? Wenn du Lust hast, gehst du in eine ausgewählte Position hinein. Stell sie nach und mach dir deutlich, was sie ausdrückt und welche Gefühle oder Situationen damit verbunden sein könnten.

3.2.6 Mental berührt – berühren, ohne zu berühren

Eine ungewöhnliche, aber sehr wirkungsvolle Form der Selbstberührung, die für Außenstehende wie Hokuspokus aussehen mag, ist das Berühren, ohne zu berühren. Dabei sprechen wir unseren Körper indirekt, quasi aus der Aura des Körpers an. Die wohltuende und belebende Wirkung dieser Berührungsform kann besonders gut am Beispiel des Gesichts erlebt werden.

Die Hände vor den Körper halten

Wenn du die Hände dicht vor das Gesicht hältst, spürst du zuerst die Dunkelheit, die Strahlungswärme und irgendwann auch die Kräfte der Verbindung zwischen der Handinnenseite und dem Gesicht. Du kannst die Hände überall dorthin legen, wo du es brauchst und es dir guttut, z. B. an Augen, Stirn, Zähne, Kehle oder Kieferhöhlen. In ähnlicher Weise können auch andere Körperregionen indirekt berührt werden: schmerzende oder kranke Organe, der Magen, das Gehirn, die Lunge oder das Herz.

Selbstberührung am Körper – mental und real

In dieser Übung geht es um ein Berührungsexperiment: Selbstberührung nur in der Vorstellung. Stell dir vor, möglichst mit geschlossenen Augen, du würdest deinen Körper berühren. Wo berührst du ihn, und wo berührst du ihn nicht? Geh in Gedanken an diese Orte und beobachte, welche Empfindungen kommen. Bemerkst du auch, ob Gefühle oder Erinnerungen auftauchen?

Mentale und reale Selbstberührung: Berühr nun verschiedene Regionen deines Körpers. Überleg zuerst, wo du dich berühren willst. Lass dir Zeit, dort alle auftauchenden Empfindungen zu spüren. Wo verweilst du gern? Wo greifst du nicht hin? Zuerst nur mental vorausdenkend, dann real ausführend.

Bewusste haptische Selbstberührung

Bei dieser Übung geht es darum, sich bewusst selbst zu berühren.
- Beginn mit den Händen.
- Berühr deinen Rumpf.
- Erkunde tastend deinen Kopf, die Haare und das Gesicht.
- Berühr deine Beine und Füße.
- Berühr mit dem einen Unterarm den anderen Arm.
- Berühr mit dem einen Fuß den anderen Fuß.
- Berühr dich nun frei und intuitiv.

Mentales Training – Denken vor dem Handeln

Mentales Training kann mit allen Selbstberührungen durchgeführt werden. Die imaginierte Berührung kann höchst wirksam sein und kann eine reale Berührung vorbereiten oder ersetzen, wenn eine Körperregion nicht oder nur schwer erreicht werden kann. Dies kann auch in sozialen Situationen hilfreich sein, in denen eine reale Berührung unangemessen wäre. Im Anschluss beschreiben wir die Berührung mit den Fingerkuppen der rechten Hand auf dem linken Unterarm mit anschließender Berührung.

Berühr dich selbst zuerst nur in Gedanken: mit den Fingerkuppen der rechten Hand auf dem linken Unterarm. Lass dir Zeit, mit deiner Wahrnehmung an diesen beiden Orten anzukommen, ohne dich real zu berühren. Dein Gehirn bereitet sich auf die bevorstehende Aktion vor. Wie bei einem inneren Probehandeln wird die Bewegung vorgedacht und am Ort des Geschehens die mentale Aufmerksamkeit sowie die sinnliche Empfindungsfähigkeit bereits aktiviert.

Führ nun die imaginierte Selbstberührung real so aus, wie du sie dir vorgestellt hast. Vergleiche den Unterschied zwischen vorgestellter und ausgeführter Selbstberührung.

Wahrnehmen und bewusst machen

Bei dieser Übung geht es darum, sich aktuell vorhandene Berührungen und Kontaktflächen ins Bewusstsein zu holen:
- Worauf sitzt du?
- Haben die Füße Bodenkontakt?
- Spürst du deine Kleidung am Körper?
- Ist dein Rücken angelehnt oder sitzt du frei?
- Was berühren die Hände?
- Spürst du Berührungen an deinem Kopf?
- Berührst du dich gerade selbst mit den Beinen, dem Atmen, den Händen?

Schließ die Augen für einen Augenblick und versuch, all dies wahrzunehmen. Du wirst »sehen«, Berührung ist immer da!

Lebendige Mimik

Nach der passiven Belebung von Gesicht und mimischer Muskulatur durch Selbstberührungen geht es nun darum, die wie ein Spinnennetz miteinander verbundenen Gesichtsmuskeln aktiv zu betätigen. Dies ist keine direkte Selbstberührung mit den Fingern, kann sich jedoch ähnlich anfühlen wie Selbstberührung. Die feinen mimischen Bewegungen gehen mit feinen Empfindungen einher, und die Einheit von Motorik und Sensorik wird dabei gut erfahrbar.

Spür eine Weile dein Gesicht, ohne etwas zu tun. Lass dann irgendwo im Gesicht kleine Bewegungen entstehen, die sich zu größeren Bewegungen ausweiten. Du kannst dir auch vorstellen, Grimassen zu schneiden oder in eine Zitrone zu beißen oder breit zu grinsen. Zieh dein Gesicht zur Mitte zusammen und dehn es zu den Seiten hin.

Leg immer wieder Pausen ein und entspann dich: im Gesicht, im Atem, überall. Wir benutzen die mimische Muskulatur im Alltag sehr viel, sind es aber nicht gewohnt, sie aktiv zu betätigen. Weil es ungewohnt ist, dies aktiv zu tun, kann es sich anstrengend anfühlen.

Beginn nach einer Pause von Neuem, wie bei einem Intervalltraining. Spür lange nach, wenn du die Übung beendet hast. Wie deutlich nimmst du dein Gesicht jetzt wahr? Wie empfindest du deinen mimischen Ausdruck in diesem Moment? Fühlst du dich entspannt, belebt oder beides? Bist du auch emotional berührt?

3.2.7 Selbstberührung im Liegen

Vom physikalischen Körper zum beseelten Leib
Leg dich auf den Boden oder auf eine nicht zu weiche Unterlage. Lagere dich bequem, du solltest eine Weile liegen bleiben können. Die Arme und Hände sind seitlich neben dem Rumpf abgelegt. Lass dir Zeit und erlaub den Muskeln, sich immer mehr zu entspannen. Die Rumpfmuskulatur kann nicht so schnell entspannen, auch die Nackenmuskulatur nicht. Sie sind es gewohnt, dich zu halten und andauernd zu arbeiten. Sie bekommen selten die Erlaubnis, in Ruhe zu entspannen und weich zu werden. Lass dir ausreichend Zeit dafür. Wenn es gelingt, wirst du bemerken, dass dein Atem freier und größer wird. Du wirst gelöster sein und dich mehr vom Boden tragen lassen können.

Nun gehst du mit deiner Aufmerksamkeit zu den Armen und Händen. Spür ihre Masse und ihr Gewicht, und übergib beide dem Boden. Heb dann sehr behutsam und mit viel Zeit deine Arme ein paar Millimeter vom Boden weg, halte sie einen Moment angehoben, und leg sie dann ab. Auf diese Weise erlebst du das Gewicht deines Körpers.

Mach dir nun die zahlreichen Gelenke in deinen Armen und Händen bewusst: die Schultergelenke, die Ellbogengelenke, die Handgelenke und die vielen Fingergelenke. Stell dir vor, du wärst eine Gliederpuppe, und eine Person zieht deine

Arme an imaginären Fäden hoch und bewegt sie in den Gelenken. Auf diese Weise erlebst du die Beweglichkeit deines physikalischen Körpers.

Geh nun mit deiner Wahrnehmung zu den Händen. Ohne etwas zu verändern, bemerkst du, welche Spannung und Form sie haben. Mach dir deutlich, wie und wo sie am Boden aufliegen. Beginn dann, über den Boden oder die Unterlage zu tasten, ohne die Hände vom Boden wegzuheben. Berühr alles, was im Umfeld der Hände und Arme zu erreichen ist, und lass den Radius dabei immer größer werden. Lass die Hände dann wieder ruhig liegen und die Erfahrungen nachwirken.

Wenn du wieder bereit bist für neue Tast- und Berührungserfahrungen, lass die Hände zu deinem Körper finden. Ertaste zuerst die Kleidung und berühr dann alle Körperteile, die du im Liegen bequem erreichen kannst. Lass die Hände auch zu deinem Kopf, deinen Haaren und deinem Gesicht finden. Leg abschließend die Hände auf deinen Rumpf und beobachte die Bewegungen unter deinen Händen. Spür die Lebendigkeit und die Bewegungen, das Heben und Senken im Rhythmus der Atmung.

Das bist du, »was« du da ertastest, ein lebendiger Organismus. Du musst nichts tun für diese Lebendigkeit, nur geschehen lassen. Die Hände sind nicht aktiv handelnd, sondern nur rezeptiv spürend. Dir wird bewusst, dass du lebst und nichts dafür tun musst. Alle nun wahrgenommenen lebenserhaltenden Vorgänge laufen wie von allein ab. Du lebst, und die Erfahrung von Leben verbindet dich mit allen lebenden Wesen, anderen Menschen, Tieren und Pflanzen.

Du bist aber mehr als »nur« ein lebendiger Organismus. Du bist ein leibhaftiger Mensch mit Gefühlen und Gedanken und mit einer Lebensgeschichte, ein Körper-Seele-Geist-Wesen. Immer deutlicher spürst du dich selbst und zugleich die Umgebung: unter dir den stabilen Boden, der dich trägt, und über dir die Luft, die dich umgibt und die du ein- und wieder ausatmest. Lass die Hände noch eine Weile ruhig auf deinem Körper liegen und werde dir deiner Lebendigkeit und Verbundenheit gewahr.

3.2.8 Atembewegung

Innere Berührung

Bei dieser Übung geht es darum, deine inneren Bewegungen und Selbstberührungen wahrzunehmen. Du tust dies fortwährend und kannst es bereits. Jetzt sollen sie für einige Augenblicke ins Bewusstsein gehoben werden.

Geh mit deiner Aufmerksamkeit an deine Körperwände, die Grenze zwischen außen und innen. Kannst du deine Atmung wahrnehmen? Dann wirst du die sich im Rhythmus der Atmung verändernde Körperspannung bemerken: leichte Spannungszunahme beim Einatmen und Entspannung bei Ausatmen. In der Haut sind diese Spannungsveränderungen fein spürbar: anstrengungslose Ausdehnung und entspanntes Zurückschwingen.

Wechselnder Tonus geht mit Veränderungen der Körperform und des Körperinnenraums einher: Er weitet sich und »schrumpft« wieder. Weitung und Engung, das ist die Urbewegung allen Lebens. Kannst du die ein- und ausströmende Luft in deiner Nase wahrnehmen, von der Nase bis in die Lunge, hörend und spürend? Bemerkst du deinen Herzschlag, die Bewegungen und Berührungen des Herzens, hörend und spürend?

Atembewegung verdeutlichen

Schließ die Augen, und beobachte deine Atmung. Wo ist Atembewegung deutlich spürbar? Leg eine Hand an diesen Ort – beispielsweise den Bauch, den Brustkorb oder die Flanken. Lass die Selbstberührung wirken, bevor du die Hand wieder wegnimmst.

Spürst du nun einen anderen Ort mit deutlicher Atembewegung? Wo ist dieser Ort? Wenn du ihn spüren kannst und mit deiner Aufmerksamkeit dort bist, dann bist du bereits doppelt anwesend: mit sensorischer Empfindung und mit mentaler Achtsamkeit. Nun leg auch eine Hand dorthin und beobachte, was geschieht.

Finde dann Körperregionen, an denen die Atembewegung weniger deutlich ist. Leg auch dort eine Hand oder beide Hände hin. Sammle dich wieder mit deiner ganzen Präsenz an der Stelle, mit Empfindung, Achtsamkeit und Atem, spürend, bewusst machend und berührend. Achte darauf, dass du nicht willkürlich zu diesem Ort »hinatmest«, sondern dass sich der Atem »von allein« dort einfinden kann.

Spürst du auch Körperregionen, an denen du (noch) keine Atembewegung wahrnehmen kannst? Was geschieht, wenn du dich dort berührst?

3.2.9 Anspannen und Entspannen – sinnliche Tonusregulation

Dehnen der Hände

Halte eine Hand vor deinen Körper und betrachte sie eine Weile. Dann schließ die Augen, und überprüf, ob du deine Hand auch spüren kannst, wenn du sie nicht siehst. Wieder mit offenen Augen schaust du die Hand an und machst dir ihren

Spannungszustand bewusst. Ist sie verspannt oder schlaff? Ist sie entspannt mit leicht gekrümmten Fingern und weichem Handteller?

Erhöhe den Spannungszustand kontinuierlich, indem du die Hand langsam spreizt und die Finger streckst. Die Mitte des Handtellers hebt sich dabei ein wenig nach oben. Steigere die Spannung nun nicht als Reflex auf einen äußeren Anlass, sondern bewusst und absichtsvoll. Du kannst auch beobachten, wie dein Atem auf diese Spannungsveränderung reagiert.

Genauso fein dosiert lässt du die Anspannung wieder aus deiner Hand entweichen und beobachtest, wie sich Entspannen anfühlt und wie der Atem reagiert. Danach wiederholst du die Übung mit der anderen Hand und machst sie in einem dritten Durchgang mit beiden Händen.

Kontraktionsspannung der Hände

Halte eine Hand entspannt vor den Körper. Langsam und anstrengungslos beugst du die Finger. Wenn die Fingerkuppen die Handwurzel berühren, warte einen Moment und überprüf den Spannungszustand der Hand. Das Beugen der Finger sollte nicht dazu führen, dass die Hand in einen hohen Spannungszustand gelangt, sie sollte sich immer noch weich und entspannt anfühlen.

Nun erhöhst du bewusst und fein dosiert die Kontraktionsspannung, bis die Hand zu einer festen, aber noch als angenehm empfundenen Faust wird. Halte den erhöhten Spannungszustand eine Weile und atme dabei weiter. Wenn du dich entschieden hast, die Anspannung wieder langsam und bewusst zu lösen, beobachte, wie sich das anfühlt und wie der Atem reagiert.

Wiederhol die Übung danach mit der anderen Hand und schließlich mit beiden Händen gleichzeitig.

Gesichtsmuskeln an- und entspannen

Viele Menschen neigen zu chronisch verspannten oder schlaffen Gesichtszügen und haben nur wenig Empfinden für die Spannungsunterschiede in der mimischen Muskulatur. Mit dieser Übung werden motorische und sensorische Differenzierungen trainiert.

Spür dein Gesicht und konzentrier dich auf die Nase. Zieh langsam von allen Seiten die Muskeln zum Zentrum des Gesichts zusammen. Atme weiter und halte die Spannung eine Weile; reduziere dabei den muskulären Aufwand. Lös den Spannungszustand nach einer Weile wieder auf und spür, wie dein Gesicht sich vom Zentrum zu den Seiten hin entspannt. Wiederhol diese Übung einige Male, bevor du zum nächsten Schritt weitergehst.

Spür dein Gesicht und lass es sich zuerst mental und dann real vom Zentrum kreisförmig zu den Rändern hin dehnend ausbreiten. Halte die Dehnspannung eine Weile und atme entspannt weiter. Dann löse die Dehnspannung im Gesicht wieder auf und beobachte genau, wie sich das Gesicht entspannt. Wiederhole abschließend beide Varianten – zusammenziehen und ausdehnen – und achte auf den Atem und die Gefühle, die diese mimischen Spannungsübungen auslösen.

Gesamtkörperliche Spannungsregulation

Diese Übung bietet die Gelegenheit, den gesamten Körper angespannt und entspannt zu erleben. Zu Beginn der Übung achte auf deine Atmung. Dann bereite dich mental darauf vor, gleich die Spannung im gesamten Körper bewusst und dosiert zu erhöhen: in den Händen und Armen, im Nacken, in der Brust und im Rumpf, in Bauch und Becken, in den Füßen und Beinen, an der Kopfhaut und im Gesicht.

Beginne, wenn du dazu bereit bist, und erhöhe langsam den Spannungszustand. Atme dabei stets weiter, egal wie hoch die Spannung ist und wie eng der Körper sich auch anfühlen mag. Halte die Spannung eine Weile und bereite dich mental darauf vor, sie wieder fein dosiert und bewusst aus dem gesamten Körper zu entlassen. Beobachte bei der Ausführung genau, wie es sich anfühlt und wie der Atem reagiert.

Mach dir nach dieser Übung bewusst, dass du zukünftig auch im Alltag Veränderungen im Spannungszustand deines Körpers wahrnehmen und regulieren kannst.

3.2.10 Gähnen

Gähnen ist ein intensiver Atemreflex: Wir gähnen und dehnen uns und atmen dabei auf natürliche Weise tief ein. Beim Einatmen weiten sich Mundraum, Kehle und Brusthöhle, zugleich senkt sich das Zwerchfell und die Lunge wird expandiert. Durch den dabei entstehenden Unterdruck füllt sich die Lunge mit Luft. Nach einer kurzen unwillkürlichen Atempause in der Position der maximalen Gähnweite entspannt sich der Körper wieder, und wir atmen passiv aus.

Vielleicht hat das Lesen des letzten Absatzes bereits ein Gähnen ausgelöst. Das wäre normal, denn Gähnen ist hochansteckend: Nur daran zu denken oder darüber zu lesen, kann bereits den Reflex auslösen. Noch stärker wirkt es, wenn wir eine Person beim Gähnen beobachten, die typische Gähnmimik und Gähnbewegungen sehen und die Gähngeräusche hören.

Es gibt aber auch Menschen, bei denen dieser natürliche Reflex nicht durchkommt. Das Gähnen bleibt bei ihnen wie auf halbem Wege im Hals stecken, oder der Mund öffnet sich nicht weit genug. Oftmals stehen erlebte erzieherische Maßnahmen bzw. soziale Erwünschtheit im Hintergrund. Damit wurde ein wertvoller und gesunder Körperreflex »aberzogen«.

In der Idiopraxie wollen wir durch spezifische Selbstberührungen den Gähnreflex befreien und im Interesse der Entspannung und Gesundheit kultivieren. Dabei ist es nicht wichtig, ob wirklich gegähnt wird. Auch ein »So-tun-als-ob« ermöglicht es, die Vorgänge beim Gähnen genau zu beobachten und die positiven Auswirkungen auszulösen: intensive Atembewegung, Speichelfluss, feuchte Augen, feuchte Nase und andere Reflexe.

Gähnreflexe locken und so tun als ob
Gähn einige Male bewusst und beobachte, ob sich der Reflex voll entfalten kann oder ob es ein »So-tun-als-ob« ist. Beides ist gut und wirkungsvoll. Was bemerkst du?

Sicher gähnen
Leg beide Hände von unten stützend an deinen Kiefer. Gähn willkürlich sehr langsam und warte, bis sich ein Gähnreflex einstellt. Bemerkst du, wie sich dein Unterkiefer gegen die Hände senkt und die Hände dagegenhalten? Dies kann dazu führen, dass sich das Bedürfnis zu gähnen verstärkt. Vor allem aber kannst du mit dieser Übung verhindern, dass sich der Kiefer zu schnell und zu weit senkt. Die Gefahr der Kieferluxation wird damit ausgeschlossen.

Kiefergelenke ertasten
Leg deine Fingerkuppen auf die Kiefergelenke und beweg den Kiefer: zuerst hin und her, dann auf und zu und schließlich auch vor und zurück. Atme dabei bewusst durch den offenen Mund aus und ein. Mit diesen Bewegungen lernst du deine Kiefergelenke kennen und löst die oftmals an diesem Ort vorhandenen Spannungen auf. Anstatt die Zähne zusammenzubeißen und das Kiefergelenk fest und unbeweglich zu machen, befreist du diese wichtigen Gelenke und damit zugleich deine Atmung.

Kaumuskeln entspannen
Taste und massier deine Kaumuskeln. Der Mund darf sich dabei leicht öffnen. Tupf auch mit den Fingerkuppen auf die Kaumuskeln und von dort vor zum Kinn und wieder zurück. Diese Selbstberührungen machen die oft harten Kaumuskeln weich. Sie sind die stärksten Muskeln im menschlichen Körper, können bis zu 60 kg Druck ausüben und sind verantwortlich für das Zähneknirschen.

Komm dann mit den Fingerkuppen zu den Schläfenmuskeln und verschieb die Haut zart ein wenig nach oben. Auf diese Weise gibst du der unter der Haut liegenden Muskulatur einen wirkungsvollen Dehn- und Entspannungsimpuls.

Wenn du beide Übungen miteinander verbindest (den Kiefer behutsam nach unten senkst und zugleich die Schläfenmuskeln zart nach oben dehnst), kannst du eine sehr wirkungsvolle und angenehme Entspannung herbeiführen, die sich ausgehend von den Kaumuskeln im ganzen Körper tief entspannend auswirkt und allmählich den Grundtonus deiner Muskulatur herunterreguliert.

Zusätzlich zu diesen Übungen finden sich weitere zur Unterstützung der Gähnreflexe in den Kapiteln zu den Themen Mund (3.1.5) und Hals (3.1.9) (s. auch Cubasch, 2016, 2021).

3.2.11 Die Trias von Empfindung, Achtsamkeit und Atem

In der Idiopraxie kommt ein grundlegendes Prinzip der Atemarbeit zur Anwendung: die Trias. Dabei geht es um die funktionelle Drei-Einheit von Empfindung, Achtsamkeit und Atem. Mithilfe dieses Prinzips kann jeder Ort und jedes Organ des Körpers erreicht werden. Von jedem der drei Teileelemente ausgehend lässt sich ein komplexer Wahrnehmungsprozess in Gang setzen. Die nachfolgenden Übungen stellen drei Beispiele dar.

Achtsamkeit – Empfindung – Atem
Achtsamkeit bedeutet mentale Zuwendung. Wenn du beispielsweise an deine Lunge denkst und dir dein Wissen über dieses Organ, seine Funktion und Lage bewusst machst, bist du mit deiner Aufmerksamkeit (deiner Bewusstheit) bei ihr. Als Folge davon wird sich bald auch ein deutlicheres Empfinden (ein Bewusstsein) für dieses Organ einstellen, das sich mit jedem Atemzug ausdehnt und wieder entspannt und dabei an den Wänden des Brustkorbs entlanggleitet. Sind Empfindung und Achtsamkeit dort vereint, ist es nur eine Frage der Zeit, bis du bemerkst, dass sich dort auch der Atem deutlich einstellt. Er war bereits da,

aber jetzt ist er präsenter geworden, ohne dass du willkürlich dorthin atmen musstest.

Empfindung – Achtsamkeit – Atem

Spürst du deinen Körper? Wo spürst du ihn, und was spürst du? Diese Wahrnehmung ist eine Empfindung. Wenn sie dir bewusst wird, bist du auch mit deiner Achtsamkeit dort. Kannst du z. B. deine Nieren spüren, hinten unter den Rippenbögen, links und rechts neben der Lendenwirbelsäule? Leg deine Hände dorthin, warte ab, und lass die Empfindungen deutlicher werden. Wenn du möchtest, dass das Gespürte noch stärker wird, dann beweg dich an diesem Ort.

Sind die Bewegungen verklungen und die Hände entspannt abgelegt, wirst du auch die Atembewegung deutlich an deinen Nieren spüren. Mach dir wieder bewusst, dass du dort nicht willkürlich hingeatmet, sondern mithilfe der Trias einen Wahrnehmungsprozess in Gang gesetzt hast, bei dem Empfindung, Achtsamkeit und Atem zu einer Einheit verschmolzen sind.

Atem – Achtsamkeit – Empfindung

Lass dir deutlich werden, wo du deinen Atem wahrnimmst. Vielleicht in der Nase oder am Brustkorb? Wie spürst du deinen Atem dort? Wenn dir das bewusst wird, bist du auch mit deiner Achtsamkeit dort, und die Wahrnehmung des Atems kann noch deutlicher werden. Wenn du nun auch noch deine Hände hier auflegst oder mit aufgelegten Händen diese Region zart bewegst, werden auch die Empfindungen eindrücklich hervortreten. Und wieder sind Atem, Achtsamkeit und Empfindung zusammengekommen. Wann immer dir das gelingt, bist du vollkommen präsent.

3.2.12 Körperdialoge

Idiopraxie ist ein systematischer Übungsweg, um durch freundliche Selbstzuwendung und achtsame Selbstberührung in eine nützliche und angenehme Verbindung mit sich selbst, mit dem eigenen Körper und allen Organen und biologischen Vorgängen zu kommen. Ziel ist es, im Umgang mit sich selbst immer vertrauter, achtsamer und kompetenter zu werden. Diese Vertrautheit kann dir dazu verhelfen, mit deinem Körper in ein Zwiegespräch zu treten. Diese Dialoge gehen mit taktil-haptischer Selbstberührung einher, können aber auch rein mental erfolgen. Du kannst dich dazu bewusst (aktiv) einer speziellen Körperregion oder deinem Körper als Ganzem zuwenden und spüren, wie es ihm geht und was er braucht. Oder du kannst (passiv) auf deinen Körper »lauschen« und ihn zu dir »sprechen« lassen. Aus dem passiven Lauschen sowie dem aktiven Beobachten lässt du in zirkulären Prozessen einen kreativen Dialog von Spüren und Handeln entstehen, hin und her schwingend zwischen genauen Empfindungen, zarten Berührungen, feinen Bewegungen und vom Atem begleitet.

Im Dialog mit dem Körper
Finde einen geeigneten Zeitpunkt, einen passenden Ort und eine günstige Position, um dich in Ruhe deinem Körper zuwenden zu können. Werde still und lausch auf deinen Atem. Gibt es einen Bereich oder ein Organ, mit dem du dich jetzt intentional beschäftigen willst? Oder möchtest du auf deinen Körper hören und spüren, welcher Ort oder welches Organ sich in diesem Moment meldet? Beide Wege sind möglich: Bei einem steht die Empfindung am Anfang, beim anderen die Achtsamkeit. Entscheide dich für einen von beiden.

    Lass deine ganze Aufmerksamkeit zu diesem Ort oder zu diesem Organ wandern. Nimm dir dafür so viel Zeit, bis du merkst, dass sich der Atem dort einfindet. Tu nichts und warte ab. Empfängst du eine Botschaft von diesem Ort? Welche Botschaft sendest du ihm?

    Lass dir Zeit, zu spüren, ob sich Handlungen einstellen wollen: Möchtest du dich berühren oder bewegen? Möchtest du den Atem beobachten, oder beginnt der Körper wie von allein, in Aktion zu treten? Vertrau der Weisheit deines Körpers, deinem intrinsischen Wissen. Lass einen Prozess in Gang kommen, ohne Plan und ohne rationale Kontrolle.

3.2.13 Problematische und schmerzende Region

Kontinuierliche Praxis intentionaler Selbstberührung verändert den Körper und die Körperwahrnehmung. Auch der Umgang mit Spannungen und das Erleben von Schmerzen werden durch Idiopraxie verändert. Mit der Zeit wissen wir immer besser, wo und wie wir uns berühren sollten, um angenehme Empfindungen und Gefühle auszulösen. Dabei wird sich so manches körperlich-seelische Problem wie von allein lösen.

    Einigen Regionen muss möglicherweise besondere Aufmerksamkeit zuteilwerden. Wo chronischer Schmerz sich manifestiert hat, wo Verletzungen und Übergriffe stattgefunden haben, wo bestimmte Körperteile und Regionen über längere Zeit nicht gespürt werden konnten und noch nicht wieder spürbar sind, braucht es unsere zielgerichtete und besonders freundliche Zuwendung. Jeder einzelne Mensch weiß selbst am besten, was er braucht und was an diesem Ort das Richtige für ihn ist: vielleicht eine spezielle Berührung, ein Handauflegen, ein sanftes Dehnen oder eine Berührung, die nicht direkt berührt.

Jede Körperregion, die wir selbst ins Erleben zurückholen, ist wie ein Geschenk. Dieses Ereignis persönlicher Wiederaneignung ist nicht selten mit Tränen verbunden, mit Tränen der Freude und der Trauer zugleich. Es schmerzt zu erkennen, dass und warum eine Körperregion so lange nicht gespürt werden konnte, und es ist ein Fest, sie wieder ins Erleben zu bringen und den dahinterstehenden Erfahrungen und Gefühlen ihre belastende und kraftraubende Macht zu nehmen. Mit intentionaler Selbstberührung können wir uns unseren Körper wieder und immer feiner aneignen.

Ganz bei mir – behutsam, mitfühlend, liebevoll

Bist du bereit, dich einer »kritischen« Region deines Körpers zuzuwenden? Möchtest du neue und angenehme Erfahrungen an diesem für dich »schwierigen« Ort machen? Allein diese Bereitschaft und Entscheidung verdienen Respekt und Anerkennung.

Du hast dich dafür entschieden, der Ort oder das Organ ist gewählt, und du hast eine passende Position für den Beginn gefunden. Geh nun mental mit deiner Aufmerksamkeit an den gewählten Ort oder zu dem Organ. Achte darauf, nicht zu stark in Gefühlen und Erinnerungen zu versinken, sondern lass dich vom Atem führen, und bleib bei deinen Empfindungen.

Widme deine Aufmerksamkeit nun einem anderen Ort deines Körpers, den du gut spüren kannst und der sich sicher und angenehm anfühlt. Wechsle dann mental zwischen beiden Orten hin und her. Du entscheidest, wohin du deine Aufmerksamkeit lenkst und wie lange du dort bleibst. Welche Wirkung hat das?

Bist du bereit, dich dieser »kritischen« Region weiter zuzuwenden? Wenn ja, versuch zu spüren, ob es dir möglich ist, diesen Ort mit deinen Händen behutsam zu berühren, oder ob Berührung momentan nicht das Richtige, dafür aber vielleicht Bewegung möglich ist. Die Frage nach Berührung oder Bewegung ist abhängig von der Erfahrung, die du an diesem Ort gemacht hast. Die Entscheidung für das eine oder andere kannst du treffen, wenn du auf deinen Körper hörst.

Manchmal ist es empfehlenswert, einen Ort nicht direkt anzusteuern, sondern die Berührung oder Bewegung zuerst auf das angenehme oder zumindest neutrale Umfeld der Region zu lenken. Beweg oder berühr dich dort zuerst eine Weile, und nähere dich dann langsam der »kritischen« Region an. Umschmeichle sie wohlwollend, und lade sie ein, dazuzukommen, bis sie wieder in deinen Körper und dein Leben integriert ist.

3.2.14 Berührungen und Gefühlen nachspüren

Erinnerungen und Sehnsucht
Wenn es dir gut möglich ist, schließ deine Augen und lass dir Zeit, deinen vom Atem bewegten Körper zu spüren. Lass dann Erinnerungen an Menschen (oder auch Tiere) und Ereignisse aufkommen, von denen du freundlich, zärtlich und liebevoll berührt wurdest und die du liebevoll berührt hast. Geh in der Zeit von der Gegenwart bis zu deinem Lebensanfang zurück. Du kannst dich auch an Menschen erinnern, die heute nicht mehr leben. Lass all diese Personen (oder Tiere) in deinen Erinnerungen deutlich werden, sieh, hör und fühl sie. Wie und wo spürst du ihre Berührungen? An welcher Stelle deines Körpers würdest du heute, gerade jetzt, in diesem Moment, gern noch einmal so wohltuend berührt werden? Wenn du magst, legst du deine Hand an diese Leibesregion, lässt Empfindungen und Gefühle aufkommen und die Erinnerungen noch deutlicher werden. Mach dir bewusst, dass niemand dir die positiven Erfahrungen mit diesen Menschen (oder Tieren) nehmen kann.

3.2.15 Erfassung der eigenen Selbstberührungserfahrungen

Heatmap-Erstellung
Um eine Körper-Landkarte deiner ganz persönlichen Selbstberührungserfahrungen zu erstellen, benötigst du folgende Materialien:
- mehrere Blätter Papier oder ein Skizzenbuch,
- Farbstifte, Marker oder Aquarellfarben,
- eine Vorlage des menschlichen Körpers.
1. **Vorbereitung:** Leg alle Materialien bereit. Nimm die vorgefertigten Konturen des menschlichen Körpers und zeichne die unterschiedlichen Berührungsorte farbig ein.
2. **Heatmap für die Öffentlichkeit:** Denk an die Körperbereiche, die du in der Öffentlichkeit berührst. Markier diese Bereiche in einer bestimmten Farbe, z. B. Blau. Je intensiver die Farbe, desto häufiger berührst du diesen Bereich in der Öffentlichkeit.

3. **Heatmap für das Alleinsein:** Überleg dir, welche Bereiche du nur berührst, wenn du allein bist. Wähl eine andere Farbe, z. B. Grün, und markier diese Bereiche entsprechend.
4. **Heatmap für Körperhygiene:** Welche Bereiche berührst du regelmäßig bei der Körperpflege? Verwende eine weitere Farbe, z. B. Gelb, um diese Bereiche zu markieren.
5. **Heatmap zur Beruhigung:** Denk an die Stellen, die du berührst, wenn du dich beruhigen oder trösten möchtest. Wähl eine beruhigende Farbe, z. B. Lavendel, und markier diese Bereiche.
6. **Heatmap für selten oder nie berührte Bereiche:** Überleg dir, welche Bereiche du selten oder vielleicht nie berührst. Verwende eine neutrale Farbe, z. B. Grau, um diese Bereiche zu kennzeichnen.
7. **Heatmap für erotische Selbstberührung:** Welche Bereiche berührst du, wenn du dich erotisch stimulierst oder befriedigst? Wähl eine leidenschaftliche Farbe, z. B. Rot, und markier diese Bereiche.
8. **Reflexion:** Betrachte jede deiner Heatmaps. Was fällt dir auf? Gibt es Überschneidungen oder Muster? Nutz diese Visualisierung, um mehr über deine Berührungsgewohnheiten und -bedürfnisse zu erfahren und vielleicht neue Bereiche deines Körpers zu erkunden.

3.2.16 Epilog

»Musik des Lebens« – in Berührung mit der eigenen Lebendigkeit

Du hältst inne und findest eine angenehme Position. Langsam schließen sich deine Augen, und du nimmst dir Zeit, mit dir in Berührung zu kommen.

Die Atmung wird dir bewusst. Du bemerkst den Luftstrom in der Nase und die Atembewegungen im Rumpf. Immer deutlicher kannst du deinen Atem hören. Gelassen beginnst du, ihm zuzuhören. Du lauschst deinem Atem, der Musik des Lebens.

Dein Körper wird dir bewusst. Du bemerkst deine Haltung. Du spürst deine Hände, Schultern, Beine, deinen Rumpf. Du spürst deine Haut, deren Spannungszustand und Temperatur. Du spürst Gesicht, Stirn, Mund, Wangen, die entspannten Augen – und die Atmung.

Du richtest deine Wahrnehmung auf die Berührungen. Wo und wie bist du berührt: vom Stuhl oder der Unterlage, von der Kleidung? Du spürst die Selbstberührungen der Lippen, die Lider auf den Augäpfeln, die Luft an deiner Haut, den Raum um dich herum. Du bist ganz bei dir und zugleich verbunden mit der Welt.

Nun richtest du deine Aufmerksamkeit auf die Bewegungen in den inneren Räumen deines Körpers. Das rhythmische Strömen und Schwingen, die zahlreichen lebenserhaltenden Vorgänge werden dir bewusst. Immer deutlicher spürst du diese Bewegungen und inneren Berührungen: die Atembewegungen, das Gleiten der Lunge an den Wänden des Brustkorbs, das Pulsieren des Herzens in deiner Brust, die zarten Bewegungen der Organe im Bauchraum, das Strömen des Bluts in deinen Adern.

Ohne Aufregung geht deine Aufmerksamkeit nun zum Kopf. Du spürst den leichten unteren Teil des Kopfs mit den vielen Höhlen und den gefüllten oberen Teil. Du spürst die harten Schädelknochen und die entspannte, zarte Kopfhaut. Dir wird das weiche Innere des Kopfs bewusst: dein Gehirn mit seinen verschiedenen Arealen und Funktionen, die nervlichen und biochemischen Vorgänge.

Gelassen wandert deine Aufmerksamkeit zur Stirn und den Frontallappen deines Gehirns und von dort zum Hinterkopf. Du fühlst dich ein in die Tiefe des Gehirns. Du bist wach und bewusst und überlässt dich vertrauensvoll den lebendigen Vorgängen in deinem Körper und in deinem Kopf. Still und ruhig lauschst du der Musik des Lebens. Du bist frei – im Denken, im Fühlen und im Atmen.

3.3 Zwölf Grundübungen

3.3.1 Hände, Arme und Schultern berühren

➡ *Fokus: Sammlung. Hände und Finger als wichtigstes Handlungs- und Berührungsorgan. Gesammelt statt zerfahren. Aufmerksamkeitslenkung. Selbstumarmung.*

Mit den Händen berühren und begreifen wir die Welt, handelnd, begreifend und gestaltend. Mit ihnen berühren wir auch uns selbst, meist ohne es zu bemerken. In der Idiopraxie führen wir Berührungen bewusst und absichtsvoll und in einer freundlichen Grundhaltung aus. Alle Selbstberührungen sollten angenehm sein und wohltuend wirken. Da du zugleich die berührende und berührte Person bist, kannst du selbst am besten spüren und regulieren, wie es für dich angenehm und nützlich ist.

Wir fangen mit einer Hand an. Lass die Finger sich berühren, die sensiblen Fingerkuppen, die Gegenüberstellung und Beweglichkeit des Daumens. Vergleich beide Hände.

Lass nun deine Hände vor der Brust zusammenkommen und sich gegenseitig berühren, streichelnd, tastend, erkundend wie in einem Zwiegespräch ohne Worte. Schau ihnen dabei eine Weile zu. Schließ auch mal die Augen, wenn es dir angenehm ist. Mit offenen Augen kannst du sehen, was du tust, mit geschlossenen werden die Empfindungen deutlicher.

Lass alle äußeren Ablenkungen und störenden Gedanken mehr und mehr in den Hintergrund treten, und sammle dich immer mehr in deinen Händen. Mach dir bewusst, dass du zugleich berührst und berührt wirst.

Berühr die verschiedenen Teile deiner Hände: die Finger, die Handinnenseiten und die Handrücken. Taste auch die Seiten der Finger und die Fingernägel ab. Nimm dann die Handgelenke dazu, und achte dabei auf deinen Atem.

Lass die Berührungen langsam zu Ende gehen, und leg die Hände entspannt auf den Oberschenkeln ab. Ruhe und verweile im aufgabenfreien Zustand.

Selbstberührung ist eine Gelegenheit zum Innehalten im Getriebe des Alltags, eine Möglichkeit zur Sammlung. Du wendest dich in doppelter Weise dir selbst zu: berührend und berührt. Alles Äußere (auch ein störender Gedanke) kann dabei in den Hintergrund treten. Du bist verbunden mit deinem Körper und mit deinem Atem, dein Gehirn entspannt sich in der Tiefe.

Lass die Hände wieder zusammenfinden und sich gegenseitig berühren. Jetzt ist eine Hand die gebende, berührende und die andere die empfangende, berührte. Bemerkst du die Unterschiede? Eine ist eher aktiv, die andere eher passiv. Wie fühlt sich das an?

Tausch dann die Rollen: Die empfangende Hand wird nun zur gebenden, und die vorher aktive ist nun die rezeptive Hand. Lass die Berührungen langsam zu Ende gehen, und leg die Hände wieder auf den Oberschenkeln ab.

Gönn dir und deinen Händen eine Pause. Einmal ganz bewusst nicht handeln, die sonst so geschäftigen Hände zur Ruhe kommen lassen. Pause machen: Eine Aktivität ist vorbei und die nächste noch nicht an der Reihe.

Spürst du deine Hände? Können sie entspannen? Und wie spürst du dich selbst, deinen Körper und deinen Atem? Ist es dir gelungen, mithilfe dieser Übung auch deinen Geist zu beruhigen?

Wenn du bereit bist weiterzuüben, lass die Hände wieder zueinanderfinden. Lass sie sich ausgewogen berühren, keine Hand ist dominant, ein gegenseitiges Geben und Empfangen. Lass die Berührungen allmählich langsamer werden, bis die Hände sich nur noch halten, ganz ohne Druck und ohne Bewegung.

Spürst du die Berührung der Hände? Wo und wie berühren sie sich?

Kannst du auch den Hohlraum zwischen den Handmitten wahrnehmen? Versuch für eine Weile, mit deiner ganzen Aufmerksamkeit in diesem Raum zwischen deinen Händen zu sein, und nimm deinen Atem wahr. Bleib in dieser Situation, und lies die nächste Übung erst durch, bevor du sie ausführst (mentale Vorbereitung).

Du wirst gleich die Hände behutsam voneinander lösen, lässt sie langsam auseinandergehen und führst sie dann wieder zusammen. Wenn du dazu bereit bist, beginn mit dieser Übung. Du selbst gestaltest den Ablauf.

Die Hände lösen sich voneinander, sie entfernen sich voneinander. Du spürst, wie weit, verweilst einen Moment in diesem geöffneten Zustand und führst sie dann langsam zusammen, bis sie sich wieder berühren und halten. Sei dabei ganz in deinen Händen. Wiederhole diesen Ablauf einige Male, und achte dabei auch auf deine Gefühle und deinen Atem.

Abschließend leg die Hände auf deinen Oberschenkeln ab, die Handflächen zeigen entspannt nach oben. Nimm dir Zeit, die Erfahrungen nachwirken zu lassen.

Komm dann wieder in Bewegung, und gönn dir ein ausgiebiges Räkeln und Dehnen. Streich nun mit der rechten Hand einige Male über die linke Schulter, von der Schulter über den Arm bis zur Hand. Die Innenseite und die Außenseite, die behaarte und die unbehaarte Seite. Und dann mit der linken Hand über die rechte Schulter. Mach das ein paar Mal im Wechsel.

Berühr und betaste auch die Achselhöhle: von vorn und hinten und auch von der Brustseite und von der Armseite kommend und mit besonderer Behutsamkeit auch die Höhle selbst, in der wichtige Blutgefäße und Lymphbahnen verlaufen.

Wenn dabei die Augen und die Nase feucht werden und der Speichel im Mund zusammenfließt, ist das gut: Du hast mit den Selbstberührungen vitale Reflexe ausgelöst. Dies ist ein Zeichen dafür, dass du dein Stammhirn, das diese Vorgänge reguliert, erreicht hast und den beruhigenden Teil deines autonomen Nervensystems, den Parasympathikus, stimulieren konntest.

Lass die Berührungen langsam zu Ende gehen, und leg die Hände entspannt wieder ab. Achte darauf, dass es unter den Achseln weit und frei bleibt.

Leg deine Arme nun um deine eigenen Schultern. Umarme dich selbst. Lass dich spüren, dass du umarmst und umarmt bist. Wie fühlt sich das an?

Möglicherweise empfindest du es anfangs als etwas beengend, dich so zu halten, oder du spürst Spannungen in den Armen und Schultern. Nimm dir Zeit, weicher zu werden, damit sich dein Schultergürtel entspannen kann. Lass den Brustraum weiter und den Atem immer freier werden, reduziere die Anstrengung und das Bemühen. Verweile bewusst einige Atemzüge in dieser besonderen Haltung. Diese Selbstumarmung kann dir deutlich zeigen, dass Selbstberührung mehr ist als eine Technik oder eine Entspannungsmethode.

Lös die Haltung zu deiner Zeit wieder auf. Schließ die Übung in einer für dich passenden Weise ab, vielleicht mit einem ausgiebigen Räkeln und Dehnen.

Verwende diese Übungsanleitung, so oft du magst. Lass dich dabei zunehmend von deinen eigenen Empfindungen leiten und verzichte immer mehr auf diese Anleitung. Mach die Übung zu deiner eigenen, verändere und ergänze sie so, wie es für dich passt.

3.3.2 Die Augen berühren

➡ *Fokus: Neurophysiologische Tiefenentspannung. Augen entspannen, mit den Sehnerven, den Hirnnerven und dem visuellen Kortex. Regeneration. Gehirn und Nervensystem herunterfahren. Palmieren und »weicher Blick«.*

Selbstberührungen der Augen wirken rasch und zuverlässig. Sie sind eine Wohltat für Körper, Geist und Seele und können in kürzester Zeit eine angenehme Entspannung herbeiführen, die nicht nur überanstrengte Augen, sondern auch das Gesicht, das Gehirn und den ganzen Menschen angenehm regenerieren lässt. Augen- und Kopfschmerzen sowie durch Stress verursachte Spannungen aller Art können durch Augenübungen vermieden werden.

Zu Beginn: Spür deine Augen, ohne etwas zu tun. Lass sie eine Weile offen und schließ sie dann sanft.

Mit offenen Augen, mit geschlossenen Augen: Was ist der Unterschied? Bemerkst du die Beruhigung, die der Lidschluss bewirkt? Die geschlossenen Augen müssen nichts beobachten oder kontrollieren, sie können ausruhen. Davon profitiert auch dein Gehirn (die Sehnerven und der visuelle Kortex), das für einige Augenblicke nichts verarbeiten muss.

Lass die Augen, wenn möglich, bis zum Ende der folgenden Übung geschlossen. Beginne damit, die knöchernen Ränder deiner Augenhöhlen zu ertasten, an der Stirn und an den Jochbeinen links und rechts bei den inneren und äußeren Augenwinkeln. Achte darauf, dass du dabei nie auf die Augen drückst, sondern nur auf die knöchernen Ränder der Augenhöhlen, die deine Augen schützen. Wie stark du drückst, entscheidest du selbst. Verschieb auch mal die Haut, die die Jochbeine und den Stirnknochen bedeckt, mit einer leichten Dehnung nach innen oder nach außen.

Bemerkst du die Wirkung? Gibt es Atemreaktionen? Leg dann die Hände entspannt ab, und spür deine Augen und die Augenregion.

Wird dir der Unterschied zwischen den harten Knochen der Augenhöhlen und den empfindlichen, gut geschützten Augen in den Höhlen deutlich? Können die Augen schon ein wenig entspannen?

Streich nun mit den Fingerkuppen beider Ringfinger zart über deine Augenlider, einige Male von innen nach außen, auch mal von außen nach innen, und dann wieder von innen nach außen, sehr zart, ganz ohne Druck, Haut auf Haut. Mach es so, dass es zu einer angenehmen und entspannenden Erfahrung für dich wird.

Streich auch einige Male über die unteren Augenlider. Leg dann die Hände wieder ab und nimm dir Zeit, die Auswirkungen dieser achtsamen Selbstzuwendung wahrzunehmen.

Wie spürst du deine Augen, dein Gesicht? Kommen die Gedanken zur Ruhe? Wird dein Kopf leer? Bemerkst du auch deinen Atem und die Berührung der aus- und einströmenden Luft in der Nase und der Kehle? Fühlst du die Entspannung? Ruhe und verweile im aufgabenfreien Zustand.

Wir nehmen die Welt primär über die Augen wahr und sind von zahlreichen visuellen Eindrücken und Medien umgeben, die unsere Aufmerksamkeit fordern. Da kommt es schnell zu Überforderungen der Augen und damit auch des Gehirns. Spannungen im Gesicht und im Nacken sowie Kopfschmerzen sind oft die Folgen.

Es ist wichtig, den Augen regelmäßig kurze Erholungspausen zu gönnen. Wenige Sekunden genügen: ruhig in die Ferne blicken, einen grünen Baum betrachten, die Augen bewusst schließen oder zart über die Lider streichen. Das sind kurze, aber erholsame und gesundheitsfördernde Auszeiten für Augen und Gehirn. Auch die nächste Übung, das Palmieren (Bates, 2019), ist eine schon sehr lange bewährte hervorragende Technik zur Augenentspannung.

Form die Hände zu Handschalen und leg sie über deine Augen. Zusammen mit den Augenhöhlen bilden die Hände nun zwei dunkle Höhlen. Spür die Berührungsorte deiner Hände am Kopf, und spür auch die Höhlen, die zwischen deinen Handmitten und den Augen entstehen. Lass dir Zeit, die Dunkelheit und Wärme zu empfinden, damit deine Augen sich entspannen können. Lass die Wärme und Dunkelheit wirken.

Entferne dann langsam die Hände von den Augen, die Augen bleiben dabei geschlossen. Bemerkst du, wie es heller und kühler wird?

Leg die Hände entspannt auf den Oberschenkeln ab. Die Augen sind immer noch geschlossen. Spür deine Augen, deinen Mund, dein Gesicht, deinen Atem und dein Gehirn, ganz ohne Anstrengung. Lass Ruhe und Wohlbefinden sich in dir ausbreiten.

Zum Abschluss nutz die Gelegenheit, deine Augen mit einem neuen Bewusstsein für die Kostbarkeit deiner Augen und deines Sehsinns zu öffnen. Wenn du bereit bist, öffne deine Augen langsam und bewusst, ohne etwas zu fixieren. Schau umher, mit weichem und ruhigem Blick.

Verwende diese Übungsanleitung, so oft du magst. Lass dich dabei zunehmend von deinen eigenen Empfindungen leiten und verzichte immer mehr auf diese Anleitung. Mach die Übung zu deiner eigenen, verändere und ergänze sie so, wie es für dich passt.

3.3.3 Die Beine und die Füße berühren – Berührungsparameter

→ *Fokus: Beine, Füße und Knie berühren. Bodenkontakt und Standfestigkeit. Berührungsarten und Parameter erproben. Unterschiedliche Berührungsarten sowie Parameter der Selbstberührung.*

Wir haben uns bis jetzt mit zwei Körperregionen beschäftigt, die oft mit Aktivität, hohem Energieverbrauch und Stress zu tun haben: mit den Händen und den Augen. Du hast erlebt, wie du sie durch Selbstberührung beruhigen und entspannen kannst. Nun kommen wir zu den Beinen und Füßen, mit denen du Bodenkontakt hast und die dich durchs Leben tragen.

Streich mit den Händen über die Oberseite deiner Oberschenkel, vor zu den Knien und zurück zu den Leisten. Finde dabei ein passendes Tempo, eine Geschwindigkeit, bei der du deutlich spürst, wo die Hände gerade sind. Verlangsame das Streichen und achte darauf, wie sich dies auswirkt.

Wahrscheinlich wirst du bemerken, dass langsame Berührungen den Atem anregen. Dies ist eine Gesetzmäßigkeit bei fast allen Bewegungen und Berührungen: Der Atem kommt gern dazu, wenn es langsam wird.

Variiere nun den Druck, die Dynamik der Berührungen, mal fester und mal federleicht, mit zunehmendem oder abnehmendem Druck. Beachte auch die Richtung des Streichens, vor zu den Knien oder zurück zum Körper. Wie wirkt das eine und wie das andere? Was magst du lieber?

Lass Berührung nun um die Knie herumgehen: außen vor und innen zurück. Spürst du den Unterschied der Seiten? Die Innenseite der Oberschenkel ist intimer als die Außenseite. Welche Richtung und welche Seite empfindest du als angenehmer?

Lass die Bewegung immer wieder mal ganz zu den Füßen hintergehen: außen hinunter, über den Rist nach innen und auf der Innenseite der Beine wieder hinauf. Dies ist eine große Bewegung, mit der du deinen Rücken dehnst und den Kreislauf anregst. Wenn du die Übung regelmäßig ein paar Mal täglich ausführst, ist das förderlich für deine Gesundheit: für eine bewegliche Wirbelsäule und einen anpassungsfähigen Kreislauf.

Achte darauf, dass beim Hinunterbeugen die Vorderseite deines Körpers weich bleibt und die Atmung frei weiterfließen kann. Lass die Übung allmählich zu Ende gehen und spür, gut aufrecht sitzend, eine Weile nach. Kannst du deine Beine deutlicher spüren als sonst, fühlen sie sich lebendiger an? Und wie nimmst du deine Hände wahr? Sie sind nun nicht aktiv.

Greif nun kräftig in die Muskulatur der Oberschenkel, massier und beleb sie. Wenn du zu den Knien kommst, lass die Berührungen neugierig tastend werden. In der Region der Knie gibt es viel zu erkunden: die Kniescheibe, die Seiten der Knie, das Kniegelenk, die empfindliche Kniekehle und die starke Sehne, die den Oberschenkel über das Knie hinweg mit dem Unterschenkel verbindet.

Streich abschließend noch einige Male ganz bewusst deine Beine aus, und mach dir bewusst, wo und wie du dich dabei berührst. Es sollte sich angenehm anfühlen.

Ruh dich im Kutschersitz aus: Dabei beugst du dich mit dem Rumpf ein wenig nach vorn und stützt dich mit den Ellbogen auf den Oberschenkeln ab. Der Kopf senkt sich leicht vor, und der Nacken kann angenehm entspannen, die Kehle bleibt frei. Ruhe und verweile im aufgabenfreien Zustand.

An den Beinen hast du nun unterschiedliche Berührungsarten erproben und erleben können: streichen, massieren und tasten. Auch verschiedene Parameter der Berührung hast du erprobt: Ort, Richtung, Tempo und Dynamik. Auf diese Grundtechniken der Selbstberührung kannst du bei allen Selbstberührungen zurückgreifen. Wenn du bereit bist, geht es nun mit den Füßen weiter.

Nimm einen Fuß und leg ihn so über den Oberschenkel, dass es für dich bequem ist. Berühr den Fuß, streich, knete, taste, drück oder wring ihn. Mach dir dabei deutlich, wo du ihn gerade berührst: an der Ferse oder an den Zehen, am Rist (dem Rücken des Fußes) oder an der Fußsohle, an der Achillessehne oder an den beiden Fußgewölben (Längsgewölbe und Quergewölbe).

Nimm dir ausreichend Zeit dazu. Am Fuß gibt es viel zu ertasten. Und dem Fuß, der sehr viel leisten muss und dich durchs Leben trägt, tut diese interessierte Zuwendung und freundliche Selbstberührung gut.

Halte ihn auch mal ruhig zwischen deinen Händen. So kann dir der Raum des Fußes deutlich werden: Du hältst dich selbst in deinem Fuß. Hast du ihm schon mal solche Aufmerksamkeit zuteilwerden lassen? Mach dir bewusst, was deine Füße für dich leisten.

> Beweg nun den gehaltenen Fuß mit deinen Händen, und mach dir die beweglichen Fußgelenke deutlich: Das obere Sprunggelenk bewegst du auf und ab, das untere hin und her.
>
> Halte den Fuß dann wieder still zwischen deinen Händen. Die Hände sind nun inaktiv, aber sie spüren genau, was passiert, wenn sich der Fuß jetzt aktiv bewegt. Wie fühlt sich das an?
>
> Nun setz den Fuß so ab, als würde er zum ersten Mal den Boden berühren. Halte dazu das Bein am Unterschenkel unterhalb des Knies, beug dich ein wenig vor, und senk das Bein. Wie erlebst du den Kontakt der Fußsohle zum Boden? Wie fühlt sich dieser Fuß an, wenn du ihn mit dem anderen vergleichst? Wenn du bereit bist, lass den anderen Fuß an die Reihe kommen.
>
> Spür nun deine Füße am Boden, gelöst in den Hüftgelenken und in den Leistenbeugen. Gib mit ihnen einen Druck zum Boden, mal links und mal rechts, mal zart und mal stärker. Bringe auch die Außen- und Innenkanten sowie die Ferse und die Zehen in Kontakt mit dem Boden.
>
> Zieh dann die Fußgewölbe langsam hoch, halte die Spannung eine Weile, und atme dabei weiter. Senk den Fuß dann wieder ab, und lass ihn ganz lang werden. Wiederhol diese Bewegung einige Male.
>
> Wenn am Ende beide Füße wieder am Boden stehen, nimm dir ausreichend Zeit, den Kontakt zwischen deinen Fußsohlen und dem Boden genau zu spüren. Ist es möglich, dass du gleichzeitig den Luftstrom des Atems in deiner Nase wahrnimmst und die Fußsohlen am Boden?
>
> Beende die Übung, wie es für dich am besten passt: Spür noch eine Zeitlang im Sitzen nach, oder steh auf, belaste die Füße mit deinem Gewicht, und geh bewusst ein paar Schritte, oder bleib eine Weile liegen und ruh aus.

Verwende diese Übungsanleitung, so oft du magst. Lass dich dabei zunehmend von deinen eigenen Empfindungen leiten und verzichte immer mehr auf diese Anleitung. Mach die Übung zu deiner eigenen, verändere und ergänze sie so, wie es für dich passt.

3.3.4 Den ganzen Körper berühren – bewegen wie berühren

➡ *Fokus: Körperschema und Körperbild. Haut und Grenzen. Der Körper in seinen Wänden (Grenzen) und in seiner Form. Hülle und Haut spüren. Atembewegung begreifen und verdeutlichen.*

Unsere Körpergrenze ist vor allem die Haut. Darin befinden sich viele Millionen unterschiedlicher Sinneszellen, die uns permanent darüber Auskunft geben, wie wir uns halten und bewegen und wie der Spannungs- und Temperaturzustand unseres Körpers ist. Deine Haut ist – nach dem Atem – das feinste und sensibelste Instrument deines Körpers. Es ist gut, wenn du dich in deiner eigenen Haut wohlfühlst – und Selbstberührung kann dazu beitragen.

Führ die folgende Übung, wenn möglich, im Stehen aus. Beginn damit, deinen Körper mit lockeren Fäusten leicht zu klopfen, die Handgelenke sind dabei gelöst. Spür gut nach, an welchen Stellen des Körpers du fester und an welchen du weniger fest klopfen magst. Du kannst diese erschütternden Kurzberührungen auch tupfend mit den Fingerkuppen oder patschend mit den flachen Händen ausführen. Am Gesäß bietet sich das Patschen an, an den Oberschenkeln oder auf der Brust vielleicht ein Klopfen mit lockeren Fäusten, im Gesicht und auf dem Kopf ein Tupfen mit den Fingerkuppen. Achte darauf, dass die Selbstberührungen sich positiv auf deinen Körper auswirken und du sie als angenehm empfindest. Lieber zarter als zu fest.

Geh dann dazu über, deinen ganzen Körper zu streichen, von oben bis unten, hinten und vorn und auch an den Seiten. Berühr auch die intimen Regionen: das Gesicht, die Achseln, die Genitalien, den Po und die Kehle. Spür die Berührung an deinen Händen und auf der Haut. Achte dabei auch auf deine Gefühle. Nimmst du den Unterschied wahr, wenn du dich durch die Kleidung oder direkt auf der Haut berührst?

Lass die Berührungen langsam zu Ende gehen und spür eine Weile nach, ruhig und still stehend. Achte auf deine Atmung. Spürst du, wie die Luft durch deine Nase streicht, kühler ein und wärmer wieder aus? Bemerkst du auch die mit der Atmung verbundenen Bewegungen? Die Weitung im Einatmen und das Zurückschwingen beim Ausatmen? Beides läuft ganz ohne dein aktives Zutun ab, du musst dabei nichts leisten oder können. Es ist eher ein Geschehenlassen und Gewahrwerden.

Wo kannst du die Atembewegung deutlich spüren? Werde dir dieser Orte bewusst und leg dann eine Hand oder beide Hände dorthin, vielleicht an die Brust, auf den Bauch oder unter die Achsel? Selbstberührung verdeutlicht die Atembewegungen, und die Atmung kann sich beruhigen und vertiefen.

Beende diese Berührung und geh mit deiner Aufmerksamkeit nun an einen anderen Ort, an dem du die Bewegung des Atems etwas weniger deutlich wahrnehmen kannst. Leg auch hier deine Hände hin und beobachte, welche Auswirkung die Selbstberührung hier hat. Es ist eine Gesetzmäßigkeit in der Atemarbeit, dass der Atem sich dort mehr zeigt, wo du mit deiner Empfindung und Achtsamkeit bist.

Lös die Hand wieder ab, und versuch nun, eine Körperregion zu finden, wo momentan keine Atembewegung spürbar ist. Wie wirkt sich die Selbstberührung hier aus?

Selbstberührungen machen deinen Körper durchlässig und empfindungsfähig. Mit der Zeit wirst du die Atemwelle, die vom Zwerchfell in der Mitte deines Rumpfes ausgeht, immer deutlicher spüren können.
Wenn du bereit bist, noch etwas mehr zu üben, kannst du eine weitere Übung im Sitzen machen. Bei dieser berührst du dich nicht mit den Händen. Allerdings kann es sich so anfühlen, also ob du dich berührst.
Auch die winzigsten Bewegungen führen zu haptischen Empfindungen, die wir in der Idiopraxie als Selbstberührung definieren und anwenden. Sie können an der Peripherie des Körpers, in der Haut und in den darunterliegenden Geweben und Organen stattfinden.

Sitz gut aufgerichtet auf einem Stuhl. Die Arme hängen gelöst neben deinem Rumpf. Rutsche so weit nach vorn, dass sich nur dein Gesäß auf der Sitzfläche befindet, nicht die Oberschenkel. Spür den Boden unter deinen Füßen und die Luft um dich. Lass dir die natürlichen, frei zugelassenen Atembewegungen und die kleinen Schwingungen deines Körpers deutlich werden.

Komm dann behutsam mit sehr kleinen Schwingungen des Rumpfs in so feine Bewegungen, als würdest du dich zart mit deinen Fingern an der Haut berühren. Irgendwo in deinem Körper beginnt es. Spür die geschmeidigen Dehnungen in der Haut und in den darunterliegenden Geweben. Achte auch darauf, ob dein Atem mit dabei sein kann.

Lass die Bewegungen langsam zu Ende gehen und komm wieder zur Ruhe. Wie spürst du deinen Körper und deinen Atem jetzt?

Lass nun in einer anderen Region deines Körpers Bewegungen entstehen, die sich anfühlen wie Selbstberührungen. Diese Bewegungen können sich von hier aus über den ganzen Körper ausbreiten. Irgendwann fühlt es sich vielleicht so an, als würde sich der gesamte Körper natürlich und anstrengungslos bewegen. Wenn du den Atem dabei sein lässt, wird es noch geschmeidiger und anstrengungsloser. Gib die Bewegungen einfach frei.

Vielleicht zeigen sich Regionen, die nicht so leicht in Bewegung kommen. Sie sind möglicherweise schwerer zu erreichen oder verspannt. Dann umschmeichle diese Orte mit deinen zarten, berührungsähnlichen Bewegungen und versuch sie auf diese Weise freundlich einzuladen, mit dabei zu sein. Lass die Bewegungen sich immer weiter über den gesamten Körper ausbreiten, aber lass sie klein bleiben, äußerlich kaum sichtbar, mehr innerlich und langsam.

Achte auf dein Zeitmaß, und lass die Bewegungen zu deiner Zeit zu Ende gehen. Sitz noch eine Weile still, spür deinen Atem und deine Haut, und lausch dem Erlebten nach. Wenn möglich, lass die Erfahrung im Liegen nachklingen.

Verwende diese Übungsanleitung, so oft du magst. Lass dich dabei zunehmend von deinen eigenen Empfindungen leiten und verzichte immer mehr auf diese Anleitung. Mach die Übung zu deiner eigenen, verändere und ergänze sie so, wie es für dich passt.

3.3.5 Die Kiefergelenke und die Kaumuskeln berühren (Gähnen)

➡ *Fokus: Tonusregulation und Atemreflexe. Radikale Tiefenentspannung. Kiefergelenk und Kaumuskeln berühren und intentional entspannen. Loslassen können und Atem- und Gähnreflexe freigeben.*

Unsere Kiefergelenke sind oft hartnäckig verspannt. Das weitverbreitete Zähneknirschen (Bruxismus) sowie Zahn- und Kieferschmerzen sind ein Zeichen dafür. Alle möglichen Anspannungen und Stressreaktionen zentrieren sich bei vielen Menschen hier. Atemlehrende nennen das Kiefergelenk deshalb auch den »Zentralverschluss« (Cubasch, 2016, S. 96–98). Wenn es fest wird, wird der gesamte Körper, der ganze Mensch mit allen Muskeln fest (Cubasch, 2016; 2021). Selbstberührungen an diesem Ort bewirken rasch Entspannung und eine tiefgreifende Tonusregulation. Bei regelmäßiger Wiederholung dieser Übung wird es immer leichter, aufkommende Spannungen zu erkennen und zu vermeiden.

Leg zu Beginn der Übung beide Hände unter deinen Kiefer. Auf diese Weise kannst du seine Bewegungen spüren und bei Bedarf auch bremsen oder führen. Beweg den Kiefer nun eine Weile behutsam hin und her, oder mach den Mund bewusst auf und zu. Atme dabei durch den offenen Mund aus.

Leg die Fingerkuppen nun auf die Kiefergelenke vor die Ohren. Wenn du jetzt den Kiefer bewegst, kannst du die Bewegungen im Gelenk deutlich tasten. Beweg den Kiefer hin und her, mach dann den Mund auf und zu, schieb den Unterkiefer wie eine Schublade nach vorn und zieh ihn wieder zurück. Dies sind drei Bewegungsmöglichkeiten: hin und her, auf und zu, vor und zurück.

Leg die Hände nun entspannt auf deinen Oberschenkeln ab und beweg den Unterkiefer frei, langsam und bewusst, mit weichen Bewegungen: hin und her, auf und zu, vor und zurück. Und nun wiederhol dies mit weichen Übergängen zwischen diesen drei Bewegungsrichtungen. Du kannst dabei durch den offenen Mund atmen.

Lass die Entspannung sich ausbreiten, in der Kehle, im Mund und im Gesicht, vielleicht sogar bis hinunter zur Lunge und zum Zwerchfell. Lass die Bewegungen dann langsam ausklingen, und bleib mit gelösten Kiefergelenken und entspanntem, leicht geöffnetem Mund noch eine Weile sitzen. Du musst in diesem Moment nichts tun und auch nichts denken. Ruhe und verweile im aufgabenfreien Zustand.

So fühlt sich eine entspannte Mund- und Kehlregion an – vermutlich deutlich anders als mit zusammengebissenen Zähnen? Bemerkst du auch deine Atmung, ist sie ruhiger und freier? Und wie spürst du dein Gehirn: eine angenehme Leere im Kopf?

Wenn du bereit bist, weiterzuüben, leg deine Fingerkuppen auf die Kaumuskeln. Wenn du die Zähne zusammenbeißt, spürst du, wie diese Muskeln sich anspannen und einen Muskelbauch bilden.

Die Kaumuskeln sind unsere kräftigsten Muskeln. Sie können bis zu 60 kg Druck ausüben. Sie sind gut darin trainiert, sich zu kontrahieren. Sie können sich aber nur schwer wieder entspannen. Dabei kannst du ihnen helfen, indem du dich ihnen freundlich zuwendest und sie berührst.

Massier deine Kaumuskeln bei leicht geöffnetem Mund, mit dehnenden und kreisenden Berührungen. Du kannst die Muskeln auch zart mit den Fingerkuppen betupfen, lass sie immer weicher werden. Tupf auch mal vor zum Kinn und wieder zurück zu den Kaumuskeln. Spürst du die entspannende Wirkung dieser Selbstberührungen, die offene Mundhöhle, die weite Kehle und den ruhig fließenden Atem?

Leg die Hände ab und mach dir den entspannten Zustand bewusst, den du mit diesen Selbstberührungen herbeigeführt hast. Veranker ihn deutlich im Gehirn, wenn er dir angenehm ist. Ruhe und verweile im aufgabenfreien Zustand.

Am Kauen ist noch ein anderes Muskelpaar beteiligt: die Schläfenmuskeln. Diese Muskeln sind nicht so bauchig wie die Kaumuskeln, sie sind eher flach wie ein Ginkoblatt und breit am Schädel befestigt. Ihre Zugkraft ist enorm. Wenn sie sich verspannen, führt das meist zu Spannungskopfschmerzen. Oft berühren wir uns intuitiv in dieser Region, um Verspannungen oder Kopfschmerzen zu vermeiden oder wegzureiben. Die Auswirkung der Selbstberührung an diesem Ort kannst du nun bewusst erproben.

Setz deine Fingerkuppen unterhalb der Schläfen zart auf die Haut, und schieb die Finger langsam und ohne jeden Druck nach oben. Haut auf Haut dehnst du die Haut und die darunter liegenden Gewebe. Wiederhol diese Berührung einige Male, zart von unten nach oben schiebend.

Lass beim nächsten Mal gleichzeitig deinen Kiefer sinken. Zwei Bewegungen zur selben Zeit: den Kiefer sinken lassen und die Schläfenmuskeln nach oben dehnen. Wiederhol dies einige Male sehr langsam und mit minimalem Aufwand.

Leg dann die Hände wieder ab und lass dir Zeit, die Auswirkungen dieser besonderen Übung deutlich zu spüren. Wenn sie dir guttut, präg dir den Ablauf und die damit verbundenen Empfindungen im Gedächtnis ein, sodass du jederzeit darauf zurückgreifen kannst, wenn du es brauchst oder möchtest.

Verwende diese Übungsanleitung, so oft du magst. Lass dich dabei zunehmend von deinen eigenen Empfindungen leiten und verzichte immer mehr auf diese Anleitung. Mach die Übung zu deiner eigenen, verändere und ergänze sie so, wie es für dich passt.

3.3.6 Den Hals, die Kehle und den Nacken berühren

⇒ *Fokus: Der Hals als empfindliche und intime Körperregion. Weiter Hals, freie Atmung. Freiheit im Ausdruck oder Leben in Angst, Scham und Schutzhaltung.*

Der Hals ist ein lebenswichtiger Durchgang, der den Rumpf mit dem Kopf verbindet. Wenn wir uns im Leben wohl und sicher fühlen, können wir im Hals weit und in der Kehle frei sein. Wenn uns die Angst im Nacken sitzt, wir Stress haben oder uns schützen müssen, ziehen wir die Schultern hoch und neigen den Kopf nach vorn, um diese empfindliche Region zu schützen. Hals und Kehle sind sehr intime Bereiche, und jeder Mensch spürt selbst am besten, welche Berührungen dort guttun. Die nachfolgenden Übungen sollten mit großer Behutsamkeit ausgeführt werden.

Reib die Hände aneinander, bis sie warm sind. Leg sie dann zart und ohne Druck seitlich an den Hals. Umfass ihn eine Weile in dieser Weise, und spür von den Händen zum Hals und vom Hals zu den Händen. Nimm den Raum deines Halses zwischen deinen Händen wahr und lass ihn weit werden.

Zieh deine Hände auch mal angedeutet vom Hals ab: Tu so, als ob du die Hände wegnimmst, aber lass sie mit der Haut in Berührung bleiben. Welche Empfindungen und Atemreaktionen löst das aus?

Lass die Hände noch eine Weile am Hals, lös die Kiefergelenke, und entspann dich im Gesicht und in der Kehle. Atme durch den leicht geöffneten Mund. Wenn unangenehme Empfindungen aufkommen sollten, beende die Übung, oder leg eine Pause ein. Wenn es angenehm ist, halte den Hals noch in dieser zärtlichen Weise, und leg dann die Hände entspannt ab.

Der Hals sollte immer weit sein, um den Halsschlagadern, der Luft- und Speiseröhre, der Wirbelsäule sowie den Nerven einen weiten Durchgang zu bieten.

Wenn du die Hände erneut an deinen Hals legst, greif mit den Fingerkuppen kräftig in die Muskulatur auf der Rückseite des Halses. Du kannst dort fest hineingreifen. Massier die Muskeln, dehn sie auch weg von der Halswirbelsäule, oder schieb sie zu ihr hin. Achte darauf, dass dabei die Vorderseite deines Halses entspannt und frei bleibt. Der Mund ist leicht geöffnet.

Wenn du die rückwärtigen Muskelschichten gut durchgearbeitet hast und die Region sich warm anfühlt (das ist ein Zeichen für eine gute Durchblutung und Entspannung), leg die Hände wieder ab. Ruhe und verweile im aufgabenfreien Zustand.

Wie fühlt sich der Hals nun an, wie hinten und wie vorn? Es ist eine Gesetzmäßigkeit, dass Entspannung auf der Halsrückseite und im Nacken auch die Vorderseite befreit.

Leg nun deine Hände erneut an den Hals und halte ihn weich. Lass dann mit sehr kleinen, äußerlich gar nicht sichtbaren Bewegungen deinen Kopf minimal in Bewegung kommen, sehr klein, um die Weite des Halses und der Kehle noch deutlich zu erleben. Beweg die Halswirbelsäule auch mal ein wenig zurück, um der Luftröhre mehr Platz zu geben. Lass die Bewegungen dann langsam zu Ende gehen und spür eine Weile nach.

Nun geht es darum, auch die empfindliche Vorderseite deines Halses und die Kehle zu berühren. Mach diese Selbstberührungen nur dann, wenn sie für dich angenehm sind. Vielleicht ist es sinnvoll, die Berührungen nicht gleich real auszuführen, sondern erst mal mental durchzugehen, eine Art geistiger Probelauf.

Du wirst gleich ganz behutsam mit den Fingerkuppen die Vorderseite deines Halses berühren, das Kinn ist dabei leicht gehoben und der Mund ein wenig geöffnet. Lass die Luftröhre langsam ihre natürliche Länge finden und die Kehle weit werden.

Wenn du bereit bist, beginn mit der Berührung. Streich ein paar Mal zart über die Vorderseite deines Halses, beginnend vom Zungengrund bis hinunter zur Drosselgrube. Streich dann auch links und rechts neben der Luftröhre den Hals hinunter. Dort befinden sich in der Tiefe des Halses die fingerdicken Halsschlagadern. Sie sollten immer genug Platz haben, damit das Blut ungehindert zum Gehirn und wieder zurückfließen kann.

Beende die Übung zur passenden Zeit und spür den weiten Hals und die Weite der Luftröhre. Nimm auch den Atem wahr, der kühl und erfrischend durch den Rachen und die Kehle streicht. Weite im Hals und Länge der Luftröhre wirken sich befreiend aus, bis in die Bronchien und hinunter zur Lunge.

Lass dir ausreichend Zeit, die Auswirkungen dieser Übung zu spüren: die weite Kehle, die freie Atmung und vielleicht auch ein angstfreies, sicheres Lebensgefühl. Durch freundliche Selbstzuwendung und behutsame Selbstberührung hast du dieses Erlebnis selbst herbeiführen können.

Verwende diese Übungsanleitung, so oft du magst. Lass dich dabei zunehmend von deinen eigenen Empfindungen leiten und verzichte immer mehr auf diese Anleitung. Mach die Übung zu deiner eigenen, verändere und ergänze sie so, wie es für dich passt.

3.3.7 Den Rumpf berühren 1: Becken und Beckenboden

⟹ *Fokus: Becken als »Dreh- und Angelpunkt« der Körperstatik, Raum der Geschlechts- und Bauchorgane. Beckenboden und Sitzhöcker.*

Selbstberührungen am Rumpf sind vielseitig und vielschichtig. Berührungen an den Außenwänden wirken sich positiv auf die Aufrichtung, Haltung und Atmung aus. Nach innen gerichtete Selbstberührungen sprechen die inneren Organe an und unterstützen deren Funktion. Sie vollbringen ihr Werk meist unbemerkt. Durch Selbstberührung kannst du mit ihnen in eine wohltuende Verbindung kommen. Diese Übungssequenz hat drei Teile: der erste sowie der dritte findet im Sitzen statt, der mittlere im Stehen.

Setz dich mit leicht geöffneten Beinen und etwas vorgestellten Unterschenkeln weit nach vorn auf deinen Stuhl. Sitz auf dem Gesäß, nicht auf den Oberschenkeln. Leg nun die Hände ganz unten an deinen Bauch, die Kleinfingerkanten liegen dabei knapp über dem Schambein. Halte ihn eine Weile so und spür, wie sich mit jedem Einatmen der Bauch ein wenig vorwölbt und wie er beim Ausatmen wieder von allein verschwindet. Das ist eine natürliche Atembewegung, die sich frei entfalten sollte. Die Bauchdecke ist dabei weich und nur leicht gespannt.

Stell dir nun vor, im Unterbauch befände sich ein Ball etwa von der Größe eines Gymnastikballs, der sich beim Ausatmen anstrengungslos nach hinten innen, aber nicht nach oben bewegt. Beim Einatmen entspannt sich der Bauch reflexartig, und der imaginäre Ball dreht sich wieder nach vorn. Die aufgelegten

Hände begleiten und verdeutlichen diese natürliche, mit dem Atem verbundene Bewegung.

Lass dir Zeit dafür, dieses Geschehen aufmerksam zu verfolgen und immer anstrengungsloser ablaufen zu lassen. Es kann dir ein Raumgefühl für deinen tiefen, inneren Beckenraum und unteren Bauchraum geben und die Atembewegung an diesem Ort, die natürliche Bauchatmung, verdeutlichen.

Lass die Übung zur passenden Zeit zu Ende gehen und komm in den Stand. Im Stehen umstreich dein Becken mit aufmerksamen Berührungen. Taste die verschiedenen Gewebe: die Beckenkämme, das knöcherne Scham- und Kreuzbein, die weichen Leistenbeugen, den Unterbauch, und greif auch kräftig in die Gesäßmuskulatur bis hindurch zu den Sitzknochen.

Mach dir mithilfe der Berührungen das Becken und seine Position im Körper bewusst: Es wird von unten in den Hüftgelenken von den Beinen gestützt, und nach oben geht es in den Rumpf über.

Leg nun deine Hände seitlich ans Becken. Jetzt spürst du die quere Achse des Beckens zwischen deinen Händen: das Becken in seiner Breite, von der einen Seite zur anderen. Auf dieser horizontalen Ebene befinden sich die Hüftgelenke, die Drehachse zwischen Beinen und Rumpf.

Leg nun eine Hand vorn auf den Unterbauch und die andere hinten auf das Kreuzbein. Spür dich mit entspannten Händen, Armen und Schultern zwischen deinen Händen. Lass dir Zeit, in diesem tiefen Leibesraum anzukommen. Hier befinden sich der Darm, die Blase und deine inneren Geschlechtsorgane. Die aufgelegten Hände helfen dir, ein Gefühl für diesen Raum und die inneren Organe zu bekommen.

Lass dann in deiner Vorstellung diese Berührung sich mit der vorhergehenden seitlichen Berührung verbinden, und beginn den dreidimensionalen Raum deines Beckens zu bewegen, mit kleinen, langsamen und geschmeidig geführten Bewegungen. Sie helfen dir, dich in diesem Raum einzuleben. Lös die Hände behutsam ab, und lass die Bewegungen noch eine Weile weitergehen. Mach dir die Beweglichkeit im Becken und in den Hüftgelenken deutlich. Sei gelöst im Kiefergelenk und weit in der Kehle.

Lass die Bewegungen zur passenden Zeit langsam ausklingen und spür noch eine Weile nach, in Ruhe und Stille stehend. Bist du noch präsent in diesem Raum? Wie fühlt er sich an?

Setz dich dann wieder hin und nimm das »Becken-Gefühl« mit. Streich mit deinen Händen weich den Unterbauch und um das Becken herum. Berühr auch die Leistenbeugen und die inneren Oberschenkel. Schieb nun eine Hand mit der Handfläche nach oben zwischen deinen Beinen hindurch zum Beckenboden und setz dich auf deine Hand.

Dies ist eine für Erwachsene eher ungewöhnliche Haltung. Aber vielleicht erinnert sie dich an Kinderzeiten: Manchmal schieben Kinder intuitiv die Hände dorthin, wenn die Finger kalt sind, denn hier herrscht eine angenehme Körpertemperatur.

Lass deine Hand eine Weile dort liegen, eventuell musst du deine Haltung ein wenig verändern, damit in der Schulter keine Spannungen entstehen. Spürst du die Wärme? Ist dort Atembewegung? Lass dir Zeit, diese Atemschwingung zu spüren.

Es ist eine Schwingung, die vom Zwerchfell ausgeht. Sie breitet sich bis hierher aus, wenn du eine gut aufgerichtete Sitzposition findest. Versuch nicht, willkürlich dorthin zu atmen, sondern lass dir Zeit, bis die natürliche Atembewegung dort ankommen kann. Kleine Regulationen der Beckenhaltung können dabei helfen. Mit der Zeit wird die Atemschwingung dort immer deutlicher werden.

Zieh die Hand wieder heraus und spür, wie es sich nun anfühlt im Beckenboden: kühl, lebendig, unangenehm oder angenehm? Bleib mit deiner Aufmerksamkeit beim Beckenboden. Bemerkst du, dass er im Sitzen keinem Druck ausgesetzt ist und elastisch schwingen kann? Der Druck und das Gewicht deines Körpers kommen neben dem Beckenboden auf den beiden Sitzknochen an und werden dort der Sitzfläche übergeben.

Wenn du dein Gewicht auf der horizontalen Ebene der Sitzfläche langsam nach links und rechts gleiten lässt, kannst du spüren, wie es sich von einem Sitzknochen zum anderen verlagert. Kannst du auch spüren, in welcher Weise dabei der Beckenboden angeregt wird?

Lass die Bewegung zu Ende gehen, und schieb nun die andere Hand zwischen den Beinen hindurch zum Beckenboden. Lass dir wieder Zeit, die Wärme und die Atemschwingung zu spüren.

Der Beckenboden besteht aus mehreren übereinanderliegenden Muskelschichten. Wenn du sie kontrahierst, wirst du eine deutliche Bewegung an deiner Hand spüren. Du kannst das rhythmisch machen (anspannen, loslassen, anspannen, loslassen) oder auch die Spannung langsam erhöhen, eine Weile halten und dann wieder loslassen. Achte darauf, dass die Atmung dabei ungehindert weiterfließen kann. Auf diese Weise trainierst du deinen Beckenboden und belebst diese äußerst vitale Region deines Körpers.

Beende die Übung zu deiner Zeit und spür, wonach dir nun ist: Noch eine Weile sitzen bleiben? Hinlegen und ausruhen? Oder umhergehen mit »Beckenboden-Gefühl«?

Verwende diese Übungsanleitung, so oft du magst. Lass dich dabei zunehmend von deinen eigenen Empfindungen leiten und verzichte immer mehr auf diese

Anleitung. Mach die Übung zu deiner eigenen, verändere und ergänze sie so, wie es für dich passt.

3.3.8 Den Rumpf berühren 2: Leibesmitte, Solarplexus und Zwerchfell

➡ *Fokus: Nabelgegend, Solarplexus, Zwerchfell und Nierenregion kennenlernen. Bedeutung für Atmung, Verdauung und autonomes Nervensystem.*

In der Mitte des Rumpfs befinden sich wichtige Organe, die für die Atmung, die Verdauung und das Nervensystem von großer Bedeutung sind. Mit achtsamen Selbstberührungen kann jeder Mensch dazu beitragen, dass diese Leibesregion in das Empfindungsbewusstsein kommt. Das erleichtert die Vorgänge des Atmens und unterstützt die Verdauung. Zudem führt ein Empfindungsbewusstsein in den Flanken zu einer stabilen Aufrichtung und zu einem vitalen Lebensgefühl.

Leg deine Hände übereinander auf deine Nabelgegend, weich und ganz ohne Druck. Spür eine Weile diese Region unter deinen Händen, ohne etwas zu tun, und nimm wahr, wie sie sich mit jedem Atemzug nach vorn und wieder zurückbewegt. Wenn du magst, schließ die Augen, und nimm diese lebendige Bewegung noch deutlicher wahr, lass sie leicht und luftig sein.

Lass die Hände dann langsam den Nabel umkreisen. Achte darauf, dass der Bauch weich bleibt, und lass ein Gefühl der Ausbreitung entstehen.

Die Hände wandern dann zu den Seiten und beziehen beide Flanken, die Seiten deines Rumpfs mit ein. Lass deine Hände dann auch nach hinten gleiten, in die Lendenregion. Nach und nach umstreichst du die gesamte Leibesmitte: den Bauch, die Flanken und die Lenden.

Leg die Hände dann entspannt auf deinen Oberschenkeln ab, und spür die Atembewegung in der soeben berührten Leibesregion. Vorn am Bauch ist sie deutlich wahrnehmbar. Kannst du sie auch in den Flanken und Lenden spüren?

Wenn du bereit bist, weiterzuüben, leg die Hände hinten links und rechts neben deine Lendenwirbelsäule auf deinen unteren Rücken. Lass sie weich, warm und anstrengungslos dort liegen, die Fingerkuppen zeigen nach unten zu den Beckenkämmen, und die Handwurzeln berühren die hinteren unteren Rippenbögen. Dies ist die Lenden- und Nierengegend.

Lass dir Zeit, hier mit deiner Wahrnehmung anzukommen, mit gelösten Schultern und Armen. Auch hier darf es sich leicht und luftig anfühlen. Spür die Wirkung deiner warmen Hände und die Atembewegung unter den Händen. Mit Selbstberührung und Wärme begrüßt du deine Nieren. Lass deine Hände dort einfach nur liegen, ohne etwas erreichen zu wollen. Einfach nur da sein.

Manchmal geht einem etwas »an die Nieren«, wie ein Sprichwort sagt. Jetzt wendest du dich ihnen absichtsvoll zu, mit liebevoller und achtsamer Selbstberührung.

Lass diese Region, die oft sehr verspannt ist und zu Bandscheibenproblemen führt, nun geschmeidig von innen in Bewegung kommen. Die aufgelegten Hände spüren, was da geschieht, ohne selbst etwas zu tun.

Lass die Bewegungen zu deiner Zeit zu Ende gehen, und ruh dich eine Weile im Kutschersitz aus, mit den Ellbogen auf den Oberschenkeln abgestützt und entspannt im Rücken und Nacken. Mach eine Pause, stütz dich auf deinen Oberschenkeln ab, und lass den Rücken und Nacken sich entspannen.

Wenn du wieder bereit bist, weiterzuüben, lass deine Hände die vorderen Rippenbögen finden und umstreichen und auch die weiche Region zwischen den Rippenbögen ertasten. Hier befinden sich der Magen und die Leber sowie das Sonnengeflecht, der Solarplexus. Das Sonnengeflecht ist ein dichtes Nervengeflecht. Es liegt dicht unter deiner Bauchdecke. In stressigen Situationen oder bei Ärger und anderen starken Emotionen wird es hier manchmal hart, »es schlägt einem etwas auf den Magen«.

Mach dich mit zarten und langsam streichenden Bewegungen mit dieser Region vertraut und lade sie ein, weich und luftig zu sein. Wenn du hier entspannt bist, kann dein Zwerchfell frei schwingen, und die Atmung wird anstrengungslos.

Leg nun deine Unterarme und Hände so um deine Leibesmitte, als würdest du dich selbst umfassen: ein Arm vorn und der andere hinten und du dazwischen. Lass dir Zeit, dich in diesem atembewegten Raum zwischen deinen Händen zu spüren.

Dies ist der Bereich des Brustkorbbodens und deines Zwerchfells, ein wichtiger Atemmuskel, der in der Mitte deines Rumpfs zwischen Brustraum und Bauchraum mit jedem Atemzug auf- und abschwingt. Beim Einatmen senkt er sich, und beim Ausatmen steigt er wieder empor. Zugleich weitet sich der Rumpf bei jedem Einatmen, und beim Ausatmen wird er wieder schmaler. Das ist die natürliche Atembewegung in dieser Region. Lass dir Zeit, sie zu spüren, und mach dich in aller Ruhe mit dieser wichtigen Bewegung vertraut.

Lass dann in diesem Raum unter deinen Armen kleine Bewegungen entstehen, schwing mit den unteren Rippenbögen ein wenig nach links und rechts. Lass auch Bewegungen nach vorn und hinten dazukommen, bis ganz allmählich ein Kreisen daraus entsteht. Lass es sich langsam ausweiten und dann wieder kleiner werden, bis du am Ende wieder ruhig in deiner Mitte sitzt. Lös zu deiner Zeit die Arme behutsam vom Rumpf ab und spür noch eine Weile nach. Sind der Raum und die Bewegung noch spürbar?

Mach dir diese mittlere Leibesregion noch einmal mental bewusst: Es ist eine bewegliche, aber wenig geschützte Region deines Rumpfs, die den oberen Bereich mit dem unteren verbindet. Wenn du ihn gut spüren und anstrengungslos aufgerichtet halten kannst, wirst du ihn immer mehr als eine sensible und kraftvolle Verbindung zwischen Becken und Brustkorb erleben und ein Bewusstsein, eine Art inneres Tasten, für die biologischen Vorgänge im Inneren entwickeln.

Verwende diese Übungsanleitung, so oft du magst. Lass dich dabei zunehmend von deinen eigenen Empfindungen leiten und verzichte immer mehr auf diese Anleitung. Mach die Übung zu deiner eigenen, verändere und ergänze sie so, wie es für dich passt.

3.3.9 Den Rumpf berühren 3: Brustkorb, Herz, Lunge und Rücken

➡ *Fokus: Den Herzraum kennenlernen. Rippen, Lunge und Herz ansprechen. Aufatmen.*

Der obere Bereich des Rumpfs, der Brustraum, beherbergt dein Herz und deine Lunge. Vor dem Hintergrund der christlichen Tradition wird das Herz bei uns als besonders wichtig angesehen; es symbolisiert die Liebe. Hingegen gilt im Osten (z. B. in Indien) die Lunge als sehr wichtig, sie steht für die Verbundenheit und den Austausch des Menschen mit seiner Umwelt. Im Kreislaufsystem kooperieren beide Organe. Wenn du dich mithilfe von Selbstberührungen deinem Brustraum zuwendest, kommst du mit deiner Lunge, deinem Herzen und deiner Atmung in Berührung.

Berühr mit deinen Händen den Brustkorb vorn, an den Seiten und auch hinten, wo du bequem hinkommst. Ertaste die Rippen und die Täler zwischen den Rippen. Berühr auch das Brustbein, streich den Bereich zum Bauch entlang und finde die oberste Rippe am Übergang zu den Schlüsselbeinen und zum Schultergürtel.

Ertaste dann nur eine Seite des Brustkorbs: mit den Fingern die Rippen und mit den Daumenknöcheln auch die Täler dazwischen, die Zwischenrippenmuskulatur. Diese Muskeln sind schmerzempfindlich. Drück nur so stark, dass ein leichter, atemanregender Schmerz entsteht. Lass dir Zeit, in dieser Weise auch die Seite deines Brustkorbs zu berühren und zu beleben.

Beende die Berührungen und vergleich beide Seiten: die berührte und die noch nichtberührte. Die berührte Seite wirst du vermutlich deutlicher wahrnehmen können als die noch nichtberührte. Achte auch darauf, wie die Atembewegung in den beiden Seiten deines Brustkorbs ist. Wechsle dann die Seite und spür nach.

Wenn du beide Seiten berührt hast, komm wieder zur ersten Seite, und leg beide Hände auf diese Brustkorbhälfte, eine weiter oben am vorderen Brustkorb und die andere weiter unten. Lass die Hände dort eine Weile liegen und spür von den Händen zum Brustkorb und vom Brustkorb zu den Händen. Lass dann eine Hand vorn liegen und gleite mit der anderen Hand über die Seite nach hinten. Finde heraus, was für dich anstrengungsloser möglich ist: mit der Handfläche oder mit dem Handrücken auf dem Brustkorb. Entspann dich immer mehr im Schultergürtel und spür die Brust zwischen deinen Händen, den Raum und die Atembewegung.

Halte diese Brustkorbseite noch eine Weile, und lass diese Region dann unter deinen Händen behutsam in Bewegung kommen. Die Hände machen dabei nichts, sie begleiten die Bewegungen nur.

Bemerkst du, wie beweglich deine Rippen und dein Brustkorb sind? Mach dir auch bewusst, dass sich mit jeder Bewegung des Brustkorbs im Inneren auch die Lunge und das Herz geschmeidig mit bewegen. Das Gewebe der Lunge ist sehr zart, und darum sollten auch deine Brustkorbbewegungen äußerst zart sein.

Lass die Bewegungen langsam zu Ende gehen und die Erfahrung nachklingen. Wie spürst du jetzt die linke und die rechte Seite deines Brustkorbs? Wie ist die Atmung? Berühr dann die andere Brustkorbhälfte, und bring sie in ähnlicher Weise in Bewegung und in dein Empfindungsbewusstsein.

Nachdem du beide Seiten so berührt und belebt hast, leg deine Hände nun übereinander auf dein Brustbein. Lass sie dort entspannt liegen, bis dir die feine Bewegung deutlich wird, das ruhige Auf und Ab des Brustbeins. Deine Hände begleiten diese Bewegung einladend, ohne selbst aktiv zu sein. Spürst du die Lebendigkeit unter deinen Händen? Verbinde dich mit diesem Ort, mit dieser Bewegung, mit deiner Atmung.

Lass diese Erfahrung behutsam zu Ende gehen und gönn dir eine Pause im Kutschersitz, mit den Ellbogen auf den Oberschenkeln abgestützt und entspannt im Rücken und Nacken. Sei ganz bei dir, verbunden mit den lebendigen Lebensvorgängen in dir, mit deinem Herzschlag und deinem Atem, voller Vertrauen ins Leben.

Wenn du bereit bist, noch weiterzuüben, richte dich wieder auf. Leg deine Hände links und rechts auf deine Brust. Lass dir Zeit, die Berührung und die Atembewegung zu spüren. Nimm auch den Raum wahr, der zwischen deinen Händen vorn und den hinteren Rippen deines Brustkorbs entsteht, den Raum deiner Lunge und deines Herzens.

Gib dann mit den Händen einen freundlichen und sehr zarten Druck nach innen in Richtung des Brustraums. Das Brustbein und die vorderen Rippen geben dabei weich nach und gehen ein wenig nach innen zurück. Lass diesen Impuls auch deine Rückseite erreichen und gib dort weich nach. Spür die leichte Dehnung und Einladung an deine hinteren Rippen, sich ein wenig zu spreizen. Achte darauf, dass dein Brustraum dabei nicht schmaler wird, lass ihn seine Form und Weite behalten. Komm dann behutsam wieder vor und richte dich auf.

Lass aus dieser Berührung mit der Zeit eine zarte Bewegung des ganzen Brustkorbs entstehen, vor und zurück, dann auch ein wenig nach links und nach rechts und vielleicht auch ein Kreisen, begleitet von den aufmerksamen Händen auf deiner Vorderseite. Sei mit deiner Aufmerksamkeit auch im Inneren deines Brustkorbs, im Raum der Lunge und des Herzens, die geschmeidig mitbewegt werden. Kannst du mit diesen Organen in Verbindung kommen? Wie ist es für dich, hier bewegt und berührt zu sein?

Lass die Bewegungen zu passender Zeit ausklingen und lös die Hände behutsam vom Brustkorb ab. Sitz noch eine Weile in Stille und Ruhe und lass die Erfahrung nachwirken.

Wenn du bereit bist für eine weitere Erfahrung, leg deine Hände wieder vorn links und rechts auf deinen Brustkorb. Lass dir wieder Zeit, die Atembewegung und den Raum unter deinen Händen zu spüren. Nimm nun mental Kontakt zu deiner Rückseite auf, zur Hinterseite deines Rumpfs.

Bleib mit ihr in Kontakt, wenn du gleich deine Hände von der Brust ablöst und in den Raum vor dir öffnest. Mach diese Übung nicht mechanisch. Spür gut, ob und wann du bereit bist dafür.

Lös deine Hände von der Brust ab, breite sie aus, und öffne dich in deiner Vorderseite. Dabei können sich auch die Augen öffnen, wenn es dir angenehm ist. Lass die Hände auch wieder zurückkehren auf deine Brust. Mach alle Bewegungen sehr achtsam und im langsamen Tempo: von der Brust in den Raum und wieder zurück zu dir, ein Öffnen und Schließen, ein Hinausgehen und Zurückkehren, verbunden mit der Welt und verbunden mit dir.

Spür gut, wann und wie du diese Bewegung beenden möchtest und in welcher Haltung du diese Erfahrung abschließen willst, mit geöffneten Armen oder mit den Händen auf deiner Brust.

Verwende diese Übungsanleitung, so oft du magst. Lass dich dabei zunehmend von deinen eigenen Empfindungen leiten und verzichte immer mehr auf diese Anleitung. Mach die Übung zu deiner eigenen, verändere und ergänze sie so, wie es für dich passt.

3.3.10 Den Kopf berühren

➜ *Fokus: Orientierung am Kopf, am Körper und im Raum: die sechs Seiten. Körpersymmetrie und -asymmetrie. Starke und schwache Seiten.*

Der Kopf hat ein eigenes Haltungssystem, das eine gute Position gewährleistet und ihn schützt. Selbstberührungen am Kopf führen zu einer komplexen Orientierung innerhalb des eigenen Körpers und im Raum.

Streich zur Einstimmung und zur Sammlung über deinen Kopf, von oben über die Seiten zum Hals und über den Hinterkopf. Leg dann die Hände seitlich an den Kopf und halte ihn zwischen deinen Händen. Deine Hände geben ihm eine klare Ausrichtung zwischen links und rechts. Wenn du die Hände wieder wegnimmst, überprüf, ob er gerade ausgerichtet bleibt. Nutz dazu das »Berührungsecho«, den empfundenen Nachklang deiner seitlichen Berührung.

Leg dann die Hände vorn und hinten an deinen Kopf, auf die Stirn und auf den Hinterkopf. Nutz auch hier die Berührung der Hände dazu, ihm wieder eine klare Ausrichtung zu geben, sodass er sich nicht nach vorn oder nach hinten neigt. Nimm die Hände weg und nutz erneut das Berührungsecho, um deinen Kopf gerade ausgerichtet zu halten.

Leg nun eine Hand auf deinen Kopf und die andere unter das Kinn, und gib deinem Kopf von oben und unten Halt und Orientierung. Die Hände helfen nun bei der Ausrichtung zwischen oben und unten. Lass wieder das Berührungsecho nachwirken, wenn du die Hände wegnimmst.

Du hast deinen Kopf an sechs Orten berührt: links und rechts, hinten und vorn, oben und unten. Der Kopf kann sich nun selbst ausrichten, auch ohne Berührung, mit minimalen Bewegungen. Erkenne und korrigiere habitualisierte Schiefhaltungen oder einen zu stark nach vorn hängenden oder zurückgenommenen Kopf. Wenn der Kopf die richtige Position gefunden hat, sollte es sich für dich ganz leicht anfühlen, ihn aufrecht und frei zu halten.

In einem weiteren Schritt geht es nun darum, die am Kopf erlebten Orts- und Orientierungserfahrungen auf deinen Körper zu übertragen und in den Raum auszuweiten. Du kannst diesen Teil im Sitzen oder im Stehen ausführen.

Leg zuerst die entspannt nach unten gestreckten Arme seitlich an deinen Körper, ohne Druck, nur zart im Kontakt mit deinen Seiten, und verdeutliche dir deine linke und rechte Körperseite. Mach dir bewusst: Mit dem linken Arm berühre ich meine linke Körperseite und mit dem rechten Arm meine rechte Körperseite. Spür beide Seiten und dich dazwischen.

Leg dann eine Hand auf deine Vorderseite auf die Brust oder auf den Bauch und die andere Hand auf deine Rückseite, wo du bequem hinkommst. Spür deine Vorderseite und deine Rückseite, und nimm dich räumlich zwischen vorn und hinten wahr.

Werd dir nun deiner Fußsohlen am Boden bewusst, der untersten Ebene deines Körpers. Spür dein Gewicht und die Schwerkraft und lass dich vom Boden tragen. Leg dann beide Hände übereinander auf den höchsten Punkt deines Kopfs, unten der Boden und oben deine Hände, dazwischen du. Spür dich so eine Weile, ausgespannt zwischen Himmel und Erde, und lass dann die Arme gelöst neben dem Körper hängen.

Das Empfinden für deine Körpergrenzen und die sechs Seiten ermöglichen dir, Symmetrie herzustellen und Asymmetrien im Körper zu erkennen. Zudem erleichtert dir das Bewusstsein für deine eigenen Körpergrenzen, dich im Raum zu orientieren. Damit geht es nun weiter.

Leg nun beide Hände wieder auf deinen Kopf, spür die Berührung zwischen Schädeldach und Handinnenseite. Heb dann mit einer langsamen Bewegung die auf dem Kopf liegenden Hände, führ sie nach oben und auseinander. Bleib dabei mit deinen Füßen deutlich im Bodenkontakt und nach oben offen und weit. Führ die Hände wieder zurück auf deinen Kopf und wiederhol diesen Bewegungsablauf einige Male, achtsam und im langsamen Tempo. Lass sie dann abschließend wieder entspannt neben deinem Rumpf hängen.

Leg die Hände nun an deine Körperseiten, und orientier dich nach links und rechts, zunächst nur mental, noch ohne dich zu bewegen. Beweg dann den rechten Arm langsam nach rechts und folg dieser Richtung mit deiner Aufmerksamkeit. Der Kopf schaut dabei weiter geradeaus. Wenn der rechte Arm wieder an deine rechte Körperseite zurückgekehrt ist, geh mental auf die andere Körperseite, und beweg dann den linken Arm nach links. Wechsle dann zwischen links und rechts. Mach alle Bewegungen bewusst, in langsamem Tempo und mit klarer Ausrichtung. Am Ende der Übung hängen beide Arme wieder entspannt links und rechts neben deinem Rumpf.

Leg nun eine Hand auf deine Vorderseite und die andere auf deine Rückseite, spür dich zwischen hinten und vorn. Lass dich dann im Wechsel von der vorderen Hand leicht nach vorn führen, ohne deinen Standpunkt aufzugeben, und von der hinteren Hand nach hinten, ohne das Gleichgewicht zu verlieren.

Wahrscheinlich bemerkst du, dass du nach hinten weniger Orientierung und Sicherheit hast als nach vorn. Das ist bei vielen Menschen so. Wir haben stärkere und schwächere Seiten. Um mehr Sicherheit im Körper, im Raum und auch im Leben zu gewinnen und sich besser orientieren zu können, ist es sinnvoll, sich zunächst mithilfe von Selbstberührungen am eigenen Körper zu orientieren. Für das Gleichgewichtsgefühl und zur Erhöhung der Sturzsicherheit ist es nützlich, die schwächeren Seiten vermehrt zu trainieren: hinten mehr als vorn, links mehr als rechts (für Linkshänder:innen umgekehrt), unten mehr als oben. Überprüf deine Position und deine Aufrichtung noch einmal mit offenen und auch mit geschlossenen Augen: Spürst du deine sechs Körperseiten? Wie fühlst du dich im Raum verortet?

Wenn du noch weiterüben magst, kommen wir nun zum Gehirn. Es funktioniert wie ein äußerst komplexes und lernfähiges Netzwerk. Es ist aber auch ein räumlich ausgedehntes anatomisches Organ mit verschiedenen Bereichen und Ebenen, die durch Selbstberührung angesprochen und erlebt werden können. Dies kann sich positiv auf dein Bewusstsein und deine Fähigkeit zur Selbststeuerung auswirken.

Leg die Hände auf deinen Kopf und spür die Berührung zwischen deinen Händen und der Schädeldecke. Lass sie dort eine Weile liegen, entspannt in den Armen und Schultern, und werde dir deines Gehirns und der beiden Hemisphären bewusst, die linke Gehirnhälfte unter der linken Hand und die rechte Gehirnhälfte unter der rechten Hand.

Nimm dann die Hände wieder weg und entspann dich in den Armen und Schultern. Spürst du ein Berührungsecho in dieser Region deines Kopfs? Lass deine Aufmerksamkeit noch eine Weile dort sein.

Leg nun die Hände auf deine Stirn, die Handwurzeln liegen dabei auf den Augenbrauen und die Finger auf dem Schädel. Lass die Hände wieder eine Weile dort liegen und mach dir bewusst, dass sich in dieser Region die Frontallappen befinden. Der präfrontale Kortex gilt als Sitz deiner Persönlichkeit und des Sozialverhaltens. Absichtsvolles Denken und Handeln sowie deine Bewegungen werden von hier aus gesteuert. Lass dieses Wissen sich mit der Selbstberührung und den Empfindungen unter deinen Händen verbinden und ein Bewusstsein für diesen Teil deines Gehirns entstehen.

Nimm zu deiner Zeit die Hände wieder weg und entspann dich in den Armen und Schultern. Spürst du ein Berührungsecho in dieser Region?

Leg nun deine Hände von hinten übereinander an deinen Hinterkopf. Hier befinden sich die Hinterhauptlappen. Dieser Teil deines Großhirns ist vorwiegend für das Sehen zuständig. Wenn du dich hier berührst und die Augen bewusst schließt, führt das zu einer wohligen Entspannung.

Nimm dann die Hände wieder weg und entspann dich in den Armen und Schultern. Spürst du ein Berührungsecho in dieser Region?

Leg nun die Hände seitlich an deinen Kopf, die Daumenseiten deiner Handflächen sind dabei hinter den Schläfen und über den Ohren. Hier befinden sich die Schläfenlappen. Sie verarbeiten Geräusche und Sprache. Diese Region ist auch für das Lernen, für die Verknüpfung mit Erinnerungen und Assoziationen zuständig. Lass dieses Wissen sich mit der Selbstberührung und den Empfindungen unter deinen Händen verbinden und ein Bewusstsein für diesen Teil deines Gehirns entstehen.

Lös die Hände wieder ab und entspann dich in den Armen und Schultern. Spürst du ein Berührungsecho in dieser Region?

Leg nun deine Hände links und rechts neben die mittlere Scheitellinie deines Kopfs, die Kleinfingerkanten ein wenig voneinander entfernt. Hier befinden sich in der hinteren Hälfte des Kopfs die Scheitellappen. Verschiedene Areale sind für Aufmerksamkeitsprozesse und sensorische Empfindungen zuständig, besonders für alle Empfindungen, die aus deinem eigenen Körper kommen.

Lass dieses Wissen sich mit der Selbstberührung und den Empfindungen verbinden und ein Bewusstsein für diesen Teil deines Gehirns entstehen. Nimm dann die Hände wieder weg und entspann dich in den Armen und Schultern. Spürst du ein Berührungsecho in dieser Region?

Die Selbstberührungen am Kopf haben dir die Möglichkeit gegeben, sensorischen und mentalen Kontakt zu den vier Bereichen des Neokortex in deinem Großhirn aufzunehmen. Mit den folgenden Anregungen kannst du versuchen, auch mit anderen Teilen deines Gehirns in Verbindung zu kommen: dem Mittelhirn sowie dem Hirnstamm und dem Kleinhirn.

Leg dazu beide Hände seitlich über die Ohren an deinen Kopf, die Fingerkuppen zeigen dieses Mal nach oben. Im Inneren des Kopfs, zwischen deinen Händen, befindet sich das Mittelhirn. Versuch, es mental zu erreichen, und gib ihm über die Selbstberührung mit deinen Händen den Auftrag, sich in der Tiefe zu entspannen.

Leg dann zu deiner Zeit beide Hände übereinander unten an deinen Hinterkopf, an den Übergang zwischen Hinterkopf und Hals, dorthin, wo man manchmal ein Kind streichelt, um es zu trösten. Lass deine Hände eine Weile liegen, entspannt in den Armen und Schultern, und erlaub dir, ruhig zu werden. Selbstberührung an diesem Ort kann dir ein tiefes Vertrauen schenken, Vertrauen in die ältesten und lebenserhaltenden Funktionen deines Körpers, die hier im Hirnstamm und im Kleinhirn gesteuert werden: Atmung, Herzschlag, Blutdruck, Temperaturregulation und Reflexe, Bewegungskoordination, Gleichgewicht und Tag-Nacht-Rhythmus. Verbinde dich mit diesem Teil deines Gehirns. Lass dich ruhig werden und entspann dich.

> Wenn du magst, leg deine Hände abschließend noch einmal vorn auf deine Stirn, auf den vordersten Bereich deiner Frontallappen. Dieser Bereich ist für dein Bewusstsein und absichtsvolles Handeln zuständig. Er ermöglicht es dir auch, den »Lärm« herunterzuregeln, der durch die Fülle der sinnlichen Wahrnehmungen ständig auf dich einprasselt, und das innere Gedankenkarussel mit den Sorgen und Ängsten, die aus der Vergangenheit kommen und/oder sich auf die Zukunft richten. Er lässt dich ruhig werden und zugleich wach und präsent sein. Hier findet Lernen satt.
>
> Spür diesen Ort, die Selbstberührung und deinen Atem. Nimm zu deiner Zeit die Hände wieder weg und lass all die Erfahrungen nachklingen.

Verwende diese Übungsanleitung, so oft du magst. Lass dich dabei zunehmend von deinen eigenen Empfindungen leiten und verzichte immer mehr auf diese Anleitung. Mach die Übung zu deiner eigenen, verändere und ergänze sie so, wie es für dich passt.

3.3.11 Das Gesicht berühren

➠ *Fokus: Mimische Muskulatur. Kommunikative und emotionale Bedeutung der Mimik. Top down und bottum up. Emotional-muskuläre Tiefenentspannung.*

Selbstberührungen am Kopf wurden bereits mehrfach thematisiert: Palmieren und Entspannen der Augen, Orientierung am Kopf und Kontaktaufnahme zum Raum. Ein sehr wichtiger Bereich steht noch aus, nämlich die Berührungen des Gesichts und der mimischen Muskulatur. Das Gesicht ist unsere differenzierteste Körperregion, annähernd 100 Muskeln weisen darauf hin. Zudem ist die mimische Muskulatur eng mit unseren Emotionen und Gedanken verbunden. Darum können wir auch über die Mimik Einfluss auf unser Denken und Fühlen nehmen. Zudem ist eine lebendige Mimik ein Kennzeichen geistig-seelischer Gesundheit und im westlichen Kulturkreis unverzichtbares Mittel lebendiger Kommunikation. Gründe genug also, um die Mimik zu beleben. Wir tun das mithilfe von Selbstberührung.

> Leg deine Hände auf dein Gesicht, die Handflächen berühren die Gesichtshaut. Spür die Wärme, die dazwischen entsteht, und spür deinen Atem. Lass dir von Berührung und Wärme helfen, dich zu entspannen und zur Ruhe zu kommen. Lös dann die Hände behutsam ab und halte sie ein paar Zentimeter vor dein Gesicht.

Mach die Bewegung nun mit einer leichten Veränderung: Leg nicht die Hände auf dein Gesicht, sondern leg dein Gesicht in die Hände. Bemerkst du den Unterschied?

Nun dehn dein Gesicht: Leg die Hände auf dein Gesicht und zieh sie langsam auseinander, spür die Dehnung im ganzen Gesicht: in der Mitte, auf der Stirn und um den Mund. Beginn dann, dein Gesicht mit den Handwurzeln einige Male in drei Ebenen zu dehnen: von der Mitte des Kinns zu den Seiten, von der Mitte der Stirn zu den Schläfen und von der Nase über die Jochbeine bis über die Ohren.

Mach es noch ein paar Mal in beliebiger Reihenfolge und achte dabei auf deine Atemreaktionen. Leg danach die Hände entspannt ab und spür dein Gesicht, deine Nase und deinen Atem.

Wenn du bereit bist, weiterzuüben, massier dein Gesicht mit den Fingerkuppen: Beginn oben am Haaransatz, bezieh dann die gesamte Stirn und die Augenbrauen mit ein, mit zarten Kreisen auf den Schläfen. Lass die Finger auch ein paar Mal um deine Ohren streichen und die Windungen der Ohren ertasten.

Komm dann zur Mitte des Gesichts. Taste und massier die Jochbeine und die Nase. Streich über die knöcherne Nasenwurzel und das bewegliche Nasenbein, streich auch von den Nasenflügeln zum Gesicht und vergiss die Nasenspitze nicht. Streich über deine Wangen, und geh dann weiter zur Mundregion: Oberlippe, Unterlippe, Mundwinkel und vom Kinn bis zu den Kiefergelenken.

Spür abschließend noch einmal, ob deine Berührungen das ganze Gesicht erreicht haben, und lass dir deutlich werden, wie sich dein Gesicht nun anfühlt: entspannt, warm, belebt? Und wie fühlst du dich? Lass dir ausreichend Zeit, diesen Zustand genau zu spüren, und mach ihn dir bewusst. Veranker ihn in deinem Gedächtnis, wenn er sich angenehm anfühlt. Du kannst ihn jederzeit wieder herbeiführen, wenn du es möchtest.

Nun nutz noch die Gelegenheit, deine belebte Mimik aktiv zu erproben. Bisher hast du sie durch Dehnungen und massageähnliche Selbstberührungen stimuliert. Deine Gesichtsmuskulatur ist dabei jedoch passiv geblieben. Nun nutz die mimische Muskulatur aktiv und bewusst.

Beginn irgendwo im Gesicht mit kleinen Bewegungen, dann an einer anderen Stelle. Lass so nach und nach das ganze Gesicht in Bewegung kommen. Bedenke: Du hast dafür fast 100 Gesichtsmuskeln zur Verfügung, die du auf unterschiedlichste Weise bewegen kannst.

Lass die Bewegungen zu deiner Zeit zu Ende gehen und spür dein Gesicht. Wie fühlt es sich nun an, nachdem du es aktiv bewegt hast? Fühlst du dich entspannt und zugleich angenehm belebt?

Eine lebendige Mimik ist ein Wohlfühlfaktor und eine wunderbare Brücke in zwischenmenschlichen Interaktionen. Ein erstarrtes, trauriges, ängstliches oder zorniges Gesicht fühlt sich nicht gut an, und es ist auch kein Gesicht, in das andere gern schauen.

Als letzte Anregung folgt noch eine Übung, die dir erfahrbar machen kann, wie eng Mimik, Gedanken und Gefühle verbunden sind.

Wir unterscheiden die drei Ausgangspunkte *Gedanken, Gefühle* und *Mimik:*
- Ausgangspunkt Gedanke: Denk intensiv an eines der folgenden Worte und spür dabei deine Mimik: *Zufriedenheit – Sicherheit – Überraschung.*
- Ausgangspunkt Gefühl: Lass ein positives Gefühl aufkommen und spür deine Mimik, warte so lange, bis sie sich verändert: *Heiterkeit – Leichtigkeit – Freude.*
- Ausgangspunkt Mimik: Mach es auch umgekehrt und setz willkürlich die passende Mimik zu einem der folgenden Gefühle oder einer der Haltungen auf (auch wenn dir gerade nicht danach ist!), und lass dich überraschen, welche Wirkung die bewusst aufgesetzte Mimik auf dein Denken und Fühlen hat: *Neugier – Wohlwollen – tiefe Dankbarkeit.*

Verwende diese Übungsanleitung, so oft du magst. Lass dich dabei zunehmend von deinen eigenen Empfindungen leiten und verzichte immer mehr auf diese Anleitung. Mach die Übung zu deiner eigenen, verändere und ergänze sie so, wie es für dich passt.

3.3.12 Selbstberührung als Selbstbehandlung – der idiopraktische Prozess

➡ *Fokus: Selbstbehandlung. Selbstheilung. Idiopraktischer Prozess.*

In den vorangehenden Anleitungen zur Selbstberührung wurden verschiedene Regionen des Körpers thematisiert. Der Ablauf orientierte sich dabei primär an der Anatomie. In der nun folgenden Anleitung ist nach einer anfänglichen Einstimmung kein Thema vorgegeben. Die Selbstberührung ist damit individualisiert, und das übergeordnete Ziel der intentionalen Selbstberührung bzw. Idiopraxie steht im Mittelpunkt: eigenverantwortlich und selbstbestimmt spüren und entscheiden, wo und wie ich mich berühre.

Dehnen weckt die Sinne. Es belebt und lockt den Atem. Zarte und achtsam ausgeführte Dehnungen führen in der Haut und in den tieferen Geweben zu einem ausgeglichenen Spannungszustand und stimulieren die zahlreichen inneren Sinneszellen, den »propriozeptiven Sinn«. Dehnen wird manchmal auch als »Anfang der Bewegung« bezeichnet.

> Beginn damit, dich ausgiebig zu dehnen. Die Hände liegen dabei entspannt auf deinen Oberschenkeln. Lass zuerst deinen Nacken und Schulterbereich dehnend in Bewegung kommen, nimm dann den Rumpf dazu: den Brustkorb, den Bauch, bis hinunter zum Becken. Der ganze Rumpf und der Schulterbereich sind dehnend in Bewegung. Lass die Bewegungen klein und geschmeidig sein, lieber zu klein als zu groß und in langsamem Tempo. Auf diese Weise wird der Atem eingeladen, dabei zu sein, und du kannst mehr spüren, wo du dich gerade dehnst und wie die Dehnungen wirken.
>
> Lass auch deine Bewegungen »anfänglich« sein, lass sie dich erfrischen und nähren. Befrei dich von alten Bewegungsmustern und erlaub dir, kreativ zu sein. Lass deine Bewegungen entstehen und den Atem dabei sein. Lass die Bewegungen langsam zu Ende gehen und ruh dich eine Weile aus.

Zarte Dehnungen und Bewegungen und das damit verbundene innere Spüren können sich ganz ähnlich anfühlen und auswirken wie konkrete Selbstberührungen.

> Beginn nun wieder, dich aufmerksam zu dehnen, und lass jetzt auch die Beine dazukommen, Rumpf und Becken bewegen sich weiter. Der Hals und der Kopf kommen auf ganz »natürliche« Weise dazu, auch deine Mimik.
>
> Zum Schluss gib auch deine Arme und Hände frei und lass sie an der Bewegung teilhaben. Der ganze Körper ist nun dehnend in Bewegung.
>
> Lass die Bewegungen immer mehr wie von allein laufen, immer weniger dirigiert, als würdest du deinen Bewegungen interessiert und wohlwollend zuschauen. Der ganze Körper ist in Bewegung, ohne Plan und ohne Kontrolle, fließend, frei und lebendig. Lass allmählich die Bewegungen zu Ende gehen.

Nach dieser Einstimmung beginn nun deinen idiopraktischen Prozess mit den nachfolgenden Schritten in synchronen Prozessen mit feinen Regulationen und beachte, beende und bewerte dabei den Prozessverlauf.

> - *Innehalten und Sammlung:* Äußere und innere Ablenkungen ausklingen lassen, in Ruhe und Stille bei dir ankommen, unaufgeregte Präsenz.
> - *Gewahrwerden und Wahrnehmen:* Wie spürst du dich? Wo fühlt sich dein Körper jetzt angenehm belebt und lebendig an? Wo spürst du ihn unangenehm? Wo kannst du ihn nicht spüren?

- *Wählen und Entscheiden:* Tust du es nach Interesse, Neugier oder Notwendigkeit?
- *Handlungsplan:* Wenn du den Ort gewählt hast, entwirf einen Handlungsplan, noch ohne etwas zu tun. Wo möchtest du etwas tun, und wenn ja, wie möchtest du es machen? Bewegen? Berühren? Berühren und Bewegen?
- *Ankommen:* Bevor du beginnst, lass dir Zeit, mental an diesem Ort anzukommen, noch immer, ohne etwas aktiv und bewusst zu tun. Bemerke, wenn du angekommen bist und was dann bereits geschieht.
- *Handeln und Wahrnehmen:* Diese Aktivitäten laufen gleichzeitig ab. Du setzt fein reguliert eine Handlung ein (eine Bewegung oder Selbstberührung) und nimmst unmittelbar wahr, wie und ob sie wirkt. Innerlich oder auch laut kannst du verbal begleiten, was du tust. Du beobachtest die Auswirkungen deiner Handlungen und bewertest die Wirkung. Du entscheidest, ob du auf dem beabsichtigten Weg bist und wie du weiterhandelst. Lass diesen zirkulären Prozess so lange laufen, bis du ein zufriedenstellendes Ergebnis erreicht hast oder den Prozess abschließen möchtest.
- *Bewerten:* Bevor du den Prozess abschließt, frag dich, ob du mit dem Ergebnis und mit dir zufrieden bist.

Mach dir bewusst, dass du dich eigenverantwortlich, selbstbestimmt und kompetent selbst berührt und behandelt hast. Entfalte und pflege diese Fähigkeit, sie wird dich darin unterstützen, gesund zu bleiben oder wieder gesund zu werden.

Gibt es einen Bereich, den du nicht spüren kannst, der sich momentan unangenehm anfühlt oder den du bewusst wählen möchtest, von dem du weißt, dass er problematisch ist? Letzteres gilt z. B. für Stellen, wo es mal eine Verletzung gab, wo eine Narbe ist, wo du Schmerzen hast, oder für eine Region, die dir Sorgen bereitet, das kann an den Wänden oder auch im Inneren deines Körpers sein. Geh mit deiner Aufmerksamkeit dorthin.

Lass dir Zeit und spür, ob du mental dort ankommen kannst. Spür, was geschieht, wenn du dich dieser Region deines Körpers achtsam zuwendest und dort ankommst. Was braucht diese Region? Möchtest du diese Stelle lieber unberührt lassen, oder ist es gut, deine Hände dort aufzulegen? Was geschieht bei diesem Gedanken? Achte gut auf die Reaktionen und auf deinen Atem. Entscheide so, wie es für dich jetzt passend ist.

Lass den Prozess dann mit Bewegung weitergehen, egal ob du dich dort berührst oder nicht. Lass kleine Bewegungen von innen kommen, mach sie nicht willkürlich. Warte und vertrau auf die Weisheit deines Körpers. Es kann eine Weile dauern, es muss sich auch nichts bewegen.

Wenn Bewegungen kommen wollen, lass sie zart und langsam sein, sodass sie dich einladen, mit deiner ganzen Präsenz an diesem Ort zu sein. Lass auch den Atem dort ankommen, denn wenn der Atem dazukommt, wird alles anders.

Lass feine Bewegungen diesen Ort umschmeicheln. Lass die angenehmen und heilen Stellen deines Körpers diesen Ort immer mehr einbeziehen, sodass er sich mitbewegen kann, damit er lebendig wird, Spannungen und Schmerzen geringer werden und Heilung geschehen kann.

Wenn dabei Erinnerungen oder Gefühle auftauchen, schau sie ruhig an und lass sie vorbeigehen. Sei ganz bei dir und bei deinem Körper und in Verbindung mit deinem Atem. Er führt dich durch das Geschehen, und gemeinsam wisst ihr, was jetzt das Richtige und Mögliche ist. Sei präsent.

Wie lange möchtest du an diesem Ort und in diesem Prozess sein? Lass ihn zu deiner Zeit langsam zu Ende gehen, und spür gut, was du nun brauchst, um das Geschehen nachwirken zu lassen.

Literatur

Ackerley, R., Carlsson, I., Wester, H., Olausson, H., Backlund Wasling, H. (2014). Touch perceptions across skin sites: Differences between sensitivity, direction discrimination and pleasantness. Frontiers in Behavioral Neuroscience, 8, Art. 54.

Ackerley, R., Hassan, E., Curran, A., Wiessberg, J., Olausson, H., McGlone, F. (2012). An fMRI study on cortical responses during active self-touch and passive touch from others. Frontiers in Behavioral Neuroscience, 6, Art. 51. https://core.ac.uk/download/pdf/82886330.pdf (Zugriff am 29.02.2024).

Airosa, F., Falkenberg, T., Öhlén, G., Armana, M. (2013). Tactile massage or healing touch: Caring touch for patients in emergency care – A qualitative study. European Journal of Integrative Medicine, 5 (4), 374–381.

Amendt, G. (1978). Sex-Front. Frankfurt a. M.: Zweitausendeins.

American Psychiatric Association (APA) (2018). Diagnostisches und statistisches Manual psychischer Störungen DSM-5 (2., korr. Aufl.). Göttingen: Hogrefe (englisches Original erschienen 2013).

Andrade, C., Srihari, B. S. (2001). A preliminary survey of rhinotillexomania in an adolescent sample. Journal of Clinical Psychiatry, 62 (6), 426–431.

Antonovsky, A. (1997). Salutogenese. Zur Entmystifizierung der Gesundheit. Tübingen: DGVT (englisches Original erschienen 1987).

Arbeitsgruppe Female Desire (o. J.). Die Umfrage zu sexueller Gesundheit und Lust von Frauen* in Deutschland. Berlin: Charité. https://sexualmedizin.charite.de/forschung/ag_hatzler/female_desire_communication_and_knowledge_survey (Zugriff am 24.06.2025).

Arend, S. (2020). Vital und gesund durch Faszien-Massage. Übungen zur Selbsthilfe, um schmerzfrei, beweglich und kraftvoll zu werden (3., erw. Aufl.). Darmstadt: Schirner.

Argyle, M. (2013). Körpersprache & Kommunikation. Nonverbaler Ausdruck und soziale Interaktion (10., überarb. Aufl.). Paderborn: Junfermann (englisches Original erschienen 1988).

Arnold, M. M., Müller-Oerlinghausen, B., Hemrich, N., Bönsch, D. (2020). Effects of psychoactive massage in outpatients with depressive disorders: A randomized controlled mixed-methods study. Brain Sciences, 10 (10), 676.

Asadi, Z., Shakibaei, F., Mazaheri, M., Jafari-Mianaei, S. (2020). The effect of foot massage by mother on the severity of attention-deficit hyperactivity disorder symptoms in children aged 6–12. Iranian Journal of Nursing and Midwifery Research, 25 (3), 189–194. https://www.ncbi.nlm.nih.gov/pmc/articles/PMC7299421/pdf/IJNMR-25-189.pdf (Zugriff am 29.02.2024).

Aude, A., Matthiesen, S. (2013). Wie fühlt mein Körper? – Selbstbefriedigung. In S. Matthiesen (Hrsg.), Jugendsexualität im Internetzeitalter. Eine qualitative Studie zu sozialen und sexuellen Beziehungen von Jugendlichen (S. 233–243). Köln: BZgA. https://shop.bzga.de/pdf/13300037.pdf (Zugriff am 29.02.2024).

Ayres, A. J. (1979). Lernstörungen. Sensorisch-integrative Dysfunktionen. Heidelberg: Springer (englisches Original erschienen 1973).

Ayres, A. J. (2016). Bausteine der kindlichen Entwicklung. Sensorische Integration verstehen und anwenden (6., korr. Aufl.). Berlin: Springer (englisches Original erschienen 1972).

Babad, E. Y., Birnbaum, M., Benne, K. D. (1983). The social self. Group influences on personal identity. Beverly Hills, CA: Sage.

Baer, U. (2017). Kreative Leibtherapie. Das Lehrbuch (2. Aufl.). Berlin: Semnos.

Bänziger, P.-P., Beljan, M., Eder, F. Eitler, P. (Hrsg.) (2015). Sexuelle Revolution? Zur Geschichte der Sexualität im deutschsprachigen Raum seit den 1960er Jahren. Bielefeld: Transcript.

Barbach, L. (2006). For yourself. Die Erfüllung weiblicher Sexualität (22. Aufl.). Berlin: Ullstein (englisches Original erschienen 1975).

Bates, W. H. (2019). Rechtes Sehen ohne Brille (5., überarb. Aufl.). Bietigheim: Karl-Rohm (englisches Original erschienen 1920).

Beltrán, M. I., Dijkerman, H. C., Keizer, A. (2020). Affective touch experiences across the lifespan. Development of the Tactile Biography questionnaire and the mediating role of attachment style. PLoS One, 15 (10), Art. e0241041. https://www.ncbi.nlm.nih.gov/pmc/articles/PMC7592771/pdf/pone.0241041.pdf (Zugriff am 29.02.2024).

Benedetti, G., Peciccia, M. (1994). Das progressive therapeutische Spiegelbild. In G. Schottenloher (Hrsg.), Wenn Worte fehlen, sprechen Bilder. Bd. 2: Reflexionen (S. 91–94). München: Kösel.

Benz, A. (2022). Mythos Spiegelneurone. https://www.spektrum.de/news/was-steckt-wirklich-hinter-den-spiegelneuronen/1991029 (Zugriff am 29.02.2024).

Berendt, J.-E. (2021). Nada Brahma. Die Welt ist Klang (7. Aufl.). Frankfurt a. M.: Suhrkamp (Erstaufl. erschienen 1983).

Berlucchi, G., Aglioti, S. (1997). The body in the brain: Neural bases of corporeal awareness. Trends in Neurosciences, 20 (12), 560–564.

Beyer, C. (2011). Husserls Konzeption des Bewusstseins. In K. Cramer (Hrsg.), Edmund Husserl 1859–2009 (S. 43–54). Berlin: De Gruyter.

Bischlager, H. (2016). Die Öffnung der blockierten Wahrnehmung. Merleau-Pontys radikale Reflexion. Bielefeld: Aisthesis.

Blakemore, S.-J., Frith, C. D., Wolpert, D. M. (1999). Spatio-temporal prediction modulates the perception of self-produced stimuli. Journal of Cognitive Neuroscience, 11 (5), 551–559.

Bloch, K. H. (1989). Masturbation und Sexualerziehung in Vergangenheit und Gegenwart. Ein kritischer Literaturbericht. Bd. 5. Frankfurt a. M.: Lang.

Bögle, R. (2007). Praxisbuch Ayurveda-Yoga. Mehr Energie durch Marma-Übungen. München: Südwest.

Bögle, R., Lüthi, R. (2000). Erfolgsfaktor Gesundheit. Mit PACT-Health zum gesunden Unternehmen. Bern: Haupt.

Böhle, F. (2016). Körpergedächtnis jenseits von sensomotorischer Routine und nur subjektiver Bedeutsamkeit. In M. Heinlein, O. Dimbath, L. Schindler, P. Wehling (Hrsg.), Der Körper als soziales Gedächtnis (S. 19–47). Wiesbaden: Springer VS.

Böhm, M. (2013). Solosexualität. In R.-B. Schmidt, U. Sielert (Hrsg.), Handbuch Sexualpädagogik und sexuelle Bildung (2., erw. u. überarb. Aufl.; S. 301–310). Weinheim: Beltz Juventa.

Böhm, M., Matthiesen, S. (2016). »Manchmal ist man sexuell erregt und der Partner nicht zur Hand …«. Solosexualität im Spannungsfeld von Geschlecht und Beziehung. Zeitschrift für Sexualforschung, 29 (1), 21–41.

Böhme, R., Hauser, S., Gerling, G. J., Heilig, M., Olausson, H. (2019). Distinction of self-produced touch and social touch at cortical and spinal cord levels. Proceedings of the National Academy of Sciences of the United States of America, 116 (6), 2290–2299.

Böhme, R., Olausson, H. (2022). Differentiating self-touch from social touch. Behavioral Sciences, 43 (1), 27–33.

Böhr, C. (2020). Sexualassistenz und Sexualbegleitung bei Menschen mit Behinderungen: Prüfung des Rechtsanspruchs und der Umsetzung. Bachelorthesis. Hamburg: HAW. https://reposit.

haw-hamburg.de/bitstream/20.500.12738/9435/1/2020Boehr_Carina_BA.pdf (Zugriff am 11.11.24).

Bohus, M., Kapfhammer, H.-P. (2012). Psychosomatik. Der Nervenarzt, 83 (11), 1399–1402.

Boss, M. (1983). Von der Psychoanalyse zur Daseinsanalyse. Wege zu einem neuen Selbstverständnis. Wien: Europaverlag (Erstaufl. erschienen 1965).

Böttcher, C., Lütscher, S., Müller, G. (2010). Schizophrenie – Kombination von Körperzentrierter Psychotherapie und Progressivem Therapeutischem Spiegelbild. In A. Künzler, C. Böttcher, R. Hartmann, M.-H. Nussbaum (Hrsg.), Körperzentrierte Psychotherapie im Dialog. Grundlagen, Anwendungen, Integration. Der IKP-Ansatz von Yvonne Maurer (S. 221–233). Heidelberg: Springer.

Braun, K. (1995). Die Krankheit Onania. Körperangst und die Anfänge moderner Sexualität im 18. Jahrhundert. Frankfurt a. M.: Campus.

Brezovsky, P. (1985). Diagnostik und Therapie selbstverletzenden Verhaltens. Stuttgart: Enke.

Brown, M. (1976). The healing touch. Unveröffentlichtes Manuskript. Berkeley, CA: University of California.

Brown, M. (1988). Die heilende Berührung. Die Methode des direkten Körperkontaktes in der körperorientierten Psychotherapie (2. Aufl.). Essen: Synthesis (englisches Original erschienen 1982).

Buber, M. (2016). Ich und Du. Stuttgart: Reclam (Erstaufl. erschienen 1923).

Bucher, T., Hornung, R., Buddeberg, C. (2003). Sexualität in der zweiten Lebenshälfte. Ergebnisse einer empirischen Untersuchung. Zeitschrift für Sexualforschung, 16 (3), 249–271.

Buckle, F., Franzsen, D., Bester, J. (2011). The effect of the wearing of weighted vests on the sensory behaviour of learners diagnosed with attention deficit hyperactivity disorder within a school context. South African Journal of Occupational Therapy, 41 (3), 37–41.

Bühler, K.-E. (2017). Wirkung der Progressiven Muskelrelaxation nach Jacobson auf Befinden und Stimmung von Patienten einer Ambulanz für Psychotherapie. Psychodynamische Psychotherapie, 16 (3), 170–178.

Büttner, M., Schadwinkel, A., Stockrahm, S. (2020). Ist das normal? Sprechen wir über Sex, wie du ihn willst. Weinheim: Beltz.

Chapman, C. E. (1994). Active versus passive touch: Factors influencing the transmission of somatosensory signals to primary somatosensory cortex. Canadian Journal of Physiology and Pharmacology, 72 (5), 558–570.

Chen, S.-C., Yu, B. Y.-M., Suen, L. K.-P., Yu, J., Ho, F. Y.-Y., Yang, J.-J., Yeung, W.-F. (2019). Massage therapy for the treatment of attention deficit/hyperactivity disorder (ADHD) in children and adolescents: A systematic review and meta-analysis. Complementary Therapies in Medicine, 42 (4), 389–399.

Chen, Y., Becker, B., Zhang, Y., Cui, H., Du, J., Wernicke, J., Montag, C., Kendrick, K., Yao, S. (2020). Oxytocin increases the pleasantness of affective touch and orbitofrontal cortex activity independent of valence. European Neuropsychopharmacology, 39 (1), 99–110.

Christiansen, A. (2024). Heilen mit Mudras. Effektive Übungskombinationen für körperliche Gesundheit & spirituelles Wachstum. München: Bassermann.

Cohen, S., Janicki-Deverts, D., Turner, R. B., Doyle, W. J. (2015). Does hugging provide stress-buffering social support? A study of susceptibility to upper respiratory infection and illness. Psychological Science, 26 (2), 135–147.

Cohn, R. C. (2021). Von der Psychoanalyse zur Themenzentrierten Interaktion. Von der Behandlung einzelner zu einer Pädagogik für alle (20. Aufl.). Stuttgart: Klett-Cotta (Erstaufl. erschienen 1975).

Combs, A. W., Snygg, D. (1959). Individual behavior. A perceptual approach to behavior. New York: Harper & Booth.

Cubasch, P. (1997). Heilende Rhythmen. In L. Müller, H. G. Petzold (Hrsg.), Musiktherapie in der klinischen Arbeit. Integrative Modelle und Methoden. (S. 56–74). Stuttgart: Fischer.
Cubasch, P. (2010). Lachen verbindet. Lächeln, Lachen, Freundlichkeit. Schlüssel zu Gesundheit und Lebensfreude. Bergisch Gladbach: Breuer & Wardin.
Cubasch, P. (2016). Gähnen. Der natürliche Weg zu Entspannung und Wohlbefinden. Tuttlingen: HCD.
Cubasch, P. (2021). Die Kunst des Gähnens. Der natürliche Weg zur Entspannung. Rheinbreitbach: Wolkenburg.
Cubasch, P. (o. J.). Idiopraxie – heilsame Selbstberührung. https://cubasch.com/index.php?cat=3&page=60 (Zugriff am 13.08.2024).
Cubasch, P., Böckle, M. (2023). Idiopraxie®. https://www.idiopraxie.com/ (Zugriff am 13.08.2024).
Cuddy, A. J. C. (2020). Ohne Worte alles sagen. Mit Körpersprache überzeugen. München: Goldmann (englisches Original erschienen 2015).
Daly, J. A., Hogg, E., Sacks, D., Smith, M., Zimring, L. (1983). Sex and relationship affect social self-grooming. Journal of Nonverbal Behavior, 7 (3), 183–189.
Damasio, A. R. (2013). Ich fühle, also bin ich. Die Entschlüsselung des Bewusstseins (10. Aufl.). München: List (englisches Original erschienen 1999).
Dammann, G. (Hrsg.) (2014). Phänomenologie und psychotherapeutische Psychiatrie. Stuttgart: Kohlhammer.
Dammann, G., Meng, T. (Hrsg.) (2013). Spiegelprozesse in Psychotherapie und Kunsttherapie. Das progressive therapeutische Spiegelbild – eine Methode im Dialog (2. Aufl.). Göttingen: Vandenhoeck & Ruprecht (Erstaufl. erschienen 2010).
Das Weiße Band. Eine deutsche Kindergeschichte. (2009). Regie: M. Haneke. Drehbuch: M. Haneke. Berlin: X-Filme.
Deci, E. L., Flaste, R. (1995). Why we do what we do. The dynamics of personal autonomy. New York: Putnam.
Dekker, A., Schmidt, G. (2003). Patterns of masturbatory behavior. Changes between the sixties and the nineties. Journal of Psychology & Human Sexuality, 14 (2–3), 35–48.
Densing, K., Konstantinidis, H., Seiler, M. (2017). Effect of stress level on different forms of self-touch in pre- and postadolescent girls. Journal of Motor Behavior, 50 (5), 475–485.
Descartes, R. (2016). Prinzipien der Philosophie (vollst. Neuausg.). Berlin: Hofenberg (lateinisches Original erschienen 1644).
Deutsche Gesellschaft für Psychiatrie und Psychotherapie, Psychosomatik und Nervenheilkunde (DGPPN) (2019). S3-Leitlinie Schizophrenie. Berlin: DGPPN.
DiMercurio, A., Connell, J. P., Clark, M., Corbetta, D. (2018). A naturalistic observation of spontaneous touches to the body and environment in the first 2 months of life. Frontiers in Psychology, 9, Art. 2613.
Dinse, H. R., Wilimzig, C., Kalisch, T. (2008). Learning effects in haptic perception. In M. Grunwald (Ed.), Human haptic perception: Basics and applications (p. 165–182). Basel: Birkhäuser.
Diogo, R. Santana, S. E. (2017). Evolution of facial musculature. In J.-M. Fernández-Dols, J. A. Russel (Eds.), The science of facial expression (p. 133–152). Oxford: Oxford University Press.
Discher, D. E., Janmey, P., Wang, Y. (2005). Tissue cells feel and respond to the stiffness of their substrate. Science, 310 (46), 1139–1143.
Ditzen, B., Germann, J., Meuwly, N., Bradbury, T. N., Bodenmann, G., Heinrichs, M. (2019). Intimacy as related to cortisol reactivity and recovery in couples undergoing psychosocial stress. Psychosomatic Medicine, 81 (1), 16–25.
Ditzen, B., Neumann, I. D., Bodenmann, G., Dawans, B. von, Turner, R. A., Ehlert, U., Heinrichs, M. (2007). Effects of different kinds of couple interaction on cortisol and heart rate responses to stress in women. Psychoneuroendocrinology, 32 (5), 565–574.

Dodson, B. (1989). Sex for one. Die Lust am eigenen Körper (6. Aufl.). München: Goldmann (englisches Original erschienen 1984).

Döring, N. (2019). Sexualität in der Pflege. Zwischen Tabu, Grenzüberschreitung und Lebenslust. Aus Politik und Zeitgeschichte, 69 (33–34), 24–30. https://www.bpb.de/system/files/dokument_pdf/APuZ_2019-33-34_online_v3.pdf (Zugriff am 29.02.2024).

Dreisoerner, A., Junker, N. M., Schlotz, W., Heimrich, J., Bloemeke, S., Ditzen, B., Dick, R. van (2021). Self-soothing touch and being hugged reduce cortisol responses to stress: A randomized controlled trial on stress, physical touch, and social identity. Comprehensive Psychoneuroendocrinology, 8, Art. 100091.

Driemeyer, W., Janssen, E., Elmerstig, E. (2015). Welche Rolle spielt das Alter der ersten Masturbation für die sexuelle Entwicklung? Erfahrungen junger Erwachsener in Schweden. In W. Driemeyer, B. Gedrose, A. Hoyer, L. Rustige (Hrsg.), Grenzverschiebungen des Sexuellen. Perspektiven einer jungen Sexualwissenschaft (S. 147–163). Gießen: Psychosozial-Verlag.

Duttweiler, S. (2015). Von Kussmaschinen und Teledildonics. Oder: Verändern technische Sexual-Objekte das Sexuelle? In P.-P. Bänziger, M. Beljan, F. X. Eder, P. Eitler (Hrsg.), Sexuelle Revolution? Zur Geschichte der Sexualität im deutschsprachigen Raum seit den 1960er Jahren (S. 131–150). Bielefeld: Transcript.

Ehl-Wilhelm, D., Schneider, P. (2002). Breema. In W. Belschner, J. Galuska, H. Walach, E. Zundel (Hrsg.), Transpersonale Forschung im Kontext (S. 319–333). Oldenburg: BIS.

Eisenring, L. (2020). Sexuelle Unlust von Frauen im Kontext des Geschlechtsverkehrs und der Selbstbefriedigung. Ursachen sexueller Unlust im Zusammenhang mit der erlernten Art und Weise der Selbstbefriedigung, deren Häufigkeit sowie Folgerungen für die Sexualberatung. Masterarbeit. Merseburg: Hochschule Merseburg. https://isp-zuerich.ch/wp-content/uploads/2021/01/Lea-Masterarbeit-L.Eisenring.pdf (Zugriff am 29.02.2024).

Ekholm, B., Spulber, S., Adler, M. (2020). A randomized controlled study of weighted chain blankets for insomnia in psychiatric disorders. Journal of Clinical Sleep Medicine, 16 (9), 1567–1577. https://www.ncbi.nlm.nih.gov/pmc/articles/PMC7970589/pdf/jcsm.8636.pdf (Zugriff am 29.02.2024).

Ekmekcioglu, C., Ericson, A. (2011). Der unberührte Mensch. Wien: edition a.

Elberfeld, J. (2015). Von der Sünde zur Selbstbestimmung. Zum Diskurs »kindlicher Sexualität« (Bundesrepublik Deutschland 1960–1990). In P.-P. Bänziger, M. Beljan, F. X. Eder, P. Eitler (Hrsg.), Sexuelle Revolution? Zur Geschichte der Sexualität im deutschsprachigen Raum seit den 1960er Jahren (S. 247–283). Bielefeld: Transcript.

Elsner, B., Prinz, W. (2012). Psychologische Modelle der Handlungssteuerung. In H.-O. Karnath, P. Thier (Hrsg.), Kognitive Neurowissenschaften (3., aktual. u. erw. Aufl.; S. 367–375). Berlin: Springer.

Etschenberg, K. (1992). Selbstbefriedigung. In S. R. Dunde (Hrsg.), Handbuch Sexualität (S. 221–226). Weinheim: Deutscher Studienverlag.

Fabre, A.-C., Portela Miguez, R., Wall, C. E., Peckre, L. R., Ehmke, E., Boistel, R. (2022). A review of nose picking in primates with new evidence of its occurrence in Daubentonia madagascariensis. Journal of Zoology, 319 (2), 91–98.

Fahs, B., Frank, E. (2014). Notes from the back room. Gender, power, and (in)visibility in women's experiences of masturbation. Journal of Sex Research, 51 (3), 241–252.

Feinstein, D., Church, D. (2010). Modulating gene expression through psychotherapy: The contribution of noninvasive somatic interventions. Review of General Psychology, 14 (4), 283–295.

Feldman, R., Singer, M., Zagoory, O. (2010). Touch attenuates infants' physiological reactivity to stress. Developmental Science, 13 (2), 271–278.

Field, T. M., Diego, M. A., Hernandez-Reif, M., Schanberg, S. M., Kuhn, C. (2004). Massage therapy effects on depressed pregnant women. Journal of Psychosomatic Obstetrics and Gynaecology, 25 (2), 115–122.

Field, T., Sauvageau, N., Gonzales, G., Diego, M. A. (2020). Veterans with post-traumatic stress disorder are less stressed following massage therapy. Current Research in Complementary & Alternative Medicine, 4 (1), 141.

Filippa, M., Menin, D., Panebianco, R., Monaci, M. G., Dondi, M., Grandjean, D. (2020). Live maternal speech and singing increase self-touch and eye-opening in preterm newborns: A preliminary study. Journal of Nonverbal Behavior, 44 (4), 453–447.

Fingarette, H. (1963). The self in transformation. Psychoanalysis, philosophy and the life of the spirit. New York: Harper & Row.

Fleischer, M., Herpertz, S. C. (2009). Phänomenologie und Epidemiologie selbstverletzenden Verhaltens. In C. Schmahl, C. Stiglmayr (Hrsg.), Selbstverletzendes Verhalten bei stressassoziierten Erkrankungen (S. 15–28). Stuttgart: Kohlhammer.

Freud, S. (2012). Drei Abhandlungen zur Sexualtheorie. In S. Freud, Studienausgabe. Bd. 5: Sexualleben (10., unveränd. Aufl.; S. 37–145). Frankfurt a. M.: Suhrkamp (Erstauflage erschienen 1905).

Fromm, E. (1977). Die Kunst des Liebens. Berlin: Ullstein (englisches Original erschienen 1956).

Fuchs, P. (2010). Das System Selbst. Eine Studie zur Frage: Wer liebt wen, wenn jemand sagt: »Ich liebe Dich!«? Weilerswist: Velbrück.

Fuchs, T. (2000a). Das Gedächtnis des Leibes. Phänomenologische Forschungen, 5 (1), 71–89.

Fuchs, T. (2000b). Psychopathologie von Leib und Raum. Phänomenologisch-empirische Untersuchungen zu depressiven und paranoiden Erkrankungen. Darmstadt: Steinkopff.

Fuchs, T. (2006). Gibt es eine leibliche Persönlichkeitsstruktur? Ein phänomenologisch-psychodynamischer Ansatz. Psychodynamische Psychotherapie, 5 (2), 109–117.

Fuchs, T. (2010). Philosophische Grundlagen der Psychiatrie und ihre Anwendung. Die Psychiatrie, 7 (4), 235–241.

Fuchs, T. (2012). Das Gedächtnis des Leibes. Loccumer Pelikan. Religionspädagogisches Magazin für Schule und Gemeinde, 22 (3), 103–106. https://www.rpi-loccum.de/damfiles/default/rpi_loccum/Materialpool/Pelikan/Pelikanhefte/pelikan3_12-34f542722963b4af-1f202e4762eca805.pdf (Zugriff am 29.02.2024).

Fuchs, T. (2015a). »Körper haben oder Leib sein«. Gesprächspsychotherapie und Personzentrierte Beratung, 46 (3), 147–153.

Fuchs, T. (2015b). Wege aus dem Ego-Tunnel. Zur gegenwärtigen Bedeutung der Phänomenologie. Deutsche Zeitschrift für Philosophie, 63 (5), 801–823.

Fuchs, T. (2020). Verkörperte Emotionen und ihre Regulation. In S. Barnow (Hrsg.), Handbuch Emotionsregulation. Zwischen psychischer Gesundheit und Psychopathologie (S. 19–28). Berlin: Springer.

Fuchs, T. (2021). Leib und Lebenswelt. Neue philosophisch-psychiatrische Essays (2. Aufl.). Zug: Graue Edition (Erstaufl. erschienen 2008).

Fuchs, T. (2023). Psychiatrie als Beziehungsmedizin. Ein ökologisches Paradigma. Stuttgart: Kohlhammer.

Fuchs, T., Schmidsberger, F. (2024). Die Phänomenologie als mögliche gemeinsame Grundlage des Humanistischen Clusters. Psychotherapie Forum, 28, 111–117.

Gallagher, S., Zahavi, D. (2023). Bewusstsein und Welt. Phänomenologie und Kognitionswissenschaften. Baden-Baden: Alber (englisches Original erschienen 2021).

Garbe, R. (2020). Die Samkhya-Philosophie. Eine Darstellung des Indischen Rationalismus. Norderstedt: Hansebooks (Erstaufl. erschienen 1894).

Gasseling, L., Hörndli, N. (2020). Sexualität und Sexualbegleitung aus Sicht von Fachpersonen der Sozialen Arbeit. Forschungsarbeit über die Sichtweisen der Fachpersonen im Hinblick auf Sexualität und Sexualbegleitung von Menschen mit kognitiven Beeinträchtigungen im institutionellen Kontext. Bachelorarbeit. Luzern: Hochschule Luzern. https://files.www.soziothek.ch/source/2020_ba_Gasseling_H%C3%B6rndli_zenodo3691721.pdf (Zugriff am 29.02.2024).

Gazzola, V., Spezio, M. L., Etzel, J. A., Castellie, F., Adolphs, R., Keysers, C. (2012). Primary somatosensory cortex discriminates affective significance in social touch. Proceedings of the National Academy of Sciences, 109 (25), 1657–1666.

Geuter, U. (2023). Körperpsychotherapie. Grundriss einer Theorie für die klinische Praxis (2., überarb. u. aktual. Aufl.). Berlin: Springer.

Gibson, J. J. (1979). Die Sinne und der Prozeß der Wahrnehmung (2. Aufl.). Bern: Huber (englisches Original erschienen 1966).

Goffman, E. (2003). Wir alle spielen Theater. Die Selbstdarstellung im Alltag (ungek. Taschenbuchausg.). München: Piper (englisches Original erschienen 1959).

Goldstein, M. (2008). Die sexuelle Revolution. Interview geführt von Stephan Trinius. In Bundeszentrale für politische Bildung (BpB) (Hrsg.), Jahre der Rebellion (Art. 13). Bonn: BpB.

Grammer, K. (2005). Signale der Liebe. Die biologischen Gesetze der Partnerschaft (unveränd. Neuausg.). München: DTV (letzte überarb. Aufl. erschienen 1995).

Grandin, T. (1992). Calming effects of deep touch pressure in patients with autistic disorder, college students, and animals. Journal of Child and Adolescent Psychopharmacology, 2 (1), 63–72.

Gruber, T. (2018). Gedächtnis (2., überarb. Aufl.). Berlin: Springer.

Grunwald, M. (2012). Haptik: Der handgreiflich-körperliche Zugang des Menschen zur Welt und zu sich selbst. In T. H. Schmitz, H. Groninger (Hrsg.), Werkzeug – Denkzeug. Manuelle Intelligenz und Transmedialität kreativer Prozesse (S. 95–126). Bielefeld: Transcript.

Grunwald, M. (2020). Wir berühren uns selbst, um eine Stresssituation psychisch auszubalancieren. Pressemitteilung vom 24.03.2020. https://www.uniklinikum-leipzig.de/presse/Seiten/Pressemitteilung_6986.aspx (Zugriff am 29.02.2024).

Grunwald, M., Müller, S. M. (2022). Relevanz von Berührung für die frühkindliche Entwicklung. In S. M. Müller, C. Winkelmann, M. Grunwald (Hrsg.), Lehrbuch Haptik. Grundlagen und Anwendung in Therapie, Pflege und Medizin (S. 267–280). Berlin: Springer.

Grunwald, M., Weiss, T., Müller, S. M., Rall, L. (2014). EEG changes caused by spontaneous facial self-touch may represent emotion regulating processes and working memory maintenance. Brain Research, 49 (16), 111–126. https://haptiklabor.medizin.uni-leipzig.de/fileadmin/res/pdf/publikationen/paper/2014_spontaneous_facial_self-touch_brain_research.pdf (Zugriff am 20.10.2023).

Gugutzer, R. (2022). Soziologie des Körpers (6., aktual. u. erg. Aufl.). Bielefeld: Transcript.

Gugutzer, R., Klein, G., Meuser, M. (Hrsg.) (2022). Handbuch Körpersoziologie. Bd. 2: Forschungsfelder und methodische Zugänge (2., überarb. u. erw. Aufl.). Wiesbaden: Springer VS.

Hainbuch, F. (2021). Progressive Muskelentspannung (7. Aufl.). München: Gräfe und Unzer (Erstaufl. erschienen 2015).

Hara, M., Pozeg, P., Rognini, G., Higuchi, T., Fukuhara, K., Yamamoto, A., Higuchi, T., Blanke, O., Salomon, R. (2015). Voluntary self-touch increases body ownership. Frontiers in Psychology, 6, Art. 1509.

Hatzinger, M., Berberich, H. J., Moll, F. H., Schultheiss, D. (2012). Höhepunkte aus der Geschichte der Onanie. Urologe, 51 (12), 1741–1745.

Heidegger, M. (2018). Gesamtwerk. Bd. 24: Die Grundprobleme der Phänomenologie. Frankfurt a. M.: Klostermann.

Heineman, E. (2015). »Zu unzüchtigem Gebrauche bestimmt«. Natürlichkeit, Künstlichkeit und sexuelle Hilfsmittel in der BRD, 1949–1980. In P.-P. Bänziger, M. Beljan, F. X. Eder, P. Eitler (Hrsg.), Sexuelle Revolution? Zur Geschichte der Sexualität im deutschsprachigen Raum seit den 1960er Jahren (S. 113–129). Bielefeld: Transcript.

Hite, S. (1994). Hite-Report: Das sexuelle Erleben der Frau (überarb. Ausg.). München: Goldmann (englisches Original erschienen 1976).

Hofer-Moser, O. (2018). Leibtherapie. Eine neue Perspektive auf Körper und Seele. Bd. 3. Gießen: Psychosozial-Verlag.

Hogendoorn, H., Kammers, M., Haggard, P., Verstraten, F. (2015). Self-touch modulates the somatosensory evoked P100. Experimental Brain Research, 233 (10), 2845–2858. https://www.ncbi.nlm.nih.gov/pmc/articles/PMC4575392/pdf/221_2015_Article_4355.pdf (Zugriff am 29.02.2024).

Holle, B. (2016). Die motorische und perzeptuelle Entwicklung des Kindes. Ein praktisches Lehrbuch für die Arbeit mit normalen und retardierten Kindern (6., neu ausgest. Aufl.). Weinheim: Beltz (dänisches Original erschienen 1976).

Holmes, N. P., Spence, C. (2004). The body schema and the multisensory representation(s) of peripersonal space. Cognitive Processing, 5 (2), 94–105.

Holst, E. von, Mittelstaedt, H. (1950). Das Reafferenzprinzip. Naturwissenschaften, 37 (20), 464–476.

Hommel, B., Nattkemper, D. (2011). Handlungspsychologie. Planung und Kontrolle intentionalen Handelns. Berlin: Springer.

Hotz Boendermaker, S. (2022). Das »Menschlein« im Laufe der Zeit. Ergopraxis, 15 (1), 32–37.

Husserl, E. (1950). Ideen zu einer reinen Phänomenologie und Phänomenologischen Philosophie. Bd. 1: Allgemeine Einführung in die reine Phänomenologie (erw. Aufl.). Den Haag: Nijhoff (Erstaufl. erschienen 1913).

Husserl, E. (1952). Ideen zu einer reinen Phänomenologie und Phänomenologischen Philosophie. Bd. 2: Phänomenologische Untersuchungen zur Konstitution (2., erw. Aufl.). Den Haag: Nijhoff (Erstaufl. erschienen 1922).

Husserl, E. (1971). Ideen zu einer reinen Phänomenologie und phänomenologischen Philosophie. Bd. 3: Die Phänomenologie und die Fundamente der Wissenschaften. Den Haag: Nijhoff (Erstaufl. erschienen 1952).

Husserl, E. (1991). Ding und Raum. Vorlesungen 1907. Bd. 16. Den Haag: Nijhoff.

Husserl, E. (2021). Ausgewählte Texte. Bd. 1: Die phänomenologische Methode (bibliogr. erg. Ausg.). Ditzingen: Reclam.

In-Albon, T., Kraus, L., Brown, R., Edinger, A., Kaess, M., Koelch, M., Koenig, J., Plener, P. L., Schmahl, C., STAR Konsortium (2020). Nichtsuizidale Selbstverletzungen im Jugend- und jungen Erwachsenenalter: Aktuelle Empfehlungen zur Diagnostik und Psychotherapie. Psychotherapeutenjournal, 19 (1), 19–25.

In-Albon, T., Schmid, M. (2019). Nichtsuizidale Selbstverletzungen und Borderline-Persönlichkeitsstörung. In S. Schneider, J. Margraf (Hrsg.), Lehrbuch der Verhaltenstherapie. Bd. 3: Psychologische Therapie bei Indikationen im Kindes- und Jugendalter (2., vollst. überarb. u. aktual. Aufl.; S. 697–714). Berlin: Springer.

Jaspers, K. (1973). Allgemeine Psychopathologie (9. Aufl.). Berlin: Springer (Erstaufl. erschienen 1913).

Jauch, S. (2019). Virtual und Augmented Reality im Klassenraum? Ein Überblick bildungsrelevanter Angebote. In Bundeszentrale für politische Bildung (BpB) (Hrsg.), Digitale Tools und Technik im Bildungsalltag (Art. 7). Bonn: BpB. https://www.bpb.de/lernen/digitale-bildung/werkstatt/298516/virtual-und-augmented-reality-im-klassenraum-ein-ueberblick-bildungsrelevanter-angebote/ (Zugriff am 29.02.2024).

Jeffersen, J., Thompson, T. D. (1995). Rhinotillexomania: psychiatric disorder or habit? Journal of Clinical Psychology, 56 (2), 56–59.

Kaess, M., Edinger, A. (2019). Selbstverletzendes Verhalten. Entwicklungsrisiken erkennen und behandeln (2., überarb. Aufl.). Weinheim: Beltz.

Kalisch, T., Tegenthoff, M., Dinse, H. R. (2008). Improvement of sensorimotor functions in old age by passive sensory stimulation. Clinical Interventions in Aging, 3 (4), 673–690.

Kammers, M. P. M., Fignemont, F. de, Haggard, P. (2010). Cooling the thermal grill illusion through self-touch. Current Biologie, 20 (20), 1819–1822. https://psychologicalsciences.unimelb.edu.au/__data/assets/pdf_file/0003/3211248/Kammers-et-al-2010-Cooling-the-Thermal-Grill-Illusion.pdf (Zugriff am 29.02.2024).

Kaplan, P. S. (1998). The human odyssey. Life span-development (3rd ed.). Pacific Grove, CA: Brooks/Cole (Erstaufl. erschienen 1988).
Kataria, M. (2007). Lachen ohne Grund. Eine Erfahrung, die Ihr Leben verändern wird (2. Aufl.). Petersberg: Via Nova (englisches Original erschienen 2002).
Kataria, M. (2020). Laughter yoga. Daily practices for health and happiness. New York: Penguin.
Kenning, C. (2004). Kontingente Höhepunkte: Geschlechterdisziplinierung und Orgasmus. In I. Lenz, L. Mense, C. Ulrich (Hrsg.), Reflexive Körper? Zur Modernisierung von Sexualität und Reproduktion (S. 51–84). Opladen: Leske + Budrich.
Kern, E. (2015). Personzentrierte Körperpsychotherapie (2. Aufl.). München: Reinhardt (Erstaufl. erschienen 2014).
Khilnani, S., Field, T., Hernandez-Reif, M., Schanberg, S. (2003). Massage therapy improves mood and behavior of students with attention deficit/hyperactivity disorder. Adolescence-San Diego, 38 (152), 623–638.
Kidd, T., Devine, S. L., Walker, S. C. (2023). Affective touch and regulation of stress responses. Health Psychology Review, 17 (1), 60–77.
Kikuchi, Y., Shirato, M., Machida, A., Inoue, T., Noriuchi, M. (2017). The neural basis of self-touch in a pain-free situation. Neuropsychiatry, 7 (7), 640–652.
Kinsey, A. C. (1970). Das sexuelle Verhalten der Frau. Frankfurt a. M.: Fischer (englisches Original erschienen 1953).
Kinsey, A. C., Pomeroy, W. B., Martin, C. E. (1970). Das sexuelle Verhalten des Mannes. Frankfurt a. M.: Fischer (englisches Original erschienen 1948).
Koch, M. (2010). Sexualbegleitung als Dienstleistung für Menschen mit geistiger Behinderung. Eine Befragung ausgebildeter Sexualbegleiterinnen. Masterarbeit. Graz: Karl-Franzens-Universität. urn:nbn:at:at-ubg:1–74561
Koedt, A. (1974). Der Mythos vom vaginalen Orgasmus. In M. Vaerting, Neubegründung der Psychologie von Mann und Weib. Berlin: Frauenzentrum (englisches Original erschienen 1970).
Kohut, H. (2018). Die Heilung des Selbst (12. Aufl.). Frankfurt a. M.: Suhrkamp (englisches Original erschienen 1977).
Kohut, H. (2021). Narzißmus. Eine Theorie der psychoanalytischen Behandlung narzißtischer Persönlichkeitsstörungen (18. Aufl.). Frankfurt a. M.: Suhrkamp (englisches Original erschienen 1971).
Kolk, B. A. van der (2023). Das Trauma in dir. Wie der Körper den Schrecken festhält und wie wir heilen können (ungek. Neuausg.). Berlin: Ullstein (englisches Original erschienen 2014).
Kronrod, A., Ackerman, J. M. (2019). I'm so touched! Self-touch increases attitude extremity via self-focused attention. Acta Psychologica, 195 (3), 12–21.
Kühn, M. (2014). Komm und tanz mit mir! Effekte einer Tanz- und Bewegungstherapie auf die Negativsymptomatik und Empathie von Menschen mit Schizophrenie. Eine teilrandomisierte kontrollierte Pilotstudie. Diplomarbeit. Graz: Universität Graz.
Landin-Romero, R., Moreno-Alcazar, A., Pagani, M., Amann, B. L. (2018). How does eye movement desensitization and reprocessing therapy work? A systematic review on suggested mechanisms of action. Frontiers in Psychology, 9, Art. 1395. https://www.ncbi.nlm.nih.gov/pmc/articles/PMC6106867/pdf/fpsyg-09-01395.pdf (Zugriff am 29.02.2024).
Lapsley, D. K., Power, F. C. (1988). Self, ego and identity. Integrative approaches. New York: Springer.
Laqueur, T. W. (2008). Die einsame Lust. Eine Kulturgeschichte der Selbstbefriedigung. Berlin: Osburg (englisches Original erschienen 2003).
Lautmann, R. (2002). Soziologie der Sexualität. Erotischer Körper, intimes Handeln und Sexualkultur. Weinheim: Juventa.
Lautmann, R. (2017). Handeln im Feld der Sexualitäten – zwischen Normierung und Vielfalt. In A. Klein, E. Tuider (Hrsg.), Sexualität und Soziale Arbeit (S. 246–267). Baltmannsweiler: Schneider.

Lee, M. S., Kim, J.-I., Ernst, E. (2010). Massage therapy for children with autism spectrum disorders: A systematic review. The Journal of Clinical Psychiatry, 72 (3), 406–411.
Lehmann, A., Rosemeier, H.-P., Grüsser-Sinopoli, S. (2003). Weibliches Orgasmuserleben: vaginal – klitoral? Sexuologie, 10 (4), 128–133. http://www.sexuologie-info.de/pdf/Bd.10_2003_3.pdf (Zugriff am 13.10.2023).
Leitner, A., Höfner, C. (2020). Handbuch der Integrativen Therapie (2., überarb. Aufl.). Heidelberg: Springer.
Leontowitsch, M. (2021). Sexualität und Körperlichkeit im Alter. Überlegungen zur Handlungsmacht. In T. Benkel, S. Lewandowski (Hrsg.), Kampfplatz Sexualität. Normalisierung – Widerstand – Anerkennung (S. 159–177). Bielefeld: Transcript.
Levine, P. A. (1998). Trauma-Heilung. Das Erwachen des Tigers. Unsere Fähigkeit, traumatische Erfahrungen zu transformieren. Essen: Synthesis.
Levine, P. A. (2021). Sprache ohne Worte. Wie unser Körper Trauma verarbeitet und uns in die innere Balance zurückführt (10. Aufl.). München: Kösel (englisches Original erschienen 2010).
Lin, H.-Y., Lee, P., Chang, W.-D., Hong, F.-Y. (2014). Effects of weighted vests on attention, impulse control, and on-task behavior in children with attention deficit hyperactivity disorder. The American Journal of Occupational Therapy, 68 (2), 149–158.
Lindová, J., Klapilová, K., Johnson, D., Vobořilová, A., Chlápková, B., Havlíček, J. (2019). Non-verbal mate retention behaviour in women and its relation to couple's relationship adjustment and satisfaction. Ethology, 125 (2), 925–939.
Luggauer, K. (1970). Sexualität und Recht. Mit Pornographie-, Geschlechtskrankheiten-, Suchtgiftgesetz u. a.; Fremdwörterverzeichnis. Wien: Juridica.
Lüthi, R., Bögle, R. (2015). Yogische Kommunikation. https://www.yogaforum.de/index.php?display=1000001&menucms=306 (Zugriff am 13.08.2024).
Lynch, S. J., Sears, M. R., Hancox, R. J. (2016). Thumb-sucking, nail-biting, and atopic sensitization, asthma, and hay fever. Pediatrics, 138 (2), Art. e20160443.
MacLean, P. D. (1970). The triune brain, emotion and scientific bias. In F. O. Schmitt (Ed.), The neurosciences: Second study program, Vol. 2 (p. 336–349). New York: Rockefeller University Press.
MacLean, P. D. (1990). The triune brain in evolution. Role in paleocerebral functions. New York: Plenum.
Martin, B. (2020). Das Konsens Rad. https://bettymartin.org/wp-content/uploads/2020/10/German.pdf (Zugriff am 29.02.2024).
Martin, B. (2021). The art of receiving and giving. The wheel of consent. Eugene, OR: Luminare.
Matthiesen, S., Dekker, A. (2015). Sexuelle Schwierigkeiten im jungen Erwachsenenalter. Zeitschrift für Soziologie der Erziehung und Sozialisation, 35 (3), 232–251.
Matthiesen, S., Hauch, M. (2004). Verschwinden die Geschlechterunterschiede? Auflösung, Umkehr oder Kontinuität traditioneller Geschlechterunterschiede im sexuellen Verhalten – eine empirische Studie an drei Generationen. Verhaltenstherapie und psychosoziale Praxis, 36 (2), 491–508.
Maturana, H. R., Varela, F. J. (2018). Der Baum der Erkenntnis. Die biologischen Wurzeln menschlichen Erkennens (7. Aufl.). München: Scherz (spanisches Original erschienen 1984).
McGlone, F., Wessberg, J., Olausson, H. (2014). Discriminative and affective touch: sensing and feeling. Neuron, 82 (4), 737–755. https://core.ac.uk/download/pdf/82120998.pdf (Zugriff am 29.02.2024).
Merleau-Ponty, M. (1976). Die Struktur des Verhaltens. Berlin: De Gruyter (französisches Original erschienen 1942).
Merleau-Ponty, M. (1986). Das Sichtbare und das Unsichtbare. Gefolgt von Arbeitsnotizen (3. Aufl.). München: Fink (französisches Original erschienen 1964).
Merleau-Ponty, M. (2003). Das Auge und der Geist. Philosophische Essays (erw. u. bearb. Ausg.). Hamburg: Meiner (französisches Original erschienen 1960).

Merleau-Ponty, M. (2004). Das Sichtbare und das Unsichtbare. Gefolgt von Arbeitsnotizen (3. Aufl.). München: Fink (Original erschienen 1981).

Merleau-Ponty, M. (2010). Phänomenologie der Wahrnehmung (6., unveränd. Nachdr.). Berlin: De Gruyter (französisches Original erschienen 1945).

Michael, R. T., Gagnon, J. H., Kaumann, E. O., Kolata, G. (1994). Sex in America. A definitive survey. Boston, MA: Little Brown.

Millspaugh, J., Errico, C., Mortimer, S., Kowalski, M. O., Chiu, S., Reifsnyder, C. (2021). Jin Shin Jyutsu® self-help reduces nurse stress: A randomized controlled study. Journal of Holistic Nursing, 39 (1), 4–15.

Milz, H. (1992). Der wiederentdeckte Körper. Vom schöpferischen Umgang mit sich selbst. München: Artemis & Winkler.

Milz, H. (2019). Der eigen-sinnige Mensch. Körper, Leib & Seele im Wandel. Aarau: AT Verlag.

Milz, H., Varga, M. von (Hrsg.) (1998). Körpererfahrungen. Anregungen zur Selbstheilung. Zürich: Walter.

Mischel, T. (1977). The self. Psychological and philosophical issues. Oxford: Blackwell.

Mohr, M. von, Kirsch, L. P., Fotopoulou, A. (2017). The soothing function of touch: affective touch reduces feelings of social exclusion. Scientific Reports, 7 (1), Art. 13516. https://www.ncbi.nlm.nih.gov/pmc/articles/PMC5647341/pdf/41598_2017_Article_13355.pdf (Zugriff am 29.02.2024).

Mohr, M. von, Kirsch, L. P., Fotopoulou, A. (2021). Social touch deprivation during COVID-19: effects on psychological wellbeing and craving interpersonal touch. Royal Society Open Science, 8 (9), Art. 210287. https://www.ncbi.nlm.nih.gov/pmc/articles/PMC8424338/pdf/rsos.210287.pdf (Zugriff am 29.02.2024).

Moritz, U. (2013). Bodypercussion. Unser Körper als Rhythmus-Instrument. Musiktherapeutische Umschau, 34 (4), 334–349.

Morrison, I. (2016). Keep calm and cuddle on: social touch as a stress buffer. Adaptive Human Behavior and Physiology, 2 (4), 344–362. https://link.springer.com/content/pdf/10.1007/s40750-016-0052-x.pdf (Zugriff am 29.02.2024).

Moyer, C. A., Rounds, J., Hannum, J. W. (2004). A meta-analysis of massage therapy research. Psychological Bulletin, 130 (1), 3–18. https://news.harvard.edu/wp-content/uploads/2012/01/moyer.pdf (Zugriff am 29.02.2024).

Müller, S. M. (2022a). Berührung ein Lebensmittel: Einfluss auf die körperliche und geistige Gesundheit. In S. M. Müller, C. Winkelmann, M. Grunwald, Lehrbuch Haptik. Grundlagen und Anwendung in Therapie, Pflege und Medizin (S. 281–322). Berlin: Springer.

Müller, S. M. (2022b). Psychologische Aspekte von Berührung. In S. M. Müller, C. Winkelmann, M. Grunwald, Lehrbuch Haptik. Grundlagen und Anwendung in Therapie, Pflege und Medizin (S. 193–247). Berlin: Springer.

Müller, S. M., Grunwald, M. (2022a). Anatomische und physiologische Grundlagen. In S. M. Müller, C. Winkelmann, M. Grunwald, Lehrbuch Haptik. Grundlagen und Anwendung in Therapie, Pflege und Medizin (S. 49–90). Berlin: Springer.

Müller, S. M., Grunwald, M. (2022b). Wahrnehmungsdimensionen des haptischen Systems. In S. M. Müller, C. Winkelmann, M. Grunwald (Hrsg.), Lehrbuch Haptik. Grundlagen und Anwendung in Therapie, Pflege und Medizin (S. 1–47). Berlin: Springer.

Müller, S. M., Martin, S., Grunwald, M. (2019). Self-touch: Contact durations and point of touch of spontaneous facial self-touches differ depending on cognitive and emotional load. PLoS one, 14 (3), e0213677. https://journals.plos.org/plosone/article/file?id=10.1371/journal.pone.0213677&type=printable (Zugriff am 29.02.2024).

Müller, S. M., Winkelmann, C., Grunwald, M. (2022). Lehrbuch Haptik. Grundlagen und Anwendung in Therapie, Pflege und Medizin. Berlin: Springer.

Muslin, H. L., Val, E. R. (1987). The psychotherapy of the self. New York: Brunner/Mazel.

Nantke, S., Streit, U., Hinrichsen, K. A. (2015). Prävention und Therapie von Körperkontaktstörungen in Zusammenhang mit Störungen der sensorischen Integration. In F. Jansen, U. Streit (Hrsg.), Fähig zum Körperkontakt. Körperkontakt und Körperkontaktstörungen – Grundlagen und Therapie – Babys, Kinder & Erwachsene – IntraActPlus-Konzept (S. 169–192). Berlin: Springer.

Neuhof, C., Hartmann, U. (2018). Störung mit verminderter sexueller Appetenz beim Mann. In U. Hartmann (Hrsg.), Sexualtherapie. Ein neuer Weg in Theorie und Praxis (S. 257–287). Berlin: Springer.

Neumann, K., Zips, A. (2009). Selbstakupressur zur Befreiung von inneren Blockaden mit energy tapping. Wien: Krammer.

Newman, B. M., Newman, P. R. (1980). Personality development through life. Monterey, CA: Brooks/Cole.

Nitschke, J. (2021). Kindliche Sexualität im Wandel der Zeit und was Kindertagesstätten heute aus der Geschichte lernen können. In O. Bienia, S. Kägi (Hrsg.), Kindliche Sexualität in Kindertageseinrichtungen. Pädagogische, psychologische, soziologische und rechtliche Zugänge (S. 37–52). Weinheim: Beltz Juventa.

Obermeier, C., Kelly, S. D., Gunter, T. C. (2015). A speaker's gesture style can affect language comprehension: ERP evidence from gesture-speech integration. Social Cognitive and Affective Neuroscience, 10 (9), 1236–1243.

Ocklenburg, S. (2022). Die Psychologie und Neurowissenschaft der Umarmung. Eine multidisziplinäre Perspektive. Berlin: Springer.

Ogden, P. (2021). The pocket guide to sensorimotor psychotherapy in context. New York: Norton.

Orben, A., Tomova, L., Blakemore, S.-J. (2020). The effects of social deprivation on adolescent development and mental health. The Lancet Child & Adolescent Health, 4 (8), 634–640. https://www.thelancet.com/journals/lanchi/article/PIIS2352-4642(20)30186-3/fulltext (Zugriff am 24.06.2025).

Orth, I., Petzold, H. G. (1993). Zur »Anthropologie des schöpferischen Menschen«. In H. G. Petzold, J. Sieper (Hrsg.), Integration und Kreation (S. 93–116). Paderborn: Junfermann. https://www.fpi-publikation.de/download/10514/ (Zugriff am 29.02.2024).

Ortland, B. (2020). Behinderung und Sexualität. Grundlagen einer behinderungsspezifischen Sexualpädagogik (2., überarb. u. erw. Aufl.). Stuttgart: Kohlhammer.

Ortner, N. (2014). Tapping. Leben ohne Stress. Die revolutionäre neue Selbsthilfe-Methode. München: Leo (englisches Original erschienen 2013).

Osten, P. (2019). Integrative Psychotherapeutische Diagnostik (IPD). Wien: Facultas.

Paulsen, G. (2018). Was Pflegekräfte über Sexualität im Alter wissen sollten. Bedürfnisse – Grenzen – Strategien. München: Reinhardt.

Penfield, W., Rasmussen, T. (1950). The cerebral cortex of man. A clinical study of localization of function. New York: Macmillan.

Perls, F. S., Hefferline, R. F., Goodman, P. (2019). Gestalt-Therapie. Bd. 1: Grundlagen der Lebensfreude und Persönlichkeitsentfaltung (10. Aufl.). Stuttgart: Klett-Cotta (englisches Original erschienen 1951).

Perner, R. A. (2022). Die Tyrannei der Normalität – Über Dysfunktionen und Paraphilien. In F. Riffer, M. Sprung, E. Kaiser, J. Burghardt (Hrsg.), Sexualität im Kontext psychischer Störungen. Vielfalt der Normalität und Stellenwert in der Psychotherapie (S. 115–132). Berlin: Springer.

Petelkau, M. (2012). Veränderungsbereitschaft fördern: Erfahrung mit EMDR, Naikan und Jin Shin Jyutsu. In B. Wischka, W. Pecher, H. van den Boogaart (Hrsg.), Behandlung von Straftätern. Sozialtherapie, Maßregelvollzug, Sicherungsverwahrung (S. 312–330). Herbolzheim: Centaurus.

Petzold, H. G. (1970). Thérapie du mouvement, training relaxatif, thymopratique et éducation corporelle comme intégration. Seminararbeit. Paris: Institut St. Denis, Seminaire psychologique.

Petzold, H. G. (1974). Ausbildungscurriculum zum Systemsupervisor. Düsseldorf: FPI.

Petzold, H. G. (1975). Thymopraktik als körperbezogene Arbeit in der integrativen Therapie. Integrative Therapie, 1 (2/3), 115–145.

Petzold, H. G. (Hrsg.) (1985). Leiblichkeit. Philosophische, gesellschaftliche und therapeutische Perspektiven. Paderborn: Junfermann.

Petzold, H. G. (1987). Kunsttherapie und Arbeit mit kreativen Medien – Wege gegen die »multiple Entfremdung« in einer verdinglichenden Welt. In K. Richter (Hrsg.), Psychotherapie und soziale Kulturarbeit – eine unheilige Allianz? Bd. 9 (S. 38–95). Remscheid: IBK. https://www.fpi-publikation.de/download/21964/ (Zugriff am 29.02.2024).

Petzold, H. G. (1990). »Form und Metamorphose« als fundierende Konzepte für die Integrative Therapie mit kreativen Medien – Wege intermedialer Kunstpsychotherapie. In H. G. Petzold, I. Orth (Hrsg.), Die neuen Kreativitätstherapien. Handbuch der Kunsttherapie. Theorie und Praxis. 2 Bände (S. 639–720). Paderborn: Junfermann.

Petzold, H. G. (1996). Integrative Bewegungs- und Leibtherapie. Ein ganzheitlicher Weg leibbezogener Psychotherapie. Bd. 1. (3., überarb. Aufl.). Paderborn: Junfermann.

Petzold, H. G. (2003). Integrative Therapie. Modelle, Theorien & Methoden einer schulenübergreifenden Psychotherapie. Bd. 2 (2., überarb. u. erw. Aufl.). Paderborn: Junfermann.

Petzold, H. G. (2007). Das Ressourcenkonzept in der sozialinterventiven Praxeologie und Systemberatung. In H. G. Petzold, Integrative Supervision, Meta-Consulting & Organisationsentwicklung. Modelle und Methoden reflexiver Praxis. Ein Handbuch (2., überarb. u. erw. Aufl.; S. 287–319). Wiesbaden: VS (Erstaufl. erschienen 1997).

Petzold, H. G. (2009). Körper-Seele-Geist-Welt-Verhältnisse in der Integrativen Therapie. Der »Informierte Leib«, das »psychophysische Problem« und die Praxis. Psychologische Medizin, 20 (1), 20–33. https://www.fpi-publikation.de/download/11818/ (Zugriff am 29.02.2024).

Petzold, H. G. (2010). »Sprache, Gemeinschaft, Leiblichkeit und Therapie«. Materialien zu polylogischen Reflexionen, intertextuellen Collagierungen und melioristischer Kulturarbeit – Hermeneutica. Polyloge, 10, Art. 7. https://www.fpi-publikation.de/download/11796/ (Zugriff am 29.02.2024).

Petzold, H. G. (2012). Transversale Identität und Identitätsarbeit – Die Integrative Identitätstheorie als Grundlage für eine entwicklungspsychologisch und sozialisationstheoretisch begründete Persönlichkeitstheorie und Psychotherapie. In H. G. Petzold (Hrsg.), Identität. Ein Kernthema moderner Psychotherapie. Interdisziplinäre Perspektiven (S. 407–604). Wiesbaden: Springer VS.

Petzold, H. G. (2017a). Intersubjektive, »konnektivierende Hermeneutik«, Transversale Metahermeneutik, »multiple Resonanzen« und die »komplexe Achtsamkeit« der Integrativen Therapie und Kulturarbeit. Polyloge, 19, Art. 19. https://www.fpi-publikation.de/download/10390/ (Zugriff am 29.02.2024).

Petzold, H. G. (2017b). Zusammenfassung: Das Ko-respondenzmodell als Grundlage Integrativer Therapie, Agogik, Supervision und Kulturarbeit. https://www.fpi-publikation.de/downloads/?doc=petzold-1978c-1991e-2017-ko-respondenzmodell-als-grundlage-integrativer-therapie-agogik-supervision.pdf (Zugriff am 29.02.2024).

Petzold, H. G. (2022). Bio-psycho-sozial-ökologische Perspektiven – viral. Grüne Gedanken zur Integrativen Therapie, Hypomnema aus dem Covid-Krankenstand. Ein semiprivater Text. Polyloge, 22, Art. 15. https://www.fpi-publikation.de/download/22571/ (Zugriff am 29.02.2024).

Petzold, H. G., Orth, I. (2018). Interozeptivität/Eigenleibliches Spüren, Körperbilder/Body Charts – der »Informierte Leib« öffnet seine Archive: »Komplexe Resonanzen« aus der Lebensspanne des »body-mind-world-subject«. Polyloge, 18, Art. 22. https://www.fpi-publikation.de/download/16907/ (Zugriff am 13.08.2024).

Petzold, H. G., Osten, P. (2000). Diagnostik und mehrperspektivische Prozeßanalyse in der Integrativen Therapie. In A.-R. Laireiter (Hrsg.), Diagnostik in der Psychotherapie (S. 247–266). Wien: Springer.

Petzold, H. G., Sieper, J. (2012). »Leiblichkeit« als »Informierter Leib« embodied and embedded – Körper-Seele-Geist-Welt-Verhältnisse in der Integrativen Therapie. Quellen und Konzepte zum »psychophysischen Problem« und zur leibtherapeutischen Praxis. In H. G. Petzold (Hrsg.), Die Menschenbilder in der Psychotherapie. Interdisziplinäre Perspektiven und die Modelle der Therapieschulen (S. 243–321). Wien: Krammer.

Petzold, H. G., Sieper, J. (2014). »Integrative Therapie« als »komplexe Humantherapie«, »Integrative Leib- und Bewegungstherapie« in lexikalischen Schlagworten. Hückeswagen: EAG-FPI. https://www.fpi-publikation.de/download/11756/ (Zugriff am 29.02.2024).

Pierburg, M. (2022). »Gehen Sie zurück!« Leibliche Erfahrungen von körperlicher Nähe und Vulnerabilität. Journal für Psychologie, 30 (2), 10–28.

Plahl, S. (2022). Solo-Sex – Masturbation als Selbstfürsorge. https://www.swr.de/swr2/wissen/221202-solo-sex-100.pdf (Zugriff am 29.02.2024).

Plentz, A. (2016). Fingerspiele und Reime – Lernprozesse bei Kindern. Berlin: ASH. https://www.kita-fachtexte.de/fileadmin/Redaktion/Publikationen/KiTaFT_Plentz_2016_Fingerspiele.pdf (Zugriff am 29.02.2024).

Price, C. J. (2007). Dissociation reduction in body therapy during sexual abuse recovery. Complementary Therapies in Clinical Practice, 13 (2), 116–128. https://www.ncbi.nlm.nih.gov/pmc/articles/PMC1965500/pdf/nihms21936.pdf (Zugriff am 29.02.2024).

Proufas, N., Olberg, K. (2022). Sexualassistenz als Leistung der Sozialen Teilhabe nach dem SGB IX? Sozialrecht aktuell, 27 (2), 47–52.

Rackelmann, M. (2017). Make Love. Das Männerbuch. Zürich: Kein & Aber.

Rahman, J., Mumin, J., Fakhruddin, B. (2020). How frequently do we touch facial t-zone: A systematic review. Annals of Global Health, 86 (1), Art. 75.

Reich, W. (1969). Die Entdeckung des Orgons. Bd. 1: Die Funktion des Orgasmus. Sexualökonomische Grundprobleme der biologischen Energie. Köln: Kiepenheuer & Witsch (englisches Original erschienen 1942).

Reissland, N., Francis, B. J., Kumarendran, K., Mason, J. (2015). Ultrasound observations of subtle movements: A pilot study comparing foetuses of smoking and nonsmoking mothers. Acta Paediatrica, 104 (6), 596–603. https://www.ncbi.nlm.nih.gov/pmc/articles/PMC4654233/pdf/apa0104-0596.pdf (Zugriff am 29.02.2024).

Reissland, N., Hopkins, B., Helms, P., Williams, B. (2009). Maternal stress and depression and the lateralisation of infant cradling. Journal of Child Psychology and Psychiatry and Allied Disciplines, 50 (3), 263–269.

Rescio, S. (2019). Die Bedeutung von Berührung in der Sexualberatung. Masterarbeit. Merseburg: Hochschule Merseburg. https://opendata.uni-halle.de/bitstream/1981185920/34525/1/Rescio-Susanna_Die_Bedeutung_von_Berührung_in_der_Sexualität.pdf (Zugriff am 24.06.2025).

Rescio, S.-S. (2020). Sinnliche Intimität. Berühren und berührt werden. Bielefeld: Kamphausen.

Reynolds, C. R., Richmond, B. O. (2008). Revised children's manifest anxiety scale: Second edition (RCMAS-2). Los Angeles, CA: WPS.

Riedel, M. (2008). Alltagsberührungen in Paarbeziehungen. Empirische Bestandsaufnahme eines sozialwissenschaftlich vernachlässigten Kommunikationsmediums. Wiesbaden: VS.

Rinofner-Kreidl, S. (2008). Zur phänomenologischen Methode in Karl Jaspers' Allgemeiner Psychopathologie. In S. Rinofner-Kreidl, H. A. Wiltsche (Hrsg.), Karl Jaspers' Allgemeine Psychopathologie zwischen Wissenschaft, Philosophie und Praxis (S. 31–52). Würzburg: Königshausen & Neumann.

Roberts, S., O'Connor, K., Bélanger, C. (2013). Emotion regulation and other psychological models for body-focused repetitive behaviors. Clinical Psychology Review, 233 (6), 745–762.

Roel Lesur, M., Weijs, M. L., Nguyen, T. D., Lenggenhager, B. (2021). Staying in touch with our bodies: Stronger sense of ownership during self- compared to other touch despite temporal mismatches. Cognition, 214, Art. 104769.

Rogers, C. R. (2021). Die klientenzentrierte Gesprächspsychotherapie (21., unveränd. Aufl.). Frankfurt a. M.: Fischer (englisches Original erschienen 1951).
Rosa, H. (2021a). Beschleunigung und Entfremdung. Entwurf einer kritischen Theorie spätmoderner Zeitlichkeit (8. Aufl.). Frankfurt a. M.: Suhrkamp (englisches Original erschienen 2010).
Rosa, H. (2021b). Resonanz. Eine Soziologie der Weltbeziehung (5. Aufl.). Berlin: Suhrkamp (Erstaufl. erschienen 2016).
Rose, H. S. (2017). What's fappening? Eine Untersuchung zur Selbstbefriedigung im 21. Jahrhundert. Gießen: Psychosozial-Verlag.
Rosendahl, S., Sattel, H., Lahmann, C. (2021). Effectiveness of body psychotherapy. A systematic review and meta-analysis. Frontiers in Psychiatry, 12, Art. 709798. https://www.ncbi.nlm.nih.gov/pmc/articles/PMC8458738/pdf/fpsyt-12-709798.pdf (Zugriff am 29.02.2024).
Roth, G., Strüber, N. (2022). Wie das Gehirn die Seele macht (5. Aufl.). Stuttgart: Klett-Cotta (letzte überarb. Aufl. erschienen 2018).
Rotthaus, W. (2023). Nichtsuizidales selbstverletzendes Verhalten (NSSV) von Jugendlichen und jungen Erwachsenen. Heidelberg: Carl-Auer.
Rudder Baker, L. (2000). Die Perspektive der ersten Person. Ein Test für den Naturalismus. In G. Keil, H. Schnädelbach (Hrsg.), Naturalismus. Philosophische Beiträge (S. 250–273). Frankfurt a. M.: Suhrkamp.
Sachan, A., Chaturvedi, T. P. (2012). Onychophagia (nail biting), anxiety, and malocclusion. Indian Journal of Dental Research, 23 (5), 680–682.
Sachsse, U. (2016). Zur Syndrom- und Behandlungsgeschichte. In U. Sachsse, W. Herbold (Hrsg.), Selbst-Verletzung. Ätiologie, Psychologie und Behandlung von selbstverletzendem Verhalten (S. 1–35). Stuttgart: Schattauer.
Sachsse, U., Herbold-Schaar, W. (2015). Psychodynamische Therapie autoaggressiven Verhaltens. Psychotherapeut, 60 (1), 13–17.
Sandfort, L. (2010). Sexualassistenz und Sexualbegleitung. Empowerment und Konfliktprävention. In G. Dobslaw (Hrsg.), Sexualität bei Menschen mit geistiger Behinderung. Dokumentation der Arbeitstagung der DGSGB am 5.3.2010 in Kassel. Materialien der DGSGB. Bd. 23 (S. 28–32). Berlin: DGSGB. https://dgsgb.de/downloads/materialien/Band23.pdf (Zugriff am 29.02.2024).
Schäfer, I., Gast, U., Hofmann, A., Knaevelsrud, C., Lampe, A., Liebermann, P., Lotzin, A., Maercker, A., Rosner, R., Wöller, W. (Hrsg.) (2019). S3-Leitlinie Posttraumatische Belastungsstörung. Berlin: Springer.
Schetsche, M. (1993). Das sexuell gefährdete Kind. Kontinuität und Wandel eines sozialen Problems. Pfaffenweiler: Centaurus.
Schetsche, M., Schmidt, R.-B. (1996). Ein »dunkler Drang aus dem Leibe«. Deutungen kindlicher Onanie seit dem 18. Jahrhundert. Zeitschrift für Sexualforschung, 9 (1), 1–22.
Schienle, A., Wabnegger, A. (2022). Discriminative and affective processing of touch: associations with severity of skin-picking. Journal of Nonverbal Behavior, 46 (4), 537–545.
Schiepek, G. (2006). Die neuronale Selbstorganisation von Persönlichkeit und Identität. Psychotherapie, 11 (2), 192–201.
Schigl, B., Gilli, D. (2020). Doing Gender While Talking About Sex. Sexualität als Thema im psychotherapeutischen Prozess. Sozialkonstruktivistische und diskursanalytische Erkundungen. In E. Hermann-Uhlig (Hrsg.), Psychotherapie und Sexualität. Interdisziplinäre und methodenübergreifende Positionen (S. 115–127). Wien: Facultas.
Schmidsberger, F., Fraissl, D. (2024). Grundlagen der Psychotherapie, psychotherapeutischen Fachwissens und seiner Genese. Präsentation. Wien: Medizinische Universität Wien.
Schmidsberger, F., Fuchs, T., Dzwiza-Ohlsen, E. N., Böckle, M. Fraissl, D. (2024). Fakultätsübergreifende Psychotherapieforschung. New Medical Humanities und Phänomenologie als Grundlagenwissenschaften. Wien: Schmidsberger.

Schmidt, G. (Hrsg.) (2000). Kinder der sexuellen Revolution. Kontinuität und Wandel studentischer Sexualität 1966–1996. Eine empirische Untersuchung. Gießen: Psychosozial-Verlag.

Schmidt, G. (2014). Das neue Der Die Das. Über die Modernisierung des Sexuellen (Reihe: Sachbuch psychosozial; 4., komplett überarb. u. aktual. Aufl.). Gießen: Psychosozial-Verlag.

Schmidt, G., Sigusch, V. (1971). Arbeiter-Sexualität. Eine empirische Untersuchung an jungen Industriearbeitern. Neuwied: Luchterhand.

Schmitz, H. (2018). Der unerschöpfliche Gegenstand. Grundzüge der Philosophie (4. Aufl.). Bonn: Bouvier.

Schroll, S., Dehasse, J. (2016). Verhaltensmedizin beim Hund. Leitsymptome, Diagnostik, Therapie und Prävention (2., überarb. u. erw. Aufl.). Stuttgart: Enke.

Schubarth, W. (2020). Gewalt und Mobbing an Schulen. Möglichkeiten der Prävention und Intervention (4. Aufl.). Stuttgart: Kohlhammer.

Schütz-Bosbach, S., Musil, J. J., Haggard, P. (2009). Touchant-touché: The role of self-touch in the representation of body structure. Consciousness and Cognition, 18 (1), 2–11.

Schwarzer, A. (1975). Der kleine Unterschied und seine großen Folgen. Frauen über sich. Beginn einer Befreiung. Frankfurt a. M.: Fischer.

Searls, K., Fawcett, J. (2011). Effect of Jin Shin Jyutsu energy medicine treatments on women diagnosed with breast cancer. Journal of Holistic Nursing, 29 (4), 270–278.

Sehlstedt, I., Ignell, H., Backlund Wasling, H., Ackerley, R., Olausson, H., Croy, I. (2016). Gentle touch perception across the lifespan. Psychology and Aging, 31 (2), 176–184.

Shapiro Frenkel, E., Ribbeck, K. (2015). Salivary mucins protect surfaces from colonization by cariogenic bacteria. Applied and Environmental Microbiology, 81 (1), 332–338.

Sievers, S. K., Loh, N. W. (2015). ShenDo-In Shiatsu Selbstmassage. Ein einfaches Übungsprogramm für mehr Lebenslust und Wohlbefinden (6., überarb. und erw. Aufl.). Stellshagen: ShenDo-Verlag.

Sigusch, V. (2015). Sexualitäten. Eine kritische Theorie in 99 Fragmenten (2. Aufl.). Frankfurt a. M.: Campus.

Silva, L. M. T., Cignolini, A., Warren, R., Budden, S., Skowron-Gooch, A. (2007). Improvement in sensory impairment and social interaction in young children with autism following treatment with an original qigong massage methodology. The American Journal of Chinese Medicine, 35 (3), 393–406.

Silva, L. M. T., Schalock, M. (2012). Sense and self-regulation checklist, a measure of comorbid autism symptoms: Initial psychometric evidence. The American Journal of Occupational Therapy, 66 (2), 177–186.

Silva, L. M. T., Schalock, M., Gabrielsen, K. R., Horton-Dunbar, G. (2016). One- and two-year outcomes of treating preschool children with autism with a qigong massage protocol: An observational follow-along study. Alternative & Integrative Medicine, 5 (2), 1–10.

Sisman, F. N., Tok, O., Ergun, A. (2017). The effect of psychological state and social support on nail-biting in adolescents: An exploratory study. School Psychology International, 38 (3), 304–318.

Skuse, D. H. (2013). Extreme deprivation in early childhood. In D. Bishop, K. Mogford (Eds.), Language development in exceptional circumstances (7th ed.; p. 29–46). Hoboken: Taylor & Francis (Erstaufl. erschienen 1984).

Sorokowska, A., Saluja, S., Sorokowski, P., Frąckowiak, T., Karwowski, M., Aavik, T. et al. (2021). Affective interpersonal touch in close relationships: A cross-cultural perspective. Personality and Social Psychology Bulletin, 47 (12), 1705–1721.

Spektrum (2000). Dreieiniges Gehirn. In H. Hanser (Hrsg.), Lexikon der Neurowissenschaft. Heidelberg: Spektrum. https://www.spektrum.de/lexikon/neurowissenschaft/dreieinigesgehirn/3014 (Zugriff am 29.02.2024).

Spille, J. L., Grunwald, M., Martin, S., Müller, S. M. (2021). Stop touching your face! A systematic review of triggers, characteristics, regulatory functions and neuro-physiology of facial self touch. Neuroscience and Biobehavioral Reviews, 128 (1), 102–116.

Spille, J. L., Müller, S. M., Martin, S., Grunwald, M. (2022). Cognitive and emotional regulation processes of spontaneous facial self-touch are activated in the first milliseconds of touch: Replication of previous EEG findings and further insights. Cognitive, Affective, & Behavioral Neuroscience, 22 (5), 984–1000. https://www.ncbi.nlm.nih.gov/pmc/articles/PMC8857530/pdf/13415_2022_Article_983.pdf (Zugriff am 29.02.2024).

Starke, K. (2017). Sexualität im mittleren Lebensalter. In Stiftung Männergesundheit (Hrsg.), Sexualität von Männern. Dritter Deutscher Männergesundheitsbericht (S. 167–179). Gießen: Psychosozial-Verlag.

Stefan, R. (2020). Zukunftsentwürfe des Leibes. Integrative Psychotherapiewissenschaft und kognitive Neurowissenschaften im 21. Jahrhundert. Wiesbaden: Springer.

Stein-Hilbers, M. (2000). Sexuell werden. Sexuelle Sozialisation und Geschlechterverhältnisse. Bd. 16). Opladen: Leske + Budrich.

Steiner, H., Veel, K. (2021). Touch in the time of Corona. Reflections on love, care, and vulnerability in the pandemic. Berlin: De Gruyter.

Stirn, A., Hinz, A. (2008). Tattoos, body piercings, and self-injury: Is there a connection? Investigations on a core group of participants practicing body modification. Psychotherapy Research, 18 (3), 326–333.

Stirn, A., Möller, J. (2013). Zwischen Autoaggression und Coping. Der niedergelassene Arzt, 62 (1), 50–53.

Streeck, J. (2020). Self-touch as sociality. Social Interaction. Video-Based Studies of Human Sociality, 3 (2), Art. 5. https://tidsskrift.dk/socialinteraction/article/view/120854/169089 (Zugriff am 29.02.2024).

Striedter, G. F. (2005). Principles of brain evolution. Sunderland, MA: Sinauer.

Summa, M. (2011). Das Leibgedächtnis. Ein Beitrag aus der Phänomenologie Husserls. Husserl Studies, 27 (3), 173–196.

Sydow, K. von (1992). Die Lust auf Liebe bei älteren Menschen. München: Reinhardt.

Sztenc, M. (2020). Embodimentorientierte Sexualtherapie. Grundlagen und Anwendung des Sexocorporel. Stuttgart: Schattauer.

Taneja, P., Olausson, H., Trulsson, M., Svensson, P., Baad-Hansen, L. (2021). Defining pleasant touch stimuli: a systematic review and meta-analysis. Psychological Research, 85 (1), 20–35.

Taylor, A. G., Goehler, L. E., Galper, D. E., Innes, K. E., Bouguignon, C. (2010). Top-down and bottom-up mechanisms in mind-body medicine: Development of an integrative framework for psychophysiological research. Explore, 6, 29–41. https://www.ncbi.nlm.nih.gov/pmc/articles/PMC2818254/pdf/nihms151552.pdf (Zugriff am 29.07.2023).

Tebartz van Elst, L. (2022). Vom Anfang und Ende der Schizophrenie. Eine neuropsychiatrische Perspektive auf das Schizophrenie-Konzept (2., erw. u. überarb. Aufl.). Stuttgart: Kohlhammer.

Teixeira, N. (2020). Yoga und die Kunst der Mudras. Die meditative und heilende Kraft der altindischen Fingerübungen. München: Irisiana (englisches Original erschienen 2019).

Tempel, T., Frings, C. (2022). Spiegelneurone. In M. A. Wirtz (Hrsg.), Dorsch. Lexikon der Psychologie. Göttingen: Hogrefe. https://dorsch.hogrefe.com/stichwort/spiegelneurone (Zugriff am 29.02.2024).

Terhechte, C. (2021). Zwischen Selbstliebe und Tabu. Solosexualität von Frauen* im Geschlechterverhältnis. In O. M. Pawlak, F. J. Rahn (Hrsg.), Ein transdisziplinäres Panoptikum. Aktuelle Forschungsbeiträge aus dem wissenschaftlichen Nachwuchs der Universität Bielefeld (S. 63–73). Wiesbaden Springer VS.

Thadden, E. von (2018). Die berührungslose Gesellschaft. München: Beck.

Thoma, P. (2019). Neuropsychologie der Schizophrenie. Eine Einführung für Psychotherapeutinnen und Psychotherapeuten. Wiesbaden: Springer.
Thomae, H. (1997). Das Individuum und seine Welt. Eine Persönlichkeitstheorie (3., erw. Aufl.). Göttingen: Hogrefe.
Tissot, S. A. (1776). Die Onanie, oder Abhandlung über Krankheiten, die von der Selbstbefleckung herrühren. Eisenach: Wittekindt (französisches Original erschienen 1760).
Trautmann-Voigt, S., Voigt, B. (2020). Grammatik der Körpersprache. Körpersignale in Psychotherapie und Coaching entschlüsseln und nutzen (3., überarb. u. erw. Aufl.). Stuttgart: Schattauer.
Tummer, A. (2020). Pathologie der Achillessehne. Bewegungsmedizin, 7, 6–11. https://www.sfgv.ch/fileadmin/sfgv/Dienstleistungen/Fachpublikationen/2020_07_Pathologie_der_Achillessehne.pdf (Zugriff am 29.02.2024).
Ty-Kisera, M. (2021). Aroma-Akupressur. Druckpunkte & ätherische Öle wirksam kombiniert: Natürliche Selbsthilfe bei den häufigsten Beschwerden. Stuttgart: Trias (englisches Original erschienen 2019).
Uvnäs Moberg, K. (2016). Oxytocin, das Hormon der Nähe. Gesundheit – Wohlbefinden – Beziehung. Berlin: Springer (schwedisches Original erschienen 2009).
Vetter, B. (2007). Sexualität: Störungen, Abweichungen, Transsexualität. Stuttgart: Schattauer.
Voelcker-Rehage, C., Godde, B. (2010). High frequency sensory stimulation improves tactile but not motor performance in older adults. Motor Control, 14 (4), 460–477.
Wadsack-Kispert, J. (2023). Eigenleibliches Spüren als Erkenntnisweg in der Integrativen Therapie. Eine qualitative Untersuchung von impliziten Leibphänomenen im psychotherapeutischen Prozess. Masterthesis. Krems: DUK.
Wahrig (Hrsg.) (2009). Onanie. In Wahrig. Bd. 6: Herkunftswörterbuch (Neuausg. d. 5. Aufl.). Gütersloh: Wissenmedia. https://www.wissen.de/wortherkunft/onanie (Zugriff am 29.02.2024).
Wahrig-Burfeind, R. (Hrsg.) (2010). Masturbation. In R. Wahrig-Burfeind, Wahrig Fremdwörterlexikon (7., vollst. neu bearb. u. aktual. Aufl.). Gütersloh: Wissen-Media. https://www.wissen.de/fremdwort/masturbation (Zugriff am 29.02.2024).
Wagner, F. (2020). Akupressur. Heilung auf den Punkt gebracht. Hamburg: Nicol.
Waldinger, R. J., Schulz, M. (2023). The Good Life ... und wie es gelingen kann. Erkenntnisse aus der weltweit längsten Studie über ein erfülltes Leben. München: Kösel (englisches Original erschienen 2023).
Wallen, K., Lloyd, E. A. (2011). Female sexual arousal: Genital anatomy and orgasm in intercourse. Hormones and Behavior, 59 (5), 780–792.
Walter, J. (Hrsg.) (2004). Sexualbegleitung und Sexualassistenz bei Menschen mit Behinderungen. Heidelberg: Winter.
Wanzeck-Sielert, C. (2002). Sexualpädagogik. In D. Bange, W. Körner (Hrsg.), Handwörterbuch Sexueller Missbrauch (S. 536–542). Göttingen: Hogrefe.
Wehrle, M. (2025). Eine phänomenologische Genealogie und Kritik der Normalität leiblicher Erfahrung. In M. Staudigl (Hrsg.), Phänomenologien des Politischen. Wiesbaden: Springer VS.
Wendt, A. N. (2020). Phänomenologische Psychologie. In G. M., K. Mruck (Hrsg.), Handbuch Qualitative Forschung in der Psychologie. Bd. 1: Ansätze und Anwendungsfelder (2., erw. u. überarb. Aufl.). Wiesbaden: Springer.
Wendt, A. N. (2022). Die phänomenologische Perspektive. In U. Wolfradt, L. Allolio-Näcke, P. S. Ruppel (Hrsg.), Kulturpsychologie. Eine Einführung (S. 51–61). Wiesbaden: Springer.
Whitehead, P. M. (2021). Review of Médard Boss and the promise of therapy: The beginnings of daseinsanalysis. The Humanistic Psychologist, 49 (3), 485–489.
Wiedersich, A. K. (2010). Die körperdysmorphe Störung. Das Bild der körperdysmorphen Störung in verschiedenen klinischen Settings. Dissertation. Gießen: VVB Laufersweiler.

Wild, I., Hofer-Moser, O. (2018). Das Thema »Berührungen in der Therapie«. In O. Hofer-Moser (Hrsg.), Leibtherapie. Eine neue Perspektive auf Körper und Seele. Bd. 3. (S. 175–182). Gießen: Psychosozial-Verlag.

Wilhelm, F., Margraf, J. (1993). Nägelkauen: Deskription, Erklärungsansätze und Behandlung. Verhaltenstherapie, 3 (3), 176–196.

Wölfle, C. F. (2023). Integrative Konzeption eines Bilderbuches über Depression und integrative Therapie. Bd. 1. Hückeswagen: FPI. https://www.fpi-publikation.de/download/23447/ (Zugriff am 26.02.2024).

Yamada, Y., Kanazawa, H., Iwasaki, S., Tsukahara, Y., Iwata, O., Yamada, S., Kuniyoshi, Y. (2016). An embodied brain model of the human foetus. Scientific Reports, 6 (1), 27893.

Yoshida, S., Kawahara, Y., Sasatani, T., Kiyono, K., Kobayashi, Y., Funato, H. (2020). Infants show physiological responses specific to parental hugs. iScience, 23 (4), Art. 100996.

Zinsmeister, J. (2017). Hat der Staat den Bürger*innen Sexualität zu ermöglichen? In U. Lembke (Hrsg.), Regulierungen des Intimen. Sexualität und Recht im modernen Staat. (S. 70–93). Wiesbaden: Springer VS.